VOYAGE DE BOUGAINVILLE
AUTOUR DU MONDE.

VOYAGE DE BOUGAINVILLE

AUTOUR DU MONDE

sur la frégate du Roi « la Boudeuse » et la flûte
« l'Étoile », en 1766, 1767, 1768 et 1769,

RACONTÉ PAR LUI-MÊME.

ILLUSTRÉ DE 24 GRAVURES DANS LE TEXTE.

Nouvelle édition revue et corrigée.

Société Saint-Augustin, Desclée, De Brouwer et Cⁱᵉ,
Imprimeurs des Facultés Catholiques de Lille.
LILLE. — MDCCCLXXXIX.

PRÉFACE.

Le voyage du capitaine de Bougainville (1) autour du monde est le premier voyage de ce genre qui ait été entrepris par des Français, et exécuté sur des vaisseaux au pavillon de la France. Il eut lieu vers le milieu du siècle dernier. Avant le capitaine de Bougainville, de hardis explorateurs, appartenant à d'autres nations, avaient tenté et réalisé une entreprise qui, avec la marine de ce temps et le peu de fixité dans les notions géographiques que l'on avait alors sur certains points du Nouveau-Monde, demandait du sang-froid, de l'audace et presque de l'héroïsme. Aujourd'hui ce ne sont pas seulement les héros des Voyages de Jules Verne qui font le tour du monde en quatre-vingts jours : un capitaine de vaisseau, après avoir lu le chef-d'œuvre du grand romancier français, s'offrait à parier qu'il le ferait en moins de temps et en suivant un itinéraire tracé d'avance ; et nous avons vu, il y a quelques années, un jeune aventurier faire pour son plaisir, et comme par bravade, « six mille lieues à toute vapeur (2).» L'itinéraire d'un voyage autour du monde est aussi parfaitement tracé aujourd'hui que l'itinéraire de Paris à Pékin.

Ce fut en 1519 que le Portugais Ferdinand Magellan fit, avec cinq vaisseaux espagnols, le premier voyage autour du monde. Il partit de Séville et entra, par le détroit qui porte son nom, dans l'Océan Pacifique, où il découvrit entre autres les îles Philippines. Le vaisseau

---

1. *Bougainville (L. Ant. de), navigateur célèbre, né à Paris en 1729, mort en 1814, quitta l'étude du droit, à laquelle sa famille le destinait, pour la carrière militaire, devint aide-de-camp de Chevert, puis accompagna le marquis de Montcalm au Canada, se signala dans cette expédition, et obtint le grade de colonel (1759). A la paix, il se tourna vers la marine, alla en 1763 occuper les îles Malouines, puis exécuta un voyage autour du monde, le premier de ce genre qu'eût entrepris un Français (1766-1769). Il commanda plusieurs vaisseaux dans la guerre d'Amérique, devint chef d'escadre en 1779, fut chargé en 1790 de commander l'armée navale de Brest, mais, n'ayant pu rétablir l'ordre dans cette troupe indisciplinée, il se retira du service. Il fut appelé en 1796 à l'Institut et devint sous l'Empire* comte et sénateur. La Relation de son voyage autour du monde, *qu'il publia en 1771 et 1772, eut un succès prodigieux. Il a fait un grand nombre de découvertes géographiques dans l'Océan Pacifique, et a laissé son nom à plusieurs des lieux qu'il avait découverts.*

(Note des éditeurs.)

2. Revue des Deux-Mondes.

qu'il montait, nommé la Victoire, revint seul des cinq en Espagne par le cap de Bonne-Espérance. Il fut hissé à terre à Séville comme un monument de cette expédition, la plus hardie peut-être que les hommes eussent encore faite. C'est ce voyage qui permit de constater physiquement, pour la première fois, la sphéricité et l'étendue de la circonférence de la terre.

L'Anglais Drack partit de Plymouth avec cinq vaisseaux le 15 septembre 1577, et y rentra avec un seul le 3 novembre 1580. C'est le second explorateur qui fit le tour du globe. Son vaisseau, le Pélican, fut soigneusement conservé à Deptfort dans un bassin, avec une inscription d'honneur sur le grand mât.

Le troisième voyage autour du monde fut exécuté par l'Anglais Thomas Cavendish, qui partit de Plymouth le 21 juillet 1586 avec trois vaisseaux, et y rentra avec deux vaisseaux le 9 septembre 1588.

Plus tard Jacques Lemaire (1) et Schouten immortalisèrent leur nom par un voyage qui donna lieu à d'importantes découvertes. Ils sortent du Texel, le 14 juin 1615, avec les vaisseaux la Concorde et le Horn, découvrent le détroit qui porte le nom de Lemaire, endoublant le cap de Horn, découvrent l'île des Chiens, l'île Sans-Fond, l'île Water, l'île des Mouches, etc.; ensuite ils cinglent le long des côtes de la Nouvelle-Guinée, passent entre son extrémité occidentale et Gilolo, et arrivent à Batavia en octobre 1616. La Concorde et le Horn rentrèrent au port après deux ans et dix jours.

Wood Roger, un Anglais, sortit de Bristol le 2 août 1708, passa le cap de Horn, pénétra en Californie, d'où, par une route déjà frayée plusieurs fois, il passa aux Moluques, à Batavia, et, doublant le cap de Bonne-Espérance, atterrit aux Dunes le 1er octobre 1711.

Dix ans après, le Mecklembourgeois Roggewin sortit du Texel avec trois vaisseaux, entra dans la mer du Sud par le cap de Horn, découvrit l'île de Pâques, les îles Pernicieuses, les îles Aurore, etc.; naviguant ensuite le long de la Nouvelle-Guinée et des Terres des Papous, il vint aborder à Batavia, repassa en Hollande, et arriva au Texel

---

(1) Ce célèbre navigateur est né à Tournai.

le 11 juillet 1723, six cent quatre-vingts jours après son départ du même lieu.

Le goût des grandes navigations paraissait entièrement éteint lorsque, le 20 juin 1764, le commodore Byron part des Dunes, traverse le détroit de Magellan, arrive à Batavia le 28 novembre 1765, au Cap le 24 février 1766, et le 9 mai aux Dunes, six cent quatre-vingt-huit jours après son départ.

Nous allons entendre maintenant le capitaine de Bougainville nous raconter lui-même, dans tous ses détails, le célèbre voyage autour du monde qu'il fit, de 1766 à 1769, avec deux vaisseaux, la frégate du Roi la Boudeuse *et la flûte* l'Étoile. *L'auteur est un maître écrivain, mais c'est avant tout un marin qui écrit au milieu du XVIIIme siècle. Nous aurions cru déparer son récit en en faisant disparaître certaines expressions qui ont vieilli et qui, sous sa plume, sont pleines de charme. Quant aux termes de marine dont il se sert, nous les avons laissés dans toute leur naïve et énergique incorrection, de peur de mériter le reproche qu'il adresse lui-même (chap. IX) aux puristes de son temps qui, sous prétexte de correction, dit-il, « défigurent les » récits des navigateurs et qui, dans leur ignorance des termes dont » un marin est obligé de se servir, prennent pour des mots vicieux » des expressions nécessaires et consacrées, qu'ils remplacent par des » absurdités, et arrivent ainsi à composer un livre ennuyeux à tout » le monde et qui n'est utile à personne. »*

L'état-major de la frégate la Boudeuse *était composé de MM. de Bougainville, capitaine de vaisseau ; Duclos Guyot, capitaine de brûlot ; Chevalier de Bournand, Chevalier d'Oraison, Chevalier du Bouchage, enseignes de vaisseau ; Chevalier de Suzannet, Chevalier de Kué, gardes de la marine faisant fonctions d'officiers ; le Corre, officier marchand ; Saint-Germain, écrivain ; la Veze aumônier ; la Porte, chirurgien-major.*

L'état-major de la flûte l'Étoile *était composé de MM. Chesnard de la Giraudais, capitaine de brûlot ; Caro, lieutenant des vaisseaux de la Compagnie des Indes ; Donat, Landais, Fontaine et Lavary-*

le-Roi, officiers marchands; Michaud, écrivain; Vivès, chirurgien-major.

Il y avait de plus MM. de Commerçon, médecin; Verron, astronome, et de Romainville, ingénieur.

VOYAGE DE BOUGAINVILLE AUTOUR DU MONDE.

PREMIÈRE PARTIE

contenant le récit du voyage depuis le départ de France jusqu'à la sortie du détroit de Magellan.

CHAPITRE PREMIER.

Départ de « la Boudeuse » de Nantes. — Relâche à Brest. — Route de Brest à Montevideo. — Jonction avec les frégates espagnoles pour la remise des îles Malouines.

Ans le mois de février 1764, la France avait commencé un établissement aux îles Malouines. L'Espagne revendiqua ces îles, comme étant une dépendance du continent de l'Amérique méridionale ; et son droit ayant été reconnu par le roi, je reçus l'ordre d'aller remettre notre établissement aux Espagnols, et de me rendre ensuite aux Indes orientales, en traversant la mer du Sud entre les tropiques. On me donna pour cette expédition le commandement de la frégate *la Boudeuse*, de vingt-six canons de douze, et je devais être rejoint aux îles Malouines par le flûte *l'Étoile*, destinée à m'apporter les vivres nécessaires à notre longue navigation, et à me suivre le reste de la campagne. Le retard que diverses circonstances ont mis à la jonction de cette flûte avec moi, a allongé ma campagne de près de huit mois.

Dans les premiers jours du mois de novembre 1766, je me rendis à Nantes, où *la Boudeuse* venait d'être construite, et où M. Duclos Guyot, capitaine de brûlot, mon second, en faisait l'armement. Le 5 de ce mois, nous descendîmes de Painbeuf à Mindin pour achever de l'armer, et le 15 nous fîmes voile de cette rade pour nous rendre à la rivière de la Plata. Je devais y trouver les deux frégates espagnoles *la Esmeralda* et *la Liebre*, sorties du Ferrol le 17 octobre, et dont le commandant était chargé de recevoir les îles Malouines au nom de Sa Majesté Catholique.

Le 17, nous essuyâmes un coup de vent violent de la partie du ouest-sud-ouest au nord-ouest. Nous courûmes toute la journée sous les basses voiles, notre vergue d'artimon amenée. A minuit, la force du vent nous obligea de carguer la grand-voile, et nous frappâmes en même temps une fausse écoute sur la misaine. Malgré cette précaution, le point sous le vent fut bientôt emporté et nous courûmes à sec. Le vent et la mer augmentaient toujours, et quoique notre gréement fût neuf, et que nous eussions ridé la veille nos haubans et galaubans, en peu de temps ils mollirent assez pour ne laisser presque aucun appui à notre mâture. Nous y remédiâmes, autant qu'il était possible, en raidissant le trélingage et en saisissant fortement tous les haubans ensemble avec une manœuvre. Il eût été malgré cela difficile que les mâts résistassent aux roulis violents que nous éprouvions. A quatre heures et demie du matin, notre petit mât de hune rompit à la moitié environ de sa hauteur. Nous amenâmes alors les basses vergues pour soulager la mâture. Le grand mât de hune résista jusqu'à huit heures du matin; mais alors, le jeu étonnant qu'il avait nous montrant l'impossibilité de le sauver et nous donnant lieu de craindre qu'il ne fît rompre le grand mât, nous coupâmes ces galaubans de bas-bord. Peu après il rompit dans le chouquet du grand mât, dont il fit consentir le ton, et tomba à la mer du côté de tribord, entraînant dans sa chute la vergue du grand hunier. Ce dernier événement nous mettait dans l'impossibilité de continuer notre route, et je pris le parti de relâcher à Brest, où nous entrâmes par le passage de l'Iroise le 21 novembre.

Ce coup de vent, et le dégréement qu'il avait occasionné, me mirent dans le cas de faire les remarques suivantes sur l'état et les qualités de la frégate que je commandais :

1º La hauteur de notre mâture était excessive pour un voyage tel que celui que nous devions exécuter.

2º L'énorme rentrée de la frégate laissant trop peu d'ouverture à l'angle que font les haubans avec les mâts majeurs, ceux-ci n'étaient pas assez appuyés.

3º Le défaut précédent devenait d'une plus grande conséquence par la nature du lest que la grande quantité des vivres dont nous étions pourvus nous avait contraints d'embarquer. Quarante tonneaux de lest de fer, distribués des deux côtés de la carlingue à peu de distance de celle-ci, et douze canons de douze placés au pied de l'archipompe (nous n'en n'avions que quatorze de montés sur le pont), formaient un poids considérable, lequel, très abaissé au-dessous du centre de gravité et presque sur la carlingue, mettait la mâture en danger, pour peu qu'il y eût du roulis.

Ces considérations me déterminèrent à faire diminuer la hauteur de nos mâts, et à changer notre artillerie de douze contre du canon de huit.

Malgré ces changements, qui me furent accordés, je ne pouvais me dissimuler que mon bâtiment n'était pas propre à naviguer dans les mers qui entourent le cap de Horn. J'avais éprouvé, dans le coup de vent du 17 novembre, qu'il était mal lié dans tous ses hauts, et je devais m'attendre au risque d'avoir une partie de mon biscuit pourrie par l'eau qui, pendant le mauvais temps, s'introduirait infailliblement dans les soutes, inconvénient dont les suites seraient sans ressource dans le voyage que nous entreprenions. Je demandai donc qu'il me fût permis de renvoyer *la Boudeuse* des îles Malouines en France, sous les ordres du Chevalier de la Mote de Bournand, enseigne de vaisseau, et de continuer le voyage avec la seule flûte *l'Étoile*, dans le cas où les longues nuits de l'hiver m'interdiraient le passage du détroit de Magellan. J'obtins cette permission, dont je n'ai point fait usage, ayant, comme on le verra, passé le détroit pendant l'été de l'hémisphère austral. Le 4 décembre, notre mâture étant réparée, l'artillerie changée, la frégate entièrement récalfatée dans ses hauts, je sortis du port et vins mouiller en rade, au même

NANTES. — Vue générale.

poste que le 21 novembre. Nous y passâmes la journée à embarquer les poudres et les haubans.

Le 5 à midi nous appareillâmes de la rade de Brest. Je fus obligé de couper mon câble à trente brasses de l'ancre, le vent d'est très frais et le jusant empêchant de virer à pic, et me faisant appréhender d'abattre trop près de la côte. Mon état major était composé de onze officiers, trois volontaires, et l'équipage, de deux cent-trois matelots, officiers mariniers, soldats, mousses et domestiques. M. le prince de Nassau Sieg-Hen avait obtenu du roi la permission de faire cette campagne. A quatre heures après-midi, le milieu de l'île d'Ouessant me restait au nord-quart-nord-est du compas, à la distance d'environ cinq lieues et demie ; ce fut d'où je pris mon point de départ sur *le Neptune français*, dont je me suis servi dans le cours du voyage.

Pendant les premiers jours, nous eûmes assez constamment les vents d'ouest-nord-ouest au ouest-sud-ouest et sud-ouest, grand frais. Le 14, à sept heures du soir, le vent étant assez frais à l'est-sud-est et la mer très grosse de la partie du ouest et du nord-ouest, dans un roulis, le bout de bas-bord de la grande vergue entra dans l'eau d'environ trois pieds, ce que nous n'aurions pas cru possible, la vergue étant haute.

Le 17 après midi, on eut connaissance des *Salvages*, le 18 de *l'île de Palme*, et le 19 de *l'île de Fer*. Ce qu'on nomme les Salvages est une petite île d'environ une lieue d'étendue de l'est à l'ouest ; elle est basse au milieu, mais à chaque extrémité s'élève un mondrain (1), une chaîne de roches, dont quelques-unes paraissent au-dessus de l'eau, s'étendant du côté de l'ouest à deux lieues de l'île ; il y a aussi du côté de l'est quelques brisants, mais qui ne s'en écartent pas beaucoup.

La vue de cet écueil nous avait avertis d'une grande erreur dans le calcul de notre itinéraire ; mais je ne voulus l'apprécier qu'après avoir eu connaissance des îles Canaries, dont la position est exactement déterminée. La vue de l'île de Fer me donna avec certitude cette correction que j'attendais. Le 19 à midi j'observai vingt-huit degrés deux minutes de latitude boréale ; en la faisant cadrer avec le relèvement de l'île de Fer, pris à cette même heure, je trouvai une

1. Monticule de sable qu'on aperçoit d'un bâtiment aux environs des côtes.

différence de quatre degrés sept minutes, valant, par le parallèle de vingt-huit degrés deux minutes, environ soixante et douze lieues dont j'étais plus est que d'après ma première appréciation. Cette erreur est fréquente dans la traversée du cap Finistère aux Canaries, et je l'avais éprouvée en d'autres voyages : les courants, par le travers du détroit de Gibraltar, portant à l'est avec rapidité.

Je pris donc un nouveau point de départ le 19 décembre à midi. Notre route n'eut depuis rien de particulier jusqu'à notre atterrage à la rivière de la Plata ; elle ne fournit d'observations qui puissent intéresser les lecteurs, que les suivantes :

1º Le 8 janvier après-midi, nous passâmes la ligne entre les vingt-sept et vingt-huit degrés de longitude.

2º Au nord et au sud de la ligne, nous avons eu presque constamment, par les hauteurs observées, des différences nord assez grandes, quoiqu'il soit plus ordinaire de les y éprouver sud. Nous eûmes lieu d'en soupçonner la cause lorsque, le 18 janvier après-midi, nous traversâmes un banc de frai de poisson, qui s'étendait à perte de vue du sud-ouest-quart-ouest au nord-est-quart-est, sur une ligne d'un blanc rougeâtre, large d'environ deux brasses. Sa rencontre nous avertissait que, depuis plusieurs jours, les courants portaient au nord-est-quart-est, car tous les poissons déposent leurs œufs sur les côtes, d'où les courants les détachent et les entraînent dans leurs lits en haute mer. En observant ces différences nord dont je viens de parler, je n'en avais point inféré qu'elles nécessitassent avec elles des différences ouest ; aussi quand, le 29 janvier au soir, on vit la terre, j'estimais à midi qu'elle me restait à douze ou quinze lieues de distance, ce qui me fit naître la réflexion suivante :

Un grand nombre de navigateurs se sont plaints depuis longtemps, et se plaignent encore, que les cartes marquent les côtes du Brésil beaucoup trop à l'est. Ils se fondent sur ce que, dans leurs différentes traversées, ils ont souvent aperçu ces côtes lorsqu'ils croyaient en être encore à quatre-vingts ou cent lieues. Ils ajoutent qu'ils ont éprouvé plusieurs fois que, dans ces parages, les courants les avaient portés dans le sud-ouest, et ils aiment mieux taxer d'erreur les observations astronomiques et les cartes, que d'en croire susceptibles leurs propres calculs.

Nous aurions pu, d'après un pareil raisonnement, conclure le contraire dans notre traversée à la rivière de la Plata, si un heureux hasard ne nous eût indiqué la raison des différences nord que nous éprouvions. Il était évident que le banc de frai de poissons que nous rencontrâmes le 29 était soumis à la direction d'un courant, et son éloignement des côtes prouvait que ce courant régnait depuis plusieurs jours. Il était donc la cause des erreurs constantes de notre route ; les courants que les navigateurs ont souvent éprouvés porter au sud-ouest dans ces parages, sont donc sujets à des variations et prennent quelquefois une direction contraire.

Sur cette observation bien constatée, comme notre route était à peu près le sud-ouest, je fus autorisé à corriger nos erreurs sur la distance en la faisant cadrer avec l'observation de latitude, et à ne pas corriger l'aire de vent (1). Je dois à cette méthode d'avoir eu connaissance de terre presque au moment où me la montrait mon estime. Ceux d'entre nous qui ont toujours calculé leur chemin à l'ouest, d'après l'estime journalière, en se contentant de corriger la différence en latitude que leur donnait l'observation méridienne, étaient à terre, longtemps avant que nous l'eussions aperçue.

En général, il paraît que, dans cette partie, les courants varient, et portent quelquefois au nord-est, plus souvent au sud-ouest. Un coup d'œil sur le gisement de la côte suffit pour prouver qu'ils ne doivent suivre que l'une ou l'autre de ces deux directions ; et il est toujours facile de distinguer laquelle règne, par les différences nord ou sud que donnent les observations de latitude. C'est à ces courants qu'il faut imputer les erreurs fréquentes dont les navigateurs se plaignent.

Il est d'autant plus essentiel de savoir à quoi s'en tenir sur la véritable position de ces côtes et sur les courants qui règnent le plus fréquemment dans ces parages, que, 1° depuis le dix-septième

---

1. L'aire est la trente-deuxième partie de la boussole : la rose des vents est divisée en trente-deux aires.

jusqu'au dix-neuvième parallèle, la rencontre inopinée des *Abrolhos* serait fort dangereuse. Mais si malheureusement un vaisseau se

Port militaire de Brest.

trouvait engagé dans les Abrolhos, il ne devrait pas pour cela se croire perdu. Il faudrait y mouiller. On trouve communément au pied des récifs cinq à six brasses d'eau, fond de vase blanchâtre. On en sortirait en se touant. De plus, il faut savoir qu'il y a passage à terre des récifs et que, en envoyant un bateau à *Caravella*, petit port marqué sur la carte, on y peut avoir des pilotes.

2° Entre le vingt-et-unième et le vingt-troisième parallèle austral, et par quarante-quatre degrés environ de longitude occidentale du méridien de Paris, il faut se méfier d'un haut fond qui n'est marqué ni sur la carte française ni sur la carte hollandaise. Ce sont les *basses de Saint-Thomas*, basses fort dangereuses de mauvais temps, le haut du banc n'ayant que de trois à quatre brasses d'eau. Elles mettent seize à dix-sept lieues au large. Il y a passage à terre ; mais il faut le bien connaître pour le tenter : encore ne sais-je si les navires d'un grand tirant d'eau y en trouveraient assez. Les Portugais qui font le cabotage de la côte du Brésil sur de petits bâtiments, passent par ce chenal ; mais il est arrivé à plusieurs d'y toucher. Le fond entre la terre et les basses est de sable semblable à du cristal pilé, et sur le banc il est de pierres pourries. Je m'y suis trouvé en 1763, et je n'y fus pas sans inquiétude.

La nuit du 17 au 18, nous prîmes des oiseaux dont l'espèce est connue des marins sous le nom de *Charbonniers*. Ils sont de la grosseur d'un pigeon. Ils ont le plumage d'un gris foncé, le dessus de la tête blanc, entouré d'un cordon gris plus noir que le reste du corps, le bec effilé, long de deux pouces et un peu recourbé par le bout, les yeux vifs, les pattes jaunes semblables à celles des canards, la queue très fournie de plumes et arrondie par le bout, les ailes fort découpées et chacune d'environ huit à neuf pouces d'étendue. Les jours suivants nous vîmes beaucoup de ces oiseaux.

Depuis le 27 janvier, nous avions le fond, et le 29 au soir nous vîmes la terre, sans qu'il nous fût permis de la bien reconnaître, parce que le jour était sur son déclin, et que les terres de cette côte sont fort basses. La nuit fut obscure, avec de la pluie et du tonnerre. Nous la passâmes en panne sous les huniers, tous les ris pris et le cap au large. Le 30, les premiers rayons du jour naissant nous firent apercevoir les montagnes *des Maldonades*. Alors il nous fut facile de reconnaître que la terre vue la veille était *l'île de Lobos*. Toutefois, comme notre latitude d'arrivée était trente-cinq degrés, seize minutes, vingt secondes, nous devions la prendre pour le *cap Sainte-Marie*, que des géographes placent par trente-cinq degrés, quinze minutes, tandis que sa latitude vraie est trente-quatre degrés, cinquante-cinq minutes. Je relève cette fausse position, parce qu'elle est dangereuse. Un vaisseau qui, cinglant par trente-cinq degrés, quinze minutes de latitude sud, croirait aller chercher le cap Sainte-Marie, courrait le risque de rencontrer le *banc aux Anglais*, avant que d'avoir reconnu aucune terre. Pourtant la sonde l'avertirait de l'approche du danger ; près du banc, on ne trouve que six à sept brasses d'eau. Le *banc aux Français*, qui n'est autre que le prolongement du *cap Saint-Antoine*, serait plus dangereux : lorsqu'on est prêt à donner sur la pointe septentrionale de ce banc, on trouve encore douze à quatorze brasses d'eau.

Les Maldonades sont les premières terres hautes qu'on voit sur la côte du nord, après être entré dans la rivière de la Plata, et presque les seules jusqu'à Montevideo. A l'est de ces montagnes, il y a un mouillage sur une côte très basse. C'est une anse en partie couverte par un îlot. Les Espagnols ont un bourg aux Maldonades, avec une garnison. On travaille depuis quelques années, dans ses environs, une mine d'or peu riche ; on y trouve aussi des pierres assez transparentes..A deux lieues dans l'intérieur, est une ville nouvellement bâtie, peuplée entièrement de Portugais déserteurs, et nommée *Puéblo nuevo*.

Le 31, à onze heures du matin, nous mouillâmes dans la baie de *Montevideo*, par quatre brasses d'eau, fond de vase molle et noire. Nous avions passé la nuit du 30 au 31 mouillés sur une ancre, par neuf brasses même fond, à quatre ou cinq lieues dans l'est de *l'île de Flores*. Les deux frégates espagnoles destinées à prendre possession des îles Malouines, étaient dans cette rade depuis un mois. Leur commandant, don Philippe Ruis Puente, capitaine de vaisseau, était nommé gouverneur de ces îles. Nous nous rendîmes ensemble à Buenos-Ayres, afin d'y concerter avec le gouverneur général, don

Francisco Bucarely, les mesures nécessaires pour la cession de l'établissement que je devais livrer aux Espagnols. Nous n'y séjournâmes pas longtemps, et je fus de retour à Montevideo le 16 février.

Nous avions fait le voyage de Buenos-Ayres, monsieur le prince de Nassau et moi, en remontant la rivière dans une goélette ; mais, comme pour revenir de même, nous aurions eu le vent debout, nous passâmes la rivière vis-à-vis de Buenos-Ayres, au-dessus de la colonie du Saint-Sacrement, et fîmes par terre le reste de la route jusqu'à Montevideo, où nous avions laissé la frégate. Nous traversâmes ces plaines immenses dans lesquelles on se conduit par le coup d'œil, dirigeant son chemin de manière à ne pas manquer les gués des rivières, chassant devant soi trente ou quarante chevaux, parmi lesquels il faut prendre au lasso son relais, lorsque celui qu'on monte est fatigué, se nourrissant de viande presque crue, et passant les nuits dans des cabanes faites de cuir, où le sommeil est à chaque instant interrompu par les hurlements des tigres qui rôdent aux environs. Je n'oublierai de ma vie la façon dont nous passâmes la rivière de *Sainte-Lucie*, rivière fort profonde, très rapide et beaucoup plus large que n'est la Seine vis-à-vis des Invalides. On vous fait entrer dans un canot étroit et long, dont un des bords est de moitié plus haut que l'autre ; on force ensuite deux chevaux d'entrer dans l'eau, l'un à tribord, l'autre à bas-bord du canot, et le maître du bac tout nu, précaution fort sage assurément, mais peu propre à rassurer ceux qui ne savent pas nager, soutient de son mieux, au-dessus de la rivière la tête des deux chevaux, dont la besogne alors est de vous passer à la nage de l'autre côté, s'ils en ont la force.

Don Ruis arriva à Montevideo peu de jours après nous. Il y vint en même temps deux goélettes chargées, l'une de bois et de rafraîchissements, l'autre de biscuit et de farine, que nous embarquâmes en remplacement de notre consommation depuis Brest. On avait employé le temps du séjour à Montevideo à calfater le bâtiment, à racommoder le jeu de voiles qui avait servi pendant la traversée, et à remplir d'eau les barriques d'armement. Nous mîmes aussi dans la cale tous nos canons, à l'exception de quatre que nous conservâmes pour les signaux ; ce qui nous donna de la place pour prendre à bord une plus grande quantité de bestiaux. Les frégates espagnoles étant également prêtes, nous nous disposâmes à sortir de la rivière de la Plata.

 IO de la Plata ou *la rivière d'argent*, ne coule point sous le même nom depuis sa source. A son origine, elle a le nom de *Paraguay*, et elle donne ce nom à une immense étendue de pays qu'elle traverse. Elle se joint vers le vingt-septième degré avec le *Parana*, dont elle prend le nom avec les eaux. Elle coule ensuite droit au sud jusque par le trente-quatrième degré ; elle y reçoit l'*Uraguay* et prend son cours à l'est sous le nom de la *Plata*, qu'elle conserve enfin jusqu'à la mer.

Le Paraguy ou Rio de la Plata prend sa source entre le cinquième et le sixième degré de latitude australe, à peu près à égale distance des deux mers et dans les mêmes montagnes d'où sort la *Madera*, qui va perdre ses eaux dans celles de l'*Amazone*. Le Parana et l'Uruguay naissent tous deux dans le Brésil ; l'Uruguay dans la Capitainie de St-Vincent, le Parana près de la mer Atlantique, dans les montagnes qui sont à l'est-nord-est de Rio-Janeiro, d'où il prend son cours vers l'ouest, et ensuite tourne au sud.

Diaz de Solis, grand pilote de Castille, entra le premier dans ce fleuve en 1515. Il lui donna son nom, et le fleuve le conserva jusqu'en 1526. Cette année, Sébastien Cabot, étant parti d'Espagne avec le titre de grand pilote de Castille, à la tête d'une escadre de cinq vaisseaux qu'il devait conduire aux Moluques par le détroit de Magellan, entra dans Rio de la Plata, qu'il nomma ainsi parce que, l'ayant remonté jusqu'au-dessus du confluent du Paraguay et du Parana, il tira beaucoup d'or et d'argent des Indiens qui en habitaient les bords. Les Portugais établis au Brésil avaient dès lors tenté de pénétrer dans le Pérou en traversant le Paraguay. Cabot, ayant rencontré dans sa course un officier portugais venu pour reconnaître le pays, crut que sa présence y était nécessaire pour en assurer la possession à l'Espagne. Il dépêcha en conséquence un de ses vaisseaux pour demander du secours et rendre compte à l'empereur Charles V des raisons qui l'avaient déterminé à ne pas suivre sa première mission. Il avait laissé son escadre au confluent du Paraguay et de l'Urugay, et il s'était établi trente lieues plus haut, à l'embouchure d'une petite rivière qu'il nomma *Rio Tercero*, où il bâtit un fort sous le nom du *Saint-Esprit*. Les secours qu'il attendait ayant tardé, il repassa en Espagne deux ans après avec son escadre, laissant cent vingt hommes pour garder son fort ; mais une grande partie de cette garnison périt, victime de l'hostilité d'un cacique voisin ; et le reste, trop faible pour se soutenir dans le pays, se réfugia sur les côtes du Brésil, dont bientôt il fut chassé par les Portugais.

Ce ne fut qu'en 1535 que la cour d'Espagne prit enfin le parti de renvoyer une expédition dans la rivière de la Plata. Dom Pedro de Mendoze, grand échanson de l'empereur, fut chargé du commandement de la flotte, et nommé gouverneur général de tous les pays qui seraient découverts jusqu'à la mer du sud. Il jeta sous de mauvais aupices les premiers fondements de Buenos-Ayres à la rive droite du fleuve, quelques lieues au-dessous de son confluent avec l'Uruguay, et son expédition ne fut qu'une suite de malheurs qui se terminèrent par sa mort. Pourtant, quelques détachements espagnols de la troupe de Mendoze qui avaient remonté le fleuve, fondèrent en 1538, à trois cents lieues de son embouchure sur la rive occidentale, la ville l'*Assomption*, aujourd'hui capitale du Paraguay. L'année suivante, les habitants de Buenos-Ayres, qui n'avaient cessé depuis sa fondation d'être en proie à toutes les horreurs de la famine et aux incursions des Indiens, l'abandonnèrent et se rendirent à l'Assomption. Cette dernière colonie fit des progrès assez rapides ; mais enfin la nécessité d'avoir à l'entrée du fleuve un port qui pût servir de retraite aux vaisseaux qui y apportaient des troupes et des munitions, procura le rétablissement de Buenos-Ayres. Don Pedro Ortiz de Zarate, gouverneur du Paraguay, la rebâtit en 1580, au même lieu où l'infortuné Mendoze l'avait auparavant placée ; il y fixa sa demeure : elle devint l'entrepôt des vaisseaux d'Europe, et successivement la capitale de toutes ces provinces, le siège d'un évêque et la résidence du gouverneur général.

Buenos-Ayres est située par trente-quatre degrés trente-cinq minutes de latitude australe ; sa longitude est de soixante-et-un degrés cinq minutes à l'ouest de Paris. Cette ville, régulièrement bâtie, est beaucoup plus grande qu'il semble qu'elle ne devrait l'être, vu le nombre de ses habitants, qui ne passe pas vingt mille, blancs, nègres et métis. La forme des maisons est ce qui lui donne tant d'étendue. Si l'on excepte les couvents, les édifices publics, et cinq ou six maisons particulières, toutes les autres sont très basses et n'ont absolument que le rez-de-chaussée. Elles ont d'ailleurs de vastes cours et presque toutes des jardins. La citadelle, qui renferme le gouvernement, est située sur le bord de la rivière et forme un des côtés de la place principale ; celui qui lui est opposé est occupé par l'Hôtel-de-Ville. La cathédrale et l'évêché sont sur cette même place, où se tient chaque jour le marché public.

Il n'y a point de port à Buenos-Ayres, pas même un môle pour faciliter l'abordage des bateaux. Les vaisseaux ne peuvent s'approcher de la ville à plus de trois lieues. Ils y déchargent leurs cargaisons dans des goélettes qui entrent dans une petite rivière nommée *Rio Chuelo*, d'où les marchandises sont portées en charrois dans la ville, qui en est à un quart de lieue. Les vaisseaux qui doivent caréner ou prendre un chargement à Buenos-Ayres, se rendent à la *Encenada de Baragan*, espèce de port situé à neuf ou dix lieues dans l'est-sud-est de cette ville.

Il y a dans Buenos-Ayres un grand nombre de communautés religieuses de l'un et de l'autre sexe. L'année y est remplie de fêtes de saints qu'on célèbre par des processions et des feux d'artifice. Les cérémonies du culte tiennent lieu de spectacles. Les moines nomment les premières dames de la ville *Majordomes* de leurs fondateurs et de la Vierge. Cette charge leur donne le droit et le soin de parer l'église, d'habiller la statue et de porter l'habit de l'ordre. C'est, pour un étranger, un spectacle assez singulier de voir dans les églises de Saint-François ou de Saint-Dominique des dames de tout âge assister aux offices avec l'habit de ces saints instituteurs.

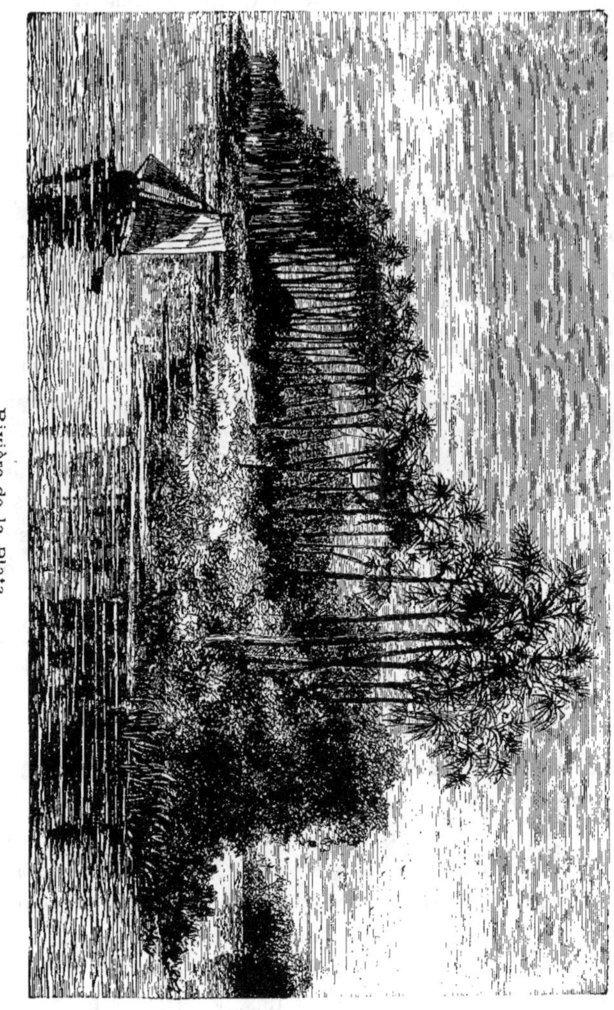

Au reste, la charité des moines ne fait point ici acception de per-

sonnes. Il y a des cérémonies sacrées pour les esclaves, et les Domi-
nicains ont établi une confrérie de nègres. Ils ont leurs chapelles,
leurs messes, leurs fêtes, et un enterrement assez décent ; pour tout
cela, il n'en coûte annuellement que quatre réaux par nègre agrégé.
Les nègres reconnaissent pour patrons saint Benoît de Palerme et la
Vierge, peut-être à cause de ces mots de l'Écriture : *Nigra sum, sed
formosa, filia Jérusalem*. Le jour de leur fête, ils élisent deux rois, dont
l'un représente le roi d'Espagne, l'autre celui de Portugal, et chaque
roi se choisit une reine. Deux bandes, armées et bien vêtues, forment à la suite des rois une procession, laquelle marche avec croix,
bannières et instruments. On chante, on danse, on figure des combats d'un parti à l'autre, et on récite des litanies. La fête dure depuis
le matin jusqu'au soir, et le spectacle en est assez agréable.

Les dehors de Buenos-Ayres sont bien cultivés. Les habitants de
la ville font presque tous des maisons de campagne qu'ils nomment
quintas, et leurs environs fournissent abondamment toutes les denrées nécessaires à la vie. J'en excepte le vin, qu'ils font venir d'Espagne ou qu'ils tirent de Mendoza, vignoble situé à deux cents
lieues de Buenos-Ayres. Ces environs cultivés ne s'étendent pas
fort loin ; si on s'éloigne seulement à trois lieues de la ville, on ne
trouve plus que des campagnes immenses, abandonnées à une multitude innombrable de chevaux et de bœufs, qui en sont les seuls
habitants. A peine, en parcourant cette vaste contrée, y rencontre-
t-on quelques chaumières éparses, bâties moins pour rendre le pays
habitable que pour constater aux divers particuliers la propriété du
terrain, ou plutôt celle des bestiaux qui le couvrent. Les voyageurs
qui la traversent n'ont aucune retraite, et sont obligés de coucher
dans les mêmes charrettes qui les transportent, et qui sont les seules
voitures dont on se serve ici pour les longues routes. Ceux qui voya-
gent à cheval, ce qu'on appelle aller à la légère, sont le plus exposés à coucher au bivouac au milieu des champs.

Tout le pays est uni, sans montagnes et sans autre bois que celui
des arbres fruitiers. Situé sous le climat de la plus heureuse température, il serait un des plus abondants de l'univers en toutes sortes

de productions, s'il était cultivé. Le peu de froment et de maïs qu'on y sème y rapporte beaucoup plus que dans nos meilleures terres de France. Malgré cette fécondité du sol, presque tout est inculte, les environs des habitations comme les terres les plus éloignées ; ou si le hasard fait rencontrer quelques cultivateurs, ce sont des nègres esclaves. Au reste, les chevaux et les bestiaux sont en si grande abondance dans ces campagnes, que ceux qui piquent les bœufs attelés aux charrettes sont à cheval, et que les habitants ou les voyageurs, lorsqu'ils ont faim, tuent un bœuf, en prennent ce qu'ils peuvent manger, et abandonnent le reste, qui devient la proie des chiens sauvages et des tigres : ce sont les seul animaux dangereux de ce pays.

Les chiens ont été apportés d'Europe ; la facilité de se nourrir en pleine campagne leur a fait quitter les habitations, et ils se sont multipliés à l'infini. Ils se rassemblent souvent en troupe pour attaquer un taureau, même un homme à cheval, s'ils sont pressés par la faim. Les tigres ne sont pas en grande quantité, excepté dans les lieux boisés, et il n'y a que les bords des petites rivières qui le soient. On connaît l'adresse des habitants de ces contrées à se servir du lasso (1), et il est certain qu'il y a des Espagnols qui ne craignent pas d'enlacer les tigres : il ne l'est pas moins que plusieurs finissent par être la proie de ces redoutables animaux. J'ai vu à Montevideo une espèce de chat-tigre, dont le poil assez long est gris blanc. L'animal est très bas sur jambes et peut avoir cinq pieds de longueur : il est dangereux, mais fort rare.

Le bois est très cher à Buenos-Ayres et à Montevideo. On ne

---

1. Le lasso dont ils se servent est une courroie tressée très forte, dont un bout est attaché à la selle du cheval qu'ils montent, et dont l'autre forme un nœud coulant. Munis de ce lasso, ils se réunissent plusieurs, et vont choisir au milieu des troupeaux la bête qu'ils veulent avoir. Le premier qui peut l'atteindre lui jette son lasso, et manque rarement de la saisir par les cornes. Un second, pendant que le taureau fuit le cheval de celui qui l'a enlacé, tâche de lui saisir avec son lasso une des jambes de derrière. Du moment où il a réussi, les chevaux dressés à cette chasse tournent avec vitesse chacun d'un côté opposé, et la secousse qu'ils donnent en tendant le lasso renverse le taureau. Alors ils s'arrêtent en tirant fortement sur le lasso, afin que le taureau ne puisse pas se relever. Dans cet état les hommes mettent pied à terre et tuent facilement l'animal couché et hors d'état de se défendre.

trouve dans les environs que quelques petits bois à peine propres à brûler. Tout ce qui est nécessaire pour la charpente des maisons, la construction et le radoub des embarcations qui naviguent dans la rivière, vient du Paraguay en radeaux. Il serait toutefois facile de tirer du haut du pays tous les bois propres à la construction des plus grands navires. De *Montegrande*, où sont les plus beaux, on les transporterait en cajeux par l'*Ybicui* dans l'Uruguay ; et depuis le *Salto Chico* de l'Uruguay, des bâtiments fait exprès pour cet usage les amèneraient à tel endroit de la rivière où on aurait établi des chantiers.

Les naturels qui habitent cette partie de l'Amérique au nord et au sud de la rivière de la Plata, sont du nombre de ceux qui n'ont pu être encore subjugués par les Espagnols et qu'ils nomment *Indios bravos*. Ils sont laids et presque tous galeux. Leur couleur est très basanée, et la graisse dont ils se frottent continuellement les rend encore plus noirs. Ils n'ont d'autre vêtement qu'un grand manteau de peaux de chevreuil, qui leur descend jusqu'aux talons et dans lequel ils s'enveloppent. Les peaux dont il est composé sont très bien passées : ils mettent le poil en dedans, et le dehors est peint de diverses couleurs. La marque distinctive des caciques est un bandeau de cuir dont ils se ceignent le front ; il est découpé en forme de couronne et orné de plaques de cuivre. Leurs armes sont l'arc et la flèche ; ils se servent aussi du lasso et de boules (1). Ces Indiens passent leur vie à cheval et n'ont pas de demeures fixes, du moins auprès des établissements espagnols. Ils y viennent quelquefois avec leurs femmes pour y acheter de l'eau-de-vie, et ils ne cessent d'en boire que quand l'ivresse les laisse absolument sans mouvement. Pour se procurer des liqueurs fortes, ils vendent armes, pelleteries, chevaux ; et, quand ils ont épuisé leurs moyens, ils s'emparent des premiers chevaux qu'ils trouvent auprès des habitations et s'éloignent. Quelquefois ils se rassemblent en troupes de deux ou trois

---

1. Ces boules sont deux pierres rondes de la grosseur d'un boulet de deux livres, enchâssées l'une et l'autre dans une bande de cuir, et attachées à chacune des extrémités d'un boyau cordonné long de six à sept pieds. Ils se servent à cheval de cette arme comme d'une fronde, et en atteignent jusqu'à deux cents pas l'animal qu'ils poursuivent.

cents pour venir enlever des bestiaux sur les terres des Espagnols, ou pour attaquer les caravanes des voyageurs. Ils pillent, massacrent et emmènent en esclavage. C'est un mal sans remède : comment dompter une nation errante, dans un pays immense et inculte, où il serait même difficile de la rencontrer ? D'ailleurs ces Indiens sont courageux, aguerris, et le temps n'est plus où un Espagnol faisait fuir mille Américains.

Il s'est formé depuis quelques années dans le nord de la rivière une tribu de brigands qui pourra devenir plus dangereuse aux Espagnols, s'ils ne prennent des mesures promptes pour la détruire. Quelques malfaiteurs échappés à la justice s'étaient retirés dans le nord des Maldonades ; des déserteurs se sont joints à eux : insensiblement leur nombre s'est accrû ; ils ont pris des femmes chez les Indiens, et commencé une race qui ne vit que de pillage. Ils viennent enlever des bestiaux dans les possessions espagnoles, pour les conduire sur les frontières du Brésil, où il les échangent avec les Paulistes (1) contre des armes et des vêtements. Malheur aux voyageurs qui tombent entre leurs mains ! On assure qu'ils sont aujourd'hui plus de six cents. Ils ont abandonné leur première habitation et se sont retirés plus loin de beaucoup dans le nord-ouest.

Le gouverneur général de la province de la Plata réside, comme nous l'avons dit, à Buenos-Ayres. Dans tout ce qui ne regarde pas la mer, il est censé dépendre du vice-roi du Pérou ; mais l'éloignement rend cette dépendance presque nulle, et elle n'existe réeliement que pour l'argent qu'il est obligé de tirer des mines du Potosi, argent qui ne viendra plus en pièces cornues, depuis qu'on a établi cette année même dans le Potosi un hôtel des monnaies. Les gouvernements particuliers du Tucuman et du Paraguay, dont les principaux établissements sont *Santa-Fé, Corrientes, Salta, Tujus, Corduba, Mendoza* et l'*Assomption*, dépendent, ainsi que les fameuses missions des Jésuites, du gouverneur général de Buenos-Ayres.

---

1. Les Paulistes sont une autre race de brigands sortis du Brésil, et qui se sont formés en République vers la fin du seizième siècle. Ils se nomment *Paulistes*, du lieu appelé *San-Pablo*, qui est leur principale habitation.

Cette vaste province comprend en un mot toutes les possessions

Vue de Buenos-Ayres.

espagnoles à l'est des Cordillères, depuis la rivière des Amazones jusqu'au détroit de Magellan. Il est vrai qu'au sud de Buenos-Ayres il n'y a plus aucun établissement ; la seule nécessité de se pourvoir de sel fait pénétrer les Espagnols dans ces contrées. Il part à cet effet tous les ans de Buenos-Ayres un convoi de deux cents charrettes, escorté par trois cents hommes ; il va, par quarante degrés environ, se charger de sel dans les lacs voisins de la mer, où il se forme naturellement. Autrefois les Espagnols l'envoyaient chercher par des goélettes dans la baie *Saint-Julien*.

Je remets au second voyage que les circonstances nous ont forcés de faire dans la rivière de la Plata, à parler des missions du Paraguay ; ce sera le temps d'entrer dans ce détail, en rapportant l'expulsion des Jésuites, de laquelle nous avons été témoins.

Le commerce de la province de la Plata est le moins riche de l'Amérique espagnole ; cette province ne produit ni or ni argent, et ses habitants sont trop peu nombreux pour qu'ils puissent tirer du sol tant d'autres richesses qu'il renferme dans son sein; le commerce même de Buenos-Ayres n'est pas aujourd'hui ce qu'il était il y a dix ans : il est considérablement déchu, depuis que ce qu'on y appelle *l'internation des marchandises* n'est plus permise, c'est-à-dire depuis qu'il est défendu de faire passer les marchandises d'Europe par terre de Buenos-Ayres dans le Pérou et le Chili ; de sorte que les seuls objets de son commerce avec ces deux provinces sont aujourd'hui le coton, les mules et le maté, ou l'herbe du Paraguay. L'argent et le crédit des négociants de Lima ont fait rendre cette ordonnance, contre laquelle réclament ceux de Buenos-Ayres. Le procès est pendant à Madrid, où je ne sais quand ni comment on le jugera. Cependant Buenos-Ayres est riche, j'en ai vu sortir un vaisseau de registre avec un million de piastres ; et si tous les habitants de ce pays avaient le débouché de leurs cuirs avec l'Europe, ce commerce seul suffirait pour les enrichir. Avant la dernière guerre il se faisait ici une contrebande énorme avec la colonie du *Saint-Sacrement*, place que les Portugais possèdent sur la rive gauche du fleuve, presque en face de Buenos-Ayres; mais cette place est aujourd'hui tellement resserrée par les nouveaux ouvrages dont les Espagnols l'ont

enceinte, que la contrebande avec elle est impossible s'il n'y a conni-
vence ; les Portugais mêmes qui l'habitent sont obligés de tirer par
mer leur subsistance du Brésil. Enfin ce poste est ici à l'Espagne, à
l'égard des Portugais, ce que lui est en Europe Gibraltar à l'égard
des Anglais.

La ville de Montevideo, établie depuis quarante ans, est située sur
la rive septentrionale du fleuve, trente lieues au-dessus de son embouchure, et bâtie sur une presqu'île qui défend des vents d'est une
baie d'environ deux lieues de profondeur sur une de largeur à son entrée. A la pointe occidentale de cette baie est un mont isolé, assez
élevé, lequel sert de reconnaissance et a donné le nom à la ville ; les
autres terres qui l'environnent sont très basses. Le côté de la plaine
est défendu par une citadelle : plusieurs batteries protégent le côté
de la mer et le mouillage ; il y en a même une au fond de la baie sur
une île fort petite appelée *l'île aux Français*. Le mouillage de Montevideo est sûr, quoiqu'on y essuie quelquefois des *pamperos*, qui
sont des tourmentes de vent de sud-ouest accompagnées d'orages
affreux. Il y a peu de fond dans toute la baie ; on y mouille par trois,
quatre et cinq brasses d'eau sur une vase très molle, où les plus gros
navires marchands s'échouent et font leur lit sans souffrir aucun
dommage ; mais les vaisseaux fins s'y arquent facilement et y dépé-
rissent. L'heure des marées n'y est point réglée ; selon le vent qu'il
fait, l'eau est haute ou basse. On doit se méfier d'une chaine de roches qui s'étend quelques encablures au large de la pointe de l'est
de cette baie ; la mer y brise, et les gens du pays l'appellent la *pointe
des Charrettes* (1).

Montevideo a un gouverneur particulier, lequel est immédiatement sous les ordres du gouverneur général de la province. Les
environs de cette ville sont presque incultes et ne fournissent ni fro-

---

1. Avec peu de travail et de dépense, on ferait dans la rivière de Sainte-Lucie un des
plus beaux ports du monde. Cette rivière est située du même côté et à huit ou dix lieues
dans l'ouest de Montevideo. Il ne s'agirait que de curer un banc de sable d'environ cent
pieds d'étendue qui se trouve à l'entrée, et sur lequel il n'y a que dix à onze pieds d'eau.
Ensuite on trouve neuf, dix, onze, douze brasses pendant une étendue considérable, en
remontant la rivière.

ment, ni maïs; il faut faire venir de Buenos-Ayres la farine, le biscuit et les autres provisions nécessaires aux vaisseaux. Dans les jardins, soit de la ville, soit des maisons qui en sont voisines, on ne cultive presque aucun légume; on y trouve seulement des melons, des cour-ges, des figues, des pêches, des pommes et des coings en grande quantité. Les bestiaux y sont dans la même abondance que dans le reste de ce pays, ce qui, joint à la salubrité de l'air, rend la relâche à Montevideo excellente pour les équipages; on doit seulement y prendre ses mesures contre la désertion. Tout y invite le matelot dans un pays où la première réflexion qui le frappe en mettant pied à terre, c'est que l'on y vit presque sans travail. En effet, comment résister à l'alternative de couler dans le sein de l'oisiveté des jours tranquilles sous un climat heureux, ou de languir affaissé sous le poids d'une vie constamment laborieuse, et d'accélérer dans les tra-vaux de la mer les douleurs et les infirmités de la vieillesse ?

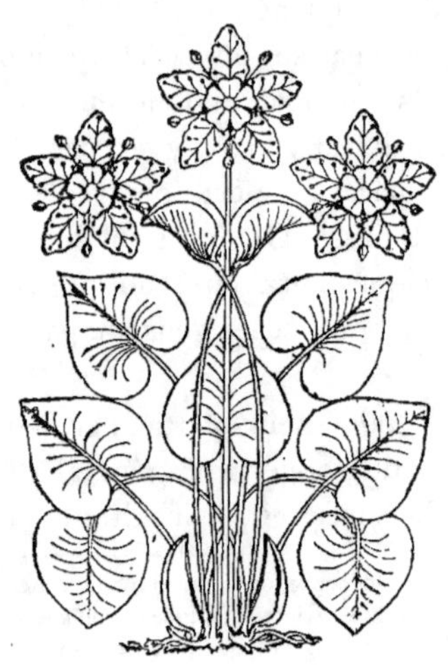

E 28 février 1767, nous appareillâmes de Montevideo avec les deux frégates espagnoles et une tartane char-gée de bestiaux. Nous convînmes, Dom Ruis et moi, qu'en rivière il prendrait la tête, et qu'une fois au large je conduirais la marche. Toutefois, pour obvier au cas de séparation, j'avais donné à chacune des frégates un pilote pratique des Malouines. L'après-midi il fallut mouiller, la brume ne permettant de voir ni la grande terre ni l'île de Flores. Le vent fut contraire le lendemain; je comptais néanmoins que nous appareillerions, les courants assez forts dans cette rivière favorisant les bordées ; mais, voyant le jour presque écoulé sans que le commandant espagnol fît aucun signal, j'envoyai un officier pour lui dire que, venant de reconnaître l'île de Flores dans une éclaircie, je me trouvais mouillé beaucoup trop près du banc aux Anglais, et que mon avis était d'appareiller le len-demain, vent contraire ou non. Dom Ruis me fit répondre qu'il était entre les mains du pilote pratique de la rivière, qui ne voulait lever l'ancre que d'un vent favorable et fait. L'officier alors le prévint de ma part que je mettrais à la voile dès la pointe du jour, et que je l'attendrais en louvoyant, ou mouillé plus au nord, à moins que les marées ou la force du vent ne me séparassent de lui malgré moi.

La tartane n'avait point mouillé la veille, et nous la perdîmes de vue le soir pour ne plus la revoir. Elle revint à Montevideo trois semaines après, sans avoir rempli sa mission. La nuit fut orageuse, le pamperos souffla avec furie et nous fit chasser : une seconde ancre que nous mouillâmes nous étala. Le jour nous montra les vais-seaux espagnols, mâts de hune et basses vergues amenés, lesquels avaient beaucoup plus chassé que nous. Le vent était encore con-traire et violent, la mer très grosse ; ce ne fut qu'à neuf heures que nous pûmes appareiller sous les quatre voiles majeures ; à midi nous avions perdu de vue les Espagnols demeurés à l'ancre, et le 3 mars au soir nous étions hors de la rivière.

Nous eûmes, pendant la traversée aux Malouines, des vents variables du nord-ouest au sud-ouest, presque toujours gros temps et mauvaise mer : nous fûmes contraints de passer à la cape le 15 et le 16, ayant essuyé quelques avaries. D'ailleurs notre mâture exigeait le plus grand ménagement, la frégate dérivait outre mesure, sa marche n'était point égale sur les deux bords, et le gros temps ne nous permettait pas de tenter des changements dans son arrimage qui eussent pû la mettre mieux en assiette. En général, les bâtiments fins et longs sont tellement capricieux, leur marche est assujettie à un si grand nombre de causes souvent imperceptibles, qu'il est fort difficile de démêler celles dont elle dépend. On n'y va qu'à tâtons, et les plus habiles y peuvent prendre le change.

Depuis le 17 après-midi que nous commençâmes à trouver le fond, le temps fut toujours chargé d'une brume épaisse. Le 19, ne voyant pas la terre, quoique l'horizon se fût éclairci, et que d'après mon calcul je fusse dans l'est des îles Sébaldes, je craignis d'avoir dépassé les Malouines, et je pris le parti de courir à l'ouest ; le vent, ce qui est fort rare dans ces parages, favorisait cette résolution. Je fis grand chemin dans cette direction pendant vingt-quatre heures, et ayant alors trouvé les sondes de la côte des Patagons, je fus assuré de ma position, et je repris avec confiance la route à l'est. En effet, le 21 à quatre heures après-midi, nous eûmes connaissance des Sébaldes, qui nous restaient au·nord-est-quart-d'est à huit ou dix lieues de distance, et bientôt après nous vîmes la terre des Malouines. Je me serais au reste épargné l'embarras où je me trouvais si de bonne heure j'eusse tenu le vent, pour me rallier à la côte de l'Amérique et chercher les îles en latitude.

Le 22, au coucher du soleil, nous avions relevé les terres des Malouines les plus est à l'est-sud-est cinq degrés sud, distance de six à sept lieues, et les plus près de nous au sud-quart-sud-est, distantes de quatre lieues. Je faisais gouverner à l'est du compas valant l'est-sud-est corrigé, afin de prolonger pendant la nuit à cette même distance de quatre lieues la côte des îles, laquelle court est-sud-est et ouest-nord-ouest corrigés. Les vents étaient au sud-ouest, et nous courions tribord amures, lorsqu'à dix heures et demie, quelques moments après le lever de la lune, nous vîmes une pointe de terre de l'avant à nous ; nous *arrivâmes* pour l'éviter ; mais bientôt après, ayant aperçu distinctement que cette pointe, dont nous n'étions plus guère qu'à une lieue, s'étendait fort au large, nous prîmes sur-le-champ le plus près bâbord, le cap au nord-ouest. Ne pouvant *doubler* même à cette route, il fallut courir plusieurs bordées pour nous *élever*. Ce ne fut qu'à trois heures du matin, qu'étant sortis de la baie dans laquelle nous avions été engagés, nous pûmes reprendre notre première route, prolongeant la côte à l'est-sud-est corrigé. Cette pointe, qui nous a mis en danger, est la pointe de l'est du détroit des Malouines, laquelle s'avance au moins à quatre lieues au large plus que la côte. Notre situation était d'autant plus critique que nous n'avions pas la ressource de mouiller, car, dans l'espèce de baie formée par cette pointe, le fond est de roches.

Le 23 au soir, nous entrâmes et mouillâmes dans la grande baie où mouillèrent aussi le 24 les deux frégates espagnoles. Elles avaient beaucoup souffert dans leur traversée, le coup de vent du 16 les ayant obligées d'arriver vent arrière, et la commandante ayant reçu un coup de mer qui avait emporté ses bouteilles, enfoncé les fenêtres de sa grand'chambre, et mis beaucoup d'eau à bord. Presque tous les bestiaux embarqués à Montevideo pour la colonie avaient péri par le mauvais temps. Le 25, les trois bâtiments entrèrent dans le port et s'y amarrèrent.

Le 1er avril, je livrai notre établissement aux Espagnols, quien prirent possession en arborant l'étendard d'Espagne, que la terre et les vaisseaux saluèrent de vingt-et-un coups de canon au lever et au coucher du soleil. J'avais lu aux Français habitants de cette colonie naissante une lettre du roi, par laquelle Sa Majesté leur permettait d'y rester sous la domination du roi catholique. Quelques familles profitèrent de cette permission : le reste, avec l'état-major, fut embarqué sur les frégates espagnoles, lesquelles appareillèrent pour Montevideo le 27 au matin. Pour moi, je fus contraint de rester aux Malouines à attendre *l'Etoile* sans laquelle je ne pouvais continuer mon voyage.

On me pardonnera quelques remarques historiques sur ces îles.

Il me paraît qu'on en peut attribuer la première découverte au célèbre Améric Vespuce, qui, dans son troisième voyage pour l'Amérique, en parcourut la côte du nord, au mois d'avril 1502. Il ignorait à la vérité si elle appartenait à une île ou si elle faisait partie du continent ; mais il est facile de conclure de la route qu'il avait suivie, de la latitude à laquelle il était arrivé, de la description même qu'il donne de cette côte, que c'était celle des Mélouines. J'assurerai, avec non moins de fondement, que Beauchesne Goüin, revenant de la mer du sud en 1700, a mouillé dans la partie orientale des Malouines, croyant être aux Sébaldes.

Si on suit les détails qu'il donne sur la nature du pays où il relâcha, on se convaincra de la vérité de mes conjectures. Beauchesne vit d'abord une seule île d'une immense étendue, et ce ne fut qu'après en être sorti qu'il s'en présenta à lui deux autres petites ; il parcourut un terrain humide couvert d'étangs et de lacs d'eau douce, couvert d'oies, de sarcelles, canards et bécassines ; il n'y vit point de bois : tout cela convient à merveille aux Malouines. Les Sébaldes au contraire sont trois petites îles pierreuses, où Guillaume Dampierre, allant dans la mer du sud en 1683, chercha vainement à faire de l'eau, et où il ne put trouver un bon mouillage. Conséquemment, si ce n'est point aux Malouines que Beauchesne a touché, il faut que ce soit à quelque île inconnue, située plus à l'est, mais ce ne peut être aux Sébaldes.

Quoi qu'il en soit, les îles Malouines jusqu'à nos jours n'étaient que très imparfaitement connues.

Cependant leur position heureuse, pour servir de relâche aux vaisseaux qui vont dans la mer du sud, et d'échelle pour la découverte des terres australes, avait frappé les navigateurs de toutes les nations. Au commencement de l'année 1763, la cour de France résolut de former un établissement dans ces îles. Je proposai au ministère de le commencer à mes frais, et secondé par MM. de Nerville et d'Arbou-lin, l'un mon cousin germain et l'autre mon oncle, je fis sur-le-champ construire et armer à Saint-Malo, par les soins de M. Duclos Guyot, aujourd'hui mon second, l'*Aigle* de vingt canons et le *Sphinx* de douze, que je munis de tout ce qui était propre pour une pareille expédition. J'embarquai plusieurs familles acadiennes, espèce d'hommes laborieuse, intelligente, et qui doit être chère à la France par l'inviolable attachement que lui ont prouvé ses honnêtes et fortunés citoyens.

Le 15 septembre 1763, je fis voile de Saint-Malo : M. de Nerville s'était embarqué avec moi sur *l'Aigle*. Après deux relâches, l'une à l'île Sainte-Catherine sur la côte du Brésil, l'autre à Monte-video, où nous prîmes beaucoup de chevaux et de bêtes à cornes, nous atterrâmes sur les îles Sébaldes le 31 janvier 1764. Je donnai dans un grand enfoncement que forme la côte des Malouines entre sa pointe du nord-ouest et les Sébaldes; mais, n'y ayant pas aperçu de bon mouillage, je rangeai la côte du nord, et, étant parvenu à l'extrémité orientale des îles, j'entrai le 3 février dans une grande baie qui me parut commode pour y former un premier établissement.

La même illusion qui avait fait croire à Hawkins, à Wood Roger et aux autres, que ces îles étaient couvertes de bois, agit aussi sur mes compagnonsd e voyage et sur moi. Nous vîmes avec surprise, en débarquant, que ce que nous avions pris pour du bois en cinglant le long de la côte, n'était autre chose que des touffes de jonc fort éle-vées et fort rapprochées les unes des autres. Leur pied, en se des-séchant, reçoit la couleur d'herbe morte jusqu'à une toise environ de hauteur, et de là sort une touffe de jonc d'un beau vert qui cou-ronne ce pied ; de sorte que, dans l'éloignement, les tiges réunies présentent l'aspect d'un bois de médiocre hauteur. Ces joncs ne croissent qu'au bord de la mer et sur les petites îles ; les montagnes de la grande terre sont, dans quelques endroits, couvertes entière-ment de bruyères, qu'on prend aisément de loin pour du taillis.

Les diverses courses que j'ordonnai aussitôt, et que j'entrepris moi-même dans l'île, couchant tous à la belle étoile et vivant de chasse, ne nous procurèrent la découverte d'aucune espèce de bois, ni d'aucun indice qui nous permît de conclure qu'un navire y avait abordé avant nous. Je trouvai seulement, et en abondance, une excellente tourbe qui pouvait suppléer au bois, tant pour le chauffage que pour la forge ; et je parcourus des plaines immenses, coupées partout de petites rivières d'une eau parfaite. La nature d'ailleurs n'offrait pour la subsistance des hommes que la pêche et plusieurs sortes de gibier de terre et d'eau. A la vérité ce gibier était en grande quantité et facile à prendre. Ce fut un spectacle singulier de voir à notre arrivée tous les animaux, jusqu'alors seuls habitants de l'île, s'approcher de nous sans crainte et ne témoigner d'autres mouvements que ceux que la curiosité inspire à la vue d'un objet inconnu. Les oiseaux se laissaient prendre à la main, quelques-uns venaient d'eux-mêmes se poser sur les gens qui étaient arrêtés ; tant il est vrai que l'homme ne porte point empreint un caractère de férocité qui fasse reconnaître en lui par le seul instinct, aux animaux faibles, l'être qui se nourrit de leur sang. Cette confiance ne leur a pas duré longtemps : ils eurent bientôt appris à se méfier de leur cruel ennemi.

Le 17 mars, je déterminai l'emplacement de la nouvelle colonie, à une lieue du fond de la baie à la côte du nord, sur un petit port qui ne communique avec la baie que par un goulet fort étroit. La colonie ne fut d'abord composée que de vingt-neuf personnes, parmi lesquelles il y avait cinq femmes et trois enfants. Nous travaillâmes sur-le-champ à leur bâtir des cases couvertes de jonc, et à construire un magasin assez grand pour renfermer les vivres, les hardes et les provisions de toute espèce que je leur laissai pour deux ans. Ces ouvrages furent exécutés par les matelots, et l'état-major des deux vaisseaux se chargea d'élever un fort en terre et gazon capable de contenir quatorze pièces de canon. Je travaillai à la tête de cet atelier, et j'admirai à quel point les circonstances extraordinaires exaltent les hommes et doublent leurs forces. Le zèle de ces officiers ne se ralentit pas un seul instant pendant quinze jours que dura ce travail pénible, qui commençait avec l'aurore et que la nuit seul interrompait. Le fort fut construit assez solidement, le canon mis en batterie et, dans le milieu de cette petite citadelle, nous élevâmes un obélisque de vingt pieds de hauteur. L'effigie du roi décorait une de ses faces, et on enterra sous ses fondements quelques monnaies avec une médaille, où sur un côté était gravée la date de l'entreprise, sur l'autre on voyait la figure du roi avec ces mots pour exergue : *Tibi serviat ultima Thule.*

Telle était l'inscription gravée sur cette médaille :

ÉTABLISSEMENT
DES ISLES MALOUINES,
SITUÉES AU 51 DEG. 30 MIN.
DE LAT. AUST. ET 61 DEG. 50 MIN.
DE LONG. OCCID. MÉRID. DE PARIS,
PAR LA FRÉGATE *L'AIGLE*, CAPITAINE
P. DUCLOS GUYOT, CAPITAINE DE BRULOT,
ET LA CORVETTE *LE SPHINX*, CAPIT. F. CHÉNARD
DE LA GIRAUDAIS, LIEUT. DE FRÉGATE, ARMÉES PAR
LOUIS-ANTOINE DE BOUGAINVILLE, COLONEL D'INFAN-
TERIE, CAPITAINE DE VAISSEAU, CHEF DE L'EXPÉDITION, G.
DE NERVILLE, CAPITAINE D'INFANTERIE, ET P. D'ARBOU-
LIN, ADMINISTRATEUR GÉNÉRAL DES POSTES DE
FRANCE : CONSTRUCTION D'UN FORT ET D'UN
OBÉLISQUE DÉCORÉ D'UN MÉDAILLON DE SA
MAJESTÉ LOUIS XV. SUR LES PLANS D'A.
L'HUILLIER, INGÉN. GÉOGR. DES CAMPS
ET ARMÉES, SERVANT DANS L'EXPÉ-
DITION ; SOUS LE MINISTÈRE
D'É. DE CHOISEUL, DUC
DE STAINVILLE. EN
FÉVRIER 1764.

avec ces mots pour exergue : *Conamur tenues grandia.*

Cependant, pour encourager les colons et augmenter leur confiance en des secours prochains que je leur promis, M. de Nerville consentit à rester à leur tête et à partager les hasards de ce faible établissement aux extrémités de l'univers, le seul qu'il y eût alors à une latitude aussi élevée dans la partie australe de notre globe. Le 5 avril 1764, je pris solennellement possession des îles au nom du roi, et le 8 je mis à la voile pour la France.

Le 6 octobre de la même année, je repartis de Saint-Malo sur *l'Aigle*, et, après une traversée qui n'eut rien de remarquable que d'avoir cherché inutilement l'île *Pepys*, j'arrivai aux Malouines le 5 janvier 1765. J'y goûtai la satisfaction inexprimable de voir que mes colons avaient joui d'une santé parfaite et qu'ils étaient dans le meilleur état. Un seul avait péri dans une chasse, sans qu'on ait pu savoir par quel accident, attendu qu'il n'était pas accompagné. Ce ne fut même que deux ans après qu'on avait retrouvé son corps. L'hiver n'avait point été rude ; il y avait eu fort peu de neige et point de glace. La chasse et la pêche s'étaient toujours faites avec le plus grand succès. M. de Nerville avait construit une poudrière, un magasin neuf en pierres, l'ancien étant tombé, et rétabli le fort en finissant les fossés et perfectionnant le rempart.

Je me hâtai de débarquer les habitants nouveaux et les provisions de toute espèce destinées à la colonie, de faire de l'eau et du lait ; et après un voyage par terre que j'entrepris pour reconnaître le détroit qui sépare les deux grandes Malouines, je mis à la voile le 2 février, pour aller chercher dans le détroit de Magellan une cargaison de bois assortis. Le 16, étant à la vue du cap des Vierges, nous aperçûmes trois navires, et le lendemain, entrant avec eux dans le détroit, nous fûmes assurés qu'ils étaient anglais. C'étaient ceux du commodore Byron, qui, après être venus reconnaître les îles Malouines, le long desquelles ils avaient été vus par nos pêcheurs, prenaient la route du détroit de Magellan pour entrer dans la mer du sud. Nous les suivîmes jusqu'au port Famine, où ils relâchèrent, et, au mouillage que nous fîmes ensemble sous le cap Grégoire, un des navires anglais s'étant échoué en louvoyant pour gagner ce mouillage, je me fis un devoir de lui envoyer avec la plus grande diligence deux bâteaux avec les secours d'usage en pareil cas.

Le 21, je m'amarrai dans une petite baie à laquelle les matelots ont depuis donné mon nom, et, dès le lendemain, nous nous occupâmes à couper des bois de différents échantillons, à équarrir les plus grosses pièces, à tracer dans la forêt différents chemins pour les conduire sur le bord de la mer, à en faire l'embarquement et l'arrimage. Nous levâmes aussi et mîmes à bord, avec

Détroit de Magellan.

toutes les précautions que nous pûmes imaginer, plus de dix mille plants d'arbres de différents âges. Il était bien intéressant de tenter des plantations dans nos îles. Ces travaux divers nous occupèrent vingt jours, et je puis dire qu'à l'exception des dimanches consacrés au repos, il n'y eut pas un instant perdu ni une personne oisive. Le temps nous avait favorisés, car, contre l'ordinaire de ces parages, il fut très beau. Le 15 mars au soir, j'appareillai de la baie, je sortis du détroit le 24, et, le 29, je mouillai dans le port des Malouines, où je fus reçu avec de grands transports de joie, ayant ouvert une navigation devenue nécessaire au maintien de la colonie. A mon départ des Malouines, le 27 avril suivant, elle se trouvait composée de quatre-vingts personnes, en y comprenant un état-major payé par le roi.

Vers la fin de l'année 1765, nous renvoyâmes de Saint-Malo *l'Aigle* aux îles Malouines, et le roi y joignit *l'Étoile*, une de ses flûtes. Cette dernière, partie de Rochefort, arriva dans la colonie le 15 février 1766, et *l'Aigle* y entra le 23 du même mois. Ces deux bâtiments, après avoir débarqué les vivres, les effets divers et les nouveaux habitants, mirent à la voile ensemble le 24 avril, pour aller dans le détroit de Magellan chercher du bois pour la colonie. C'était entreprendre ce voyage dans la plus mauvaise saison ; aussi fut-il très pénible. Les commandants des deux vaisseaux n'auraient pu, sans prolonger les risques et les difficultés, gagner la baie dans laquelle j'avais fait ma cargaison l'année précédente. Aussi mouillèrent-ils dans la *baie Famine*, où ils trouvèrent en abondance de quoi s'assortir des divers échantillons nécessaires à nos besoins. *L'Étoile* fut chargée la première et rentra aux îles le 15 juin. *L'Aigle*, restée la dernière et chargée de pièces plus considérables, y fut de retour le 27 du même mois. Cette expédition au détroit fut remarquable par deux événements d'une nature différente, savoir : un combat avec les sauvages qui en habitent la partie boisée, et une alliance contractée avec les Patagons qui en occupent la partie orientale.

Quelque temps après que *l'Étoile* fut partie de la baie Famine, des sauvages de la même nation que ceux que j'avais vus et auxquels j'avais fait des présents l'année précédente, se montrèrent aux endroits où *l'Aigle* continuait de faire son bois. Nos gens les reconnurent, et on leur fit de nouveaux présents. Ils vécurent plusieurs jours dans la meilleure intelligence, allant à bord du navire, soit dans leurs canots, soit dans les nôtres, sans aucune crainte réciproque. Le mauvais temps ayant obligé quelques-uns de nos ouvriers, au nombre de sept, de rester à terre, ils y passèrent la nuit auprès du feu, dans une cabane construite à la hâte, et la passaient avec sécurité, lorsqu'ils entendirent du bruit et virent tout à coup paraître trois sauvages à l'entrée de la cabane ; ils ne purent se servir des armes à feu : l'attaque fut trop brusque ; ils se défendirent avec des haches et des sabres. De vingt-cinq sauvages ou environ qu'ils étaient, trois furent tués et le reste mis en fuite ; deux de nos gens furent dangereusement blessés. Depuis cet acte d'hostilité, ces sauvages ne reparurent plus.

Cette aventure, désagréable en elle-même, n'était pas importante pour les suites, la nation qui habite la partie boisée du détroit étant peu nombreuse, faible, et n'ayant aucune communication avec les Patagons, les seuls habitants de ces contrées dont l'union avec nous fût intéressante, par rapport aux objets d'échange que nous en pouvions tirer. Aussi M. Denys de Saint-Simon, capitaine d'infanterie, né au Canada, et ayant passé une partie de sa vie avec les sauvages de ce vaste pays, avait-il été embarqué sur *l'Étoile* et chargé de jeter les premiers fondements de l'alliance avec ce peuple, le voisin le plus proche des îles Malouines.

En conséquence, lorsque M. de la Giraudais, commandant de *l'Étoile*, eut fini son bois à la baie Famine, il s'occupa de l'exécution de ce projet avant que de quitter le détroit de Magellan. Pour cet effet il mouilla sous le cap Grégoire, aux environs duquel les Patagons étaient campés. M. de Saint-Simon se transporta à terre avec la chaloupe et le canot. Les Patagons se trouvèrent au débarquement au nombre de vingt, tous à cheval. Ils témoignèrent beaucoup de joie et chantèrent à leur mode : il fallut les accompagner à leur feu. Il en parut alors environ cent cinquante qui vinrent se réunir aux autres ; ce grand nombre n'effraya pas nos gens, parce qu'il y avait dans la bande beaucoup de femmes et d'enfants. M. de Saint-Simon jugea que, pour contenter cette multitude, il fallait envoyer la chaloupe au vaisseau chercher une plus grande quantité de présents que celle qu'il avait apportée ; et par précaution, il fit demander à M. de la Giraudais un renfort d'hommes armés. La chaloupe tardant à revenir, il envoya le canot pour en accélérer l'expédition ; et dans l'impossibilité d'abandonner la négociation par l'intérêt que semblaient y prendre les sauvages, M. de Saint-Simon resta à terre avec les Français armés au nombre de dix. Cependant des cavaliers de tout âge descendaient rapidement les côtes et venaient grossir la troupe, dont le nombre augmenta jusqu'à huit cents ou environ. La position alors parut réellement critique ; le jour tombait ; nulles nouvelles du bord : un coup de vent, plus sensible au large qu'à terre, ayant retenu chaloupe et canot, notre peloton de Français entourés par les sauvages et prisonniers au milieu d'une multitude d'hommes bien montés, bien armés, et qui paraissaient observer entre eux une espèce de discipline, fit vainement tous les efforts pour donner à entendre qu'il désirait avoir son feu particulier et remettre les affaires au lendemain ; jamais les Patagons, soit amitié, soit défiance, n'y voulurent consentir. Il fallut se résoudre à passer la nuit avec une douzaine d'entre eux, les autres s'étant retirés dans leur camp.

Cette nuit passée sans fermer l'œil et sans vivres, sur le bord de la mer, parut bien longue aux Français. Mais quel fut leur embarras quand le jour naissant leur montra que le navire avait chassé de près d'une lieue et demie, par la violence du vent qui soufflait toujours en tempête ! C'était encore une journée au moins à passer avec ces Patagons, qui revinrent en famille comme la veille. Toutefois ils laissèrent une espèce de liberté à nos gens, dont il y en eut que la faim contraignit à aller chercher des moules sur le rivage. Les sauvages, qui s'en aperçurent, leur apportèrent quelques morceaux de chair de vigogne à moitié crus, mais qui furent trouvés excellents. A l'approche de la nuit, les chefs parurent exiger qu'on les suivît à leur camp ; sur le refus constant qui en fut fait, ils donnèrent ordre à la multitude de se retirer, et cent hommes restèrent pour en garder onze.

Les Français tinrent conseil, se conformant aux avis de M. de Saint-Simon, habitué aux mœurs de pareilles nations. Il ne leur cacha point qu'étant sans défense, le moindre mouvement mal interprété pouvait leur être funeste, et qu'il fallait montrer du sang-froid et de la tranquillité. On se rangea donc auprès de ce détache-ment de sauvages pour y passer une seconde nuit. On ne dormit point ; un des chefs, qui paraissait être le protecteur des Français, et qui avait déjà reçu des pipes et du tabac, fit les frais de la conversa-tion et les cérémonies de l'hospitalité ; la pipe passa de bouche en bouche ; on chanta, les nôtres un peu à contre-cœur, et on mangea de la moelle de guanaques, qui paraît être un de leurs mets favoris.

Un instant pensa tout brouiller, par la mauvaise humeur d'un chef dont la physionomie était sinistre et qui prit à partie le chef notre protecteur. Il parlait avec le ton de la fureur, l'écume sortait de sa bouche, et ses gestes indiquaient qu'il récitait des combats malheu-reux que ses compatriotes avaient eus contre des hommes porteurs d'armes à feu. Les pleurs que fit couler son récit confirmèrent cette interprétation. M. de Saint-Simon parla aux siens, et disposa tout pour résister tant bien que mal en cas d'attaque, sans donner par ces dispositions d'ombrage aux Patagons, auxquels il tâcha de faire entendre, affectant un air déterminé, qu'il était surpris de leurs dis-putes et de leurs larmes, que ceux qu'il avait amenés avec lui étaient amis de leur nation, et plus disposés à les obliger qu'à leur faire in-jure ; qu'ils les regardaient comme des frères et venaient contracter alliance avec eux. Le style de cette harangue par gestes aurait pu ne pas produire tout son effet si le jour n'avait enfin rétabli le calme et dissipé les inquiétudes réciproques.

Le temps était devenu plus serein ; on vit revenir le canot avec les présents si longtemps attendus. On les remit entre les mains des chefs ; il eût été impossible de les distribuer par familles, à cause du grand nombre. Les hommes qui s'étaient retirés la veille, s'étant rapprochés avec leurs femmes et leurs enfants, formèrent un monde de cavaliers autour des Français, et les traitèrent avec toutes les démonstrations de l'amitié. Ce fut dans ce moment intéressant que M. de Saint-Simon contracta alliance avec eux en leur présentant le pavillon du roi, qu'ils acceptèrent avec des cris de joie et des chansons. On leur fit entendre qu'au bout d'un an on viendrait les revoir. Ils offrirent à M. de Saint-Simon des chevaux, qu'il ne put accepter, la chaloupe de *l'Étoile* s'étant perdue dans le coup de vent des jours précédents, et on se sépara avec les témoignages de la meilleure intelligence.

Il parut attesté, par le rapport uniforme des Français, qui n'eurent que trop le temps de faire leurs observations sur ce peuple célèbre, qu'il est en général de la stature la plus haute et de la complexion la plus robuste qui soient connues parmi les hommes. Aucun n'avait au-dessous de cinq pieds cinq à six pouces, plusieurs avaient six pieds. Leurs femmes sont presque blanches et d'une figure assez agréable. Quelques-uns de nos gens, qui ont hasardé d'aller jusqu'à leur camp, y virent des vieillards qui portaient encore sur leur visage l'apparence de la vigueur et de la santé. Parmi les chefs, une partie était armée de sabres fort grands proportionnés à leur taille ; plusieurs avaient de larges couteaux en forme de poignards, d'autres des massues d'une pierre semblable au granit et pendue à une tresse de cuir qui paraît être de cheval. Les mots que nos gens leur ont entendu prononcer le plus souvent, et qu'ils ont pu retenir, sont *chaoua*, cris de joie, *didou, ahi, ohi, chouen, ke kâlle mehouan*, mots qui forment un chant mesuré ; *nati, conpito :* ces derniers ont paru signifier des pipes et du tabac à fumer ou à mâcher. Je rapporterai dans son lieu ce que j'ai vu sur cette même nation lorsque je l'ai rencontrée en traversant le détroit de Magellan.

Cependant, comme nous l'avons dit plus haut, le commodore Byron était venu au mois de janvier 1765 reconnaître pour la première fois les îles Malouines. Il y avait abordé à l'ouest de notre établissement, dans un port nommé déjà par nous *port de la Croisade*, et il avait pris possession de ces îles pour la couronne d'Angle-

terre sans y laisser aucun habitant. Ce ne fut qu'en 1766 que les
Anglais envoyèrent une colonie s'établir au port de la Croisade, qu'ils
avaient nommé *port d'Egmont*, et le capitaine Macbride, commandant la frégate *le Jason*, vint à notre poste au commencement de
décembre de la même année. Il prétendit que ces terres appartenaient au roi de la Granretde-Bagne, menaça de forcer la descente si
l'on s'obstinait à la lui refuser, fit une visite au commandant et remit
à la voile le même jour.

L'établissement commençait alors à prendre une forme. Le commandant et l'ordonnateur logeaient dans des maisons commodes et
bâties en pierres ; le reste des habitants occupait des maisons dont
les murs étaient faits de gazon. Il y avait trois magasins, tant pour
les effets publics que pour ceux des particuliers ; les bois du détroit
avaient servi à faire la charpente de ces divers bâtiments, et à construire deux goélettes propres à reconnaître les côtes. *L'Aigle* re-
tourna en France de ce dernier voyage, avec un chargement d'huile
et de peaux de loups marins tannées dans le pays. On avait aussi
fait divers essais de culture, sans désespérer du succès, la plus grande
partie des graines importées d'Europe s'étant facilement naturalisée;
la multiplication des bestiaux était certaine et le nombre des habitants
montait environ à cent cinquante.

Tel était l'état des îles Malouines lorsque nous les remîmes aux
Espagnols, dont le droit primitif se trouvait ainsi étayé encore par
celui que nous donnait incontestablement la première habitation.
Les détails sur les productions de ces îles, et les animaux qu'on y
trouve, sont la matière du chapitre suivant, et le fruit des observations qu'un séjour de trois années a fournies à M. de Nerville. J'ai cru
qu'il était d'autant plus à propos d'entrer dans ces détails, que M.
de Commerçon n'a point été aux îles Malouines, et que l'histoire
naturelle en est à certains égards assez importante.

L n'y a point de pays nouvellement habité qui n'offre des objets intéressants aux yeux même les moins exercés dans l'étude de l'histoire naturelle ; et quand leurs remarques ne serviraient pas d'autorité, elles peuvent toujours satisfaire en partie la curiosité de ceux qui cherchent à approfondir les mystères de la nature.

La première fois que nous mîmes pied à terre sur ces îles, rien de séduisant ne s'offrit à nos regards ; et, à l'exception de la beauté du port dans lequel nous étions entrés, nous ne savions trop ce qui pourrait nous retenir sur cette terre ingrate en apparence. Un horizon terminé par des montagnes pelées ; des terrains entrecoupés par la mer et dont elle semble se disputer l'empire ; des campagnes inanimées faute d'habitants ; point de bois capables de rassurer ceux qui se destinaient à être les premiers colons ; un vaste silence, quelquefois interrompu par les cris des monstres marins ; partout une triste uniformité : ce spectacle décourageant paraissait annoncer que la nature se refuserait aux efforts de l'espèce humaine dans des lieux si sauvages ! Cependant le temps et l'expérience nous apprirent que le travail et la confiance n'y seraient pas sans fruits. Des baies immenses, mises à l'abri des vents par ces mêmes montagnes qui répandent de leur sein les cascades et les ruisseaux ; des prairies couvertes de gras pâturages, faits pour alimenter des troupeaux nombreux, des lacs et des étangs pour les abreuver ; point de contestations pour la propriété du lieu ; point d'animaux à craindre par leur férocité, leur venin ou leur importunité ; une quantité innombrable d'amphibies des plus utiles, d'oiseaux et de poissons du meilleur goût ; une matière combustible pour suppléer au défaut du bois ; des plantes reconnues spécifiques pour les maladies des navigateurs ; un climat salubre par sa température également éloignée du chaud et du froid, et bien plus propre à former des hommes robustes et sains que ces contrées enchanteresses où la chaleur et l'abondance qui en est la suite ne tendent qu'à énerver les habitants : telles furent les ressources que la nature nous présenta. Elles effacèrent bientôt la mauvaise impression qu'un premier aspect nous avait fait éprouver et justifièrent notre tentative.

On pourrait ajouter que les Anglais, dans leur relation du port Egmont, n'ont pas balancé à dire « que le pays adjacent offre tout » ce qui est nécessaire pour un bon établissement. » Leur goût pour l'histoire naturelle les engagera sans doute à faire et à publier des recherches qui rectifieront celles-ci.

Les îles Malouines se trouvent placées entre cinquante-et-un et cinquante-deux degrés et demi de latitude méridionale, soixante-et-un et demi et soixante-cinq et demi de longitude occidentale du méridien de Paris ; elles sont éloignées de la côte de l'Amérique ou des Patagons, et de l'entrée du détroit de Magellan, d'environ quatre-vingts à quatre-vingt-dix lieues.

Les ports que nous avons reconnus réunissent l'étendue et l'abri ; un fond tenace et des îles heureusement situées pour opposer des obstacles à la fureur des vagues, contribuent à les rendre sûrs et aisés à défendre ; ils ont de petites baies pour abriter les petites embarcations. Les ruisseaux se rendent à la côte, de manière que la provision d'eau douce peut se faire avec la plus grande célérité.

Les marées assujetties à tous les mouvements d'une mer environnante ne se sont jamais élevées dans des temps fixes, et qu'il ait été possible de calculer. On a seulement remarqué qu'elles avaient trois vicissitudes déterminées avant l'instant de leur plein ; les marins appelaient ces vicissitudes *varvodes*. La mer alors en moins d'un quart d'heure monte et baisse trois fois comme par secousses, surtout dans les temps des solstices, des équinoxes et des pleines lunes.

Les vents sont généralement variables, mais régnant beaucoup plus de la partie du nord au sud par l'ouest, que de la partie opposée. En hiver, lorsqu'ils soufflent du nord à l'ouest, ils sont brumeux et pluvieux ; de l'ouest au sud, chargés de frimas, de neige et de grêle ; du sud au nord par l'est, moins chargés de brumes, mais violents, quoiqu'ils ne le soient pas autant que ceux qui règnent en été et se fixent du sud-ouest au nord-ouest par l'ouest. Ces derniers, qui nettoient l'horizon et sèchent le terrain, ne commencent à souffler que lorsque le soleil parait ; ils suivent dans leur accroissement l'élévation de l'astre, sont au point de leur plus grande force lorsqu'il passe au méridien, et déclinent avec lui quand il va se cacher derrière les montagnes. Indépendamment de la loi que le mouvement du soleil leur impose, ils sont encore asservis au montant des marées, qui augmente leur force et quelquefois change leur direction ; presque toutes les nuits de l'année, celles d'été surtout, sont calmes et étoilées. Les neiges que les vents de sud-ouest amènent en hiver ne sont pas considérables ; elles restent environ deux mois sur le sommet des plus hautes montagnes, et un jour ou deux tout au plus sur la surface des terrains. Les ruisseaux ne gèlent point ; les lacs et les étangs glacés n'ont jamais pu porter les hommes plus de vingt-quatre heures. Les gelées blanches du printemps et de l'automne ne brûlent point les plantes et se convertissent en une espèce de rosée au lever du soleil. En été il tonne rarement ; nous n'éprouvions en général ni grands froids ni grandes chaleurs, et les nuances entre les saisons nous ont paru presque insensibles. Sous un tel climat, il est naturel que tous les individus soient vigoureux et sains ; et c'est ce qu'on a éprouvé pendant un séjour de trois années.

Il y a partout dans les plaines plus de profondeur qu'il n'en faut à la terre pour souffrir la charrue ; le sol est tellement entrelacé de racines d'herbes jusqu'à près d'un pied, qu'il était indispensable, avant que de cultiver, d'enlever cette couche et de la diviser pour la dessécher et la brûler. On sait que ce procédé est merveilleux pour améliorer les terres, et nous l'employâmes. Au-dessous de la première couche, on trouve une terre noire qui n'a jamais moins de huit à dix pouces d'épaisseur, et qui le plus souvent en a beaucoup plus ; on rencontre ensuite la terre jaune ou terre franche à des profondeurs indéterminées. Elle est soutenue par des lits d'ardoises et de pierres, parmi lesquelles on n'en a jamais trouvé de calcaires, épreuve faite avec l'eau forte. Il paraît même que le pays est dépourvu de cette espèce de pierre ; des voyages entrepris jusqu'au sommet des montagnes, à dessein d'en chercher, n'ont fait rencontrer qu'une espèce de quartz et de grès non friable, produisant des étincelles et même une lumière phosphorique, accompagnée d'une odeur sulfureuse. Au reste, il ne manque point de pierres à bâtir; la plupart des côtes en sont formées. On y distingue des couches horizontales, et d'une épaisseur égale dans l'étendue de chaque lit, d'une pierre très dure et d'un grain fin, ainsi que d'autres couches plus ou moins inclinées qui sont des couches d'ardoises et d'une espèce de pierre contenant des particules de talc. On y voit aussi des pierres qui se divisent par feuillets, sur lesquels on remarquait des empreintes de coquilles fossiles d'une espèce inconnue dans ces mers ; on en faisait des meules pour les outils. La pierre qu'on tira des excavations était jaunâtre, et n'avait pas encore acquis son degré de maturité ; on l'aurait taillée avec un couteau, mais elle durcissait à l'air. On trouve facilement la terre glaise, les sables et les terres propres à fabriquer les poteries et les briques.

La tourbe, qui se rencontre ordinairement au-dessus de la terre glaise, s'étend bien avant dans le terrain. On ne pouvait faire une lieue, de quelque point que l'on partît, sans en apercevoir des couches considérables. Elle se forme tous les jours du débris des racines et des herbes dans les lieux qui retiennent les eaux, lieux qu'annoncent des joncs fort pointus. Cette tourbe prise dans une baie voisine de notre habitation, où elle présente aux vents une surface de plus de douze pieds de hauteur, y acquiert un degré suffisant de dessiccation. C'était celle dont on se servait ; son odeur n'est point malfaisante, son feu n'est pas triste, et ses charbons ont une action supérieure à celle du charbon de terre, puisqu'en soufflant dessus on peut l'enflammer aussi aisément que la braise ; elle suffit pour tous les ouvrages de la forge, à l'exception des soudures des grosses pièces.

Tous les bords de la mer et des îles de l'intérieur sont couverts d'une espèce d'herbe que l'on nomma improprement *glayeuls* ; c'est plutôt une sorte de *gramen*. Elle est du plus beau vert et a plus de six pieds de hauteur. C'est la retraite des lions et des loups marins ; elle nous servait d'abri comme à eux dans nos voyages. En un instant on était logé ; leurs tiges inclinées et réunies formaient un toit, et leur paille sèche un assez bon lit. Ce fut aussi avec cette plante que nous couvrîmes nos maisons ; le pied en est sucré, nourrissant, et préféré à toute autre pâture par les bestiaux.

Les bruyères, les arbustes, et la plante que nous nommâmes *gommier*, sont après cette grande herbe les seuls objets qu'on distingue dans les campagnes. Tout le reste est surmonté par des herbes menues plus vertes et plus fournies dans les endroits abreuvés. Les arbustes furent d'une grande ressource pour le chauffage ; on les réserva ensuite pour les fours ainsi que la bruyère ; les fruits rouges de celle-ci nous attiraient beaucoup de gibier dans la saison.

Le gommier, plante nouvelle et inconnue en Europe, mérite une description plus étendue. Il est d'un vert de pomme et n'a en rien la figure d'une plante ; on le prendrait plutôt pour une loupe ou excroissance de terre de cette couleur ; il ne laisse voir ni pied, ni branches, ni feuilles. Sa surface, de forme convexe, présente un tissu si serré, qu'on n'y peut rien introduire sans déchirement. Notre premier mouvement était de nous asseoir ou de monter dessus ; sa hauteur n'est guère de plus d'un pied et demi. Il nous portait aussi sûrement qu'une pierre sans être foulé par le poids ; sa largeur s'étend d'une manière disproportionnée à sa forme ; il y a des gommiers qui ont plus de six pieds de diamètre sans en être plus hauts. Leur circonférence n'est régulière que dans les petites plantes, qui représentent assez la moitié d'une sphère ; mais lorsqu'elles se sont accrues, elles sont terminées par des bosses et des creux sans aucune régularité. C'est en plusieurs endroits de leur surface que l'on voit, en gouttes de la grosseur d'un pois, une matière tenace et jaunâtre qui fut d'abord appelée *gomme* ; mais comme elle ne peut se dissoudre totalement que dans les spiritueux, elle fut appelée *gomme résine*. Son odeur est forte, assez aromatique, et approche de celle de la térébenthine. Pour connaître l'intérieur de cette plante, nous la coupâmes exactement sur le terrain et la renversâmes. Nous vîmes en la brisant qu'elle part d'un pied d'où s'élèvent une infinité de jets concentriques, composés de feuilles en étoiles enchâssées les unes sur les autres et comme enfilées par un axe commun. Ces jets sont blancs jusqu'à peu de distance de la surface, où l'air les colore en vert ; en les brisant, il en sort un suc abondant et laiteux, plus visqueux que celui des thytimales ; le pied est une source abondante de ce suc, ainsi que les racines, qui s'étendent horizontalement et vont provigner à quelque distance, de sorte qu'une plante n'est jamais seule. Notre gommier paraît se plaire sur le penchant des collines, et toutes les expositions lui sont indifférentes. Ce ne fut que la troisième année qu'on chercha à connaître sa fleur et sa graine ; l'une et l'autre sont fort petites. Cette singulière plante pourrait être utile en médecine ; plusieurs matelots se sont servis de sa résine avec succès pour se guérir de légères blessures. Une chose digne de remarque, c'est que cette plante détachée du terrain, retournée à l'air et ainsi exposée au lavage des pluies, perd alors toute sa résine. Comment accorder cela avec sa dissolution dans les sels spiritueux ? Lorsqu'elle a perdu sa résine, elle est d'une légèreté surprenante et brûle comme de la paille.

Après cette plante extraordinaire, on en rencontrait une d'une utilité éprouvée et qui lui a valu son nom ; elle forme un petit arbrisseau, et quelquefois rampe sous les herbes et le long des côtes. Nous la goûtâmes par fantaisie, et nous lui trouvâmes un goût de sapinette ; ce qui nous donna l'idée d'essayer d'en faire de la bière. Nous avions apporté une certaine quantité de mélasse et de grains ; les procédés que nous employâmes réussirent au delà de nos souhaits, et l'habitant, une fois instruit, ne manqua jamais de cette boisson que la plante rendait anti-scorbutique ; on l'employa très spécifiquement dans des bains que l'on faisait prendre aux malades qui venaient de la mer. Sa feuille est petite et dentelée, d'un vert clair. Lorsqu'on la brise entre les doigts, elle se réduit en une espèce de farine un peu glutineuse et d'une odeur aromatique.

Une espèce de céleri ou persil sauvage, très abondante, une quantité d'oseille, de cresson de terre et de cétéracs à feuilles ondées, fournissaient avec cette plante tout ce qu'on pouvait désirer contre le scorbut.

Deux petits fruits, dont l'un, inconnu, ressemble assez à une mûre, l'autre, de la grosseur d'un pois et nommé *lucet*, à cause de sa conformité avec celui que l'on trouve dans l'Amérique septentrionale, étaient les seuls que l'automne nous fournit. Ceux des bruyères n'étaient mangeables que pour les enfants mangeant les plus mauvais fruits et pour le gibier. La plante de celui que nous nommâmes mûre est rampante ; sa feuille ressemble à celle du charme ; elle prolonge ses branches et se reproduit comme les fraisiers. Le lucet est aussi rampant; il porte ses fruits le long de ses branches garnies de petites feuilles, parfaitement lisses, rondes et de couleur de myrthe ; ces fruits sont blancs et colorés de rouge du côté exposé au soleil ; ils ont le goût aromatique et l'odeur de fleur d'orange, ainsi que les feuilles, dont l'infusion prise avec du lait a paru très agréable. Cette plante se cache sous les herbes et se plaît dans les lieux humides ; on en trouve une quantité prodigieuse aux environs des lacs.

Parmi plusieurs autres plantes qu'aucun besoin ne nous engagea à examiner, il y avait beaucoup de fleurs, mais toutes inodores, à l'exception d'une seule, qui est blanche et de l'odeur de la tubéreuse. Nous trouvâmes aussi une véritable violette d'un jaune de jonquille. Ce que l'on peut remarquer, c'est qu'on n'a jamais rencontré aucune plante bulbeuse ou à oignon. Une autre singularité, ce fut que dans la partie méridionale de l'île habitée, au delà d'une chaîne de montagnes qui la coupe de l'est à l'ouest, on vit qu'il n'y a, pour ainsi dire, point de gommiers résineux, et qu'à leur place on rencontrait en grande quantité une plante d'une même forme et d'un vert tout différent, n'ayant pas la même solidité, ne produisant aucune résine, et couverte dans sa saison de belles fleurs jaunes. Cette plante, facile à ouvrir, est composée, comme l'autre, de jets qui partent tous d'un même pied et vont se terminer à sa surface. En repassant les montagnes, on trouva un peu au-dessous de leur sommet une grande espèce de scolopendre ou de cétérac. Ses feuilles ne sont point ondées, mais faites comme des lames d'épée. Il se détache de la plante deux maitresses tiges qui portent leur graine en-dessous comme les capillaires. On vit aussi sur les pierres une grande quantité de plantes friables, qui semblent tenir de la pierre et du végétal ; on pensa que ce pouvait être des lichens, mais on remit à un autre temps à éprouver si elles seraient de quelque utilité pour la teinture.

Quant aux plantes marines, elles étaient plutôt un objet incommode qu'utile. La mer est presque toute couverte de goémons dans le port, surtout près des côtes, dont les canots avaient de la peine à approcher ; ils ne rendent d'autre service que de rompre la lame lorsque la mer est grosse. On comptait en tirer un grand parti pour fumer les terres. Les marées nous apportaient plusieurs espèces de corallines très variées et des plus belles couleurs ; elles ont mérité une place dans les cabinets des curieux, ainsi que les éponges et les coquilles. Les éponges affectent toutes la figure des plantes ; elles sont ramifiées en tant de manières, qu'on a peine à croire qu'elles soient l'ouvrage d'insectes marins. D'ailleurs leur tissu est si serré et leurs fibres si délicates qu'on ne conçoit guère comment ces animaux peuvent s'y loger.

Les côtes des Malouines ont fourni aux cabinets plusieurs coquilles nouvelles. La plus précieuse est la poulette ou poulte. On reconnaît trois espèces de ces bivalves, parmi lesquelles celle qui est striée , n'avait jamais été vue, à ce qu'on dit, que dans l'état de fossile, ce qui peut servir de preuve à cette assertion que les coquilles fossiles trouvées à des niveaux beaucoup au-dessus de la mer ne sont point des jeux de la nature et du hasard, mais qu'elles ont été la demeure d'êtres vivants dans le temps que les terres étaient encore couvertes par les eaux. Avec cette coquille très commune, on trouve partout les lépas estimés par leurs belles couleurs, les buccins feuilletés et armés, les cames, les grandes moules unies et striées et de la plus belle nacre, etc.

On ne voit qu'une seule espèce de quadrupède sur ces îles ; elle tient du loup et du renard. Les oiseaux sont innombrables. Ils habitent indifféremment la terre et les eaux. Les lions et les loups marins sont les seuls amphibies. Toutes les côtes abondent en poissons, la plupart peu connus. Les baleines occupent la haute mer ; quelques-unes s'échouent quelquefois dans le fond des baies, où l'on voit leurs débris. D'autres ossements énormes, placés bien avant dans les terres, et que la fureur des flots n'a jamais été capable de porter si loin, prouvent ou que la mer a baissé, ou que les terres se sont élevées.

Le loup-renard, ainsi nommé parce qu'il se creuse un terrier, et que sa queue est plus longue et plus fournie de poil que celle du loup, habite dans les dunes sur le bord de la mer. Il suit le gibier et se fait des routes avec intelligence, toujours par le plus court chemin, d'une baie à l'autre ; à notre première descente à terre, nous ne doutâmes point que ce ne fussent des sentiers d'habitants. Il y a apparence que cet animal jeûne une partie de l'année, tant il est maigre et rare. Il est de la taille d'un chien ordinaire, dont il a aussi l'aboiement, mais faible. Comment a-t-il été transporté sur les îles ?

Les oiseaux et les poissons ne manquent pas d'ennemis qui troublent leur tranquillité. Ces ennemis des oiseaux sont le loup, qui détruit beaucoup d'œufs et de petits ; les aigles, les éperviers, les émouchets et les chouettes. Les poissons sont encore plus maltraités ; sans parler des baleines qui, comme on sait, ne se nourrissant que de fretin, en détruisent prodigieusement, ils ont à craindre les amphibies et une quantité d'oiseaux pêcheurs dont les uns se tiennent constamment en sentinelles sur les roches, et les autres planent sans cesse au-dessus des eaux.

Pour être en état de bien décrire les animaux qui suivent, il eût fallu beaucoup de temps et les yeux du naturaliste le plus habile. Voici les remarques les plus essentielles, étendues seulement par rapport aux animaux qui étaient de quelque utilité.

Parmi les oiseaux à pieds palmés, le cygne tient le premier rang.

Il ne diffère de ceux d'Europe que par son col d'un noir velouté, qui fait un admirable contraste avec la blancheur du reste de son corps ; ses pattes sont couleur de chair. Cette espèce de cygne se trouve aussi dans la rivière de la Plata et au détroit de Magellan, où j'en ai tué un dans le fond du port Galant.

Quatre espèces d'oies sauvages formaient une de nos plus grandes richesses. La première ne fait que pâturer ; on lui donna improprement le nom d'*outarde*. Ses jambes élevées lui sont nécessaires pour se tirer des grandes herbes, et son long col pour observer le danger ; sa démarche est légère, ainsi que son vol ; elle n'a point le cri désagréable de son espèce. Le plumage du mâle est blanc, avec des mélanges de noir et de cendré sur le dos et les ailes. La femelle est fauve, et ses ailes sont parées de couleurs changeantes ; elle pond ordinairement six œufs. Leur chaire saine, nourrissante et de bon goût, devint notre principale nourriture ; il était rare qu'on en manquât ; indépendamment de celles qui naissent sur l'île, les vents d'est en automne en amènent des volées, sans doute de quelque terre inhabitée : car les chasseurs reconnaissaient aisément ces nouvelles venues au peu de crainte que leur inspirait la vue des hommes. Les trois autres espèces d'oies n'étaient pas si recherchées ; comme elles se nourrissent de poisson, elles en contractent un goût huileux. Leur forme est moins élégante que celle de la première espèce. Il y en a même une qui ne s'élève qu'avec peine au-dessus des eaux : celle-ci est criarde. Les couleurs de leur plumage ne sortent guère du blanc, du noir, du fauve et du cendré. Toutes ces espèces, ainsi que les cygnes, ont sous leurs plumes un duvet blanc ou gris très fourni.

Deux espèces de canards et deux de sarcelles embellissent les étangs et les ruisseaux. Les premiers diffèrent peu de ceux de nos climats ; on en tua quelques-uns tout noirs et d'autres tout blancs. Quant aux sarcelles, l'une, à bec bleu, est de la taille des canards, l'autre est de beaucoup plus petite. On en vit qui avaient les plumes du ventre teintes d'incarnat. Ces espèces sont de la plus grande abondance et du meilleur goût.

Il y a de plus deux espèces de plongeons de petite taille. L'une a le dos de couleur cendrée et le ventre blanc; les plumes du ventre sont si soyeuses, si brillantes et d'un tissu si serré, que nous les prîmes pour le grèbe, dont on fait des manchons précieux : cette espèce est rare. L'autre, plus commune, est toute brune, ayant le ventre un peu plus clair que le dos. Les yeux de ces animaux sont semblables à des rubis. Leur vivacité surprenante augmente encore par l'opposition du cercle de plumes blanches qui les entoure et qui leur a fait donner le nom de plongeons à lunettes. Ils font deux petits, sans doute trop délicats pour souffrir la fraîcheur de l'eau lorsqu'ils n'ont encore que le duvet, car alors la mère les voiture sur son dos. Ces deux espèces n'ont point les pieds palmés à la façon des autres oiseaux d'eau ; leurs doigts séparés sont garnis de chaque côté d'une membrane très forte : en cet état chaque doigt ressemble à une feuille arrondie du côté de l'ongle, d'autant plus qu'il part du doigt des lignes qui vont se terminer à la circonférence des membranes, et que le tout est d'un vert de feuilles sans avoir beaucoup plus d'épaisseur.

Deux espèces d'oiseaux que l'on nomma becs-scies, on ne sait pas pourquoi, ne diffèrent entre elles que par la taille, et quelquefois parce qu'il s'en trouve à ventre brun parmi tous les autres, qui l'ont ordinairement blanc. Le reste du plumage est d'un noir tirant sur le bleu, très foncé; leur forme et les plumes du ventre, aussi serrées et aussi soyeuses que celles du plongeon blanc, les rapprochent de cette espèce ; ce que l'on n'oserait cependant pas assurer. Ils ont le bec assez long et pointu, et les pieds palmés sans séparation, avec un caractère remarquable, le premier doigt étant le plus long des trois, et la membrane qui les joint se terminant à rien au troisième. Leurs pieds sont couleur de chair. Ces animaux sont de grands destructeurs de poissons. Ils se placent sur les rochers, ils s'y rassemblent par nombreuses familles et y font leur ponte. Comme leur chair est très mangeable, on en fit des *tueries* de deux ou trois cents, et la grande quantité de leurs œufs offrit encore une ressource dans le besoin. Ils se défiaient si peu des chasseurs, qu'il suffisait d'aller à eux avec des bâtons. Ils ont pour ennemi un oiseau de proie à pieds palmés, ayant plus de sept pieds d'envergure, le bec long et fort, caractérisé par deux tuyaux de même matière que le bec, lesquels sont percés dans toute leur longueur. Cet animal est celui que les Espagnols appellent *quebranta-huessos*.

Une quantité de mauves ou mouettes de couleurs très variées et très agréables, de caniarts et d'équerrets, presque tous d'un plumage gris et vivant par familles, viennent planer sur les eaux et fondent sur le poisson avec une vitesse extraordinaire. Ils nous servaient à reconnaître les temps propres à la pêche de la sardine ; il suffisait de les tenir un moment suspendus, et ils rendaient encore dans sa forme ce poisson qu'ils ne venaient que d'engloutir. Le reste de l'année ils se nourrissent d'autres espèces de petits poissons. Ils pondent autour des étangs, sur des plantes vertes assez semblables aux nénuphars, une grande quantité d'œufs très bons et très sains.

On distingua trois espèces de pingouins ; la première, remarquable par sa taille et la beauté de son plumage, ne vit point par familles comme la seconde, qui est la même que celle décrite dans le Voyage du Lord Anson. Ce pingouin de la première classe aime la solitude et les endroits écartés. Son bec plus long et plus délié que celui des pingouins de la seconde espèce, les plumes de son dos d'un bleu plus clair, son ventre d'une blancheur éblouissante, une palatine jonquille qui part de la tête et va terminer les nuances du blanc et du bleu pour se réunir ensuite sur l'estomac, son col très long quand il lui plaît de chanter, son allure assez légère, lui donnent un air de noblesse et de magnificence singulières. On espéra de pouvoir en transporter un en Europe. Il s'apprivoisa facilement jusqu'à connaître et suivre celui qui était chargé de le nourrir, mangeant indifféremment le pain, la viande et le poisson ; mais on s'aperçut que cette nourriture ne lui suffisait pas et qu'il absorbait sa graisse ; aussitôt qu'il fut maigri à un certain point, il mourut. La troisième espèce habite par familles comme la seconde sur de hauts rochers, dont elle partage le terrain avec les becs-scies ; ils y pondent aussi. Les caractères qui les distinguent des deux autres sont leur petitesse, leur couleur fauve, un toupet de plumes de couleur d'or, plus courtes que celles des aigrettes, et qu'ils relèvent lorsqu'ils sont irrités, et enfin d'autres petites plumes de même couleur qui leur servent de sourcils ; on les nomma *pingouins sauteurs :* en effet, ils ne se transportent que par sauts et par bonds. Cette espèce a dans toute sa contenance plus de vivacité que les deux autres.

Trois espèces d'alcyons, qui se montrent rarement, ne nous annonçaient pas les tempêtes comme ceux qu'on voit à la mer. Ce sont cependant les mêmes animaux, au dire des marins ; la plus petite espèce en a tous les caractères. Si c'est un véritable alcyon, on peut être assuré qu'il fait son nid à terre, d'où on nous en a rapporté des petits n'ayant que le duvet, et parfaitement ressemblants au père et à la mère. La seconde espèce ne diffère que par la grosseur ; elle est un peu moindre qu'un pigeon. Ces deux espèces sont noires avec quelques plumes blanches sous le ventre. Quant à la troisième, qu'on nomma d'abord *pigeon blanc,* ayant tout le plumage de cette couleur et le bec rouge, on peut conjecturer que c'est un véritable alcyon blanc, à cause de sa conformité avec les deux autres.

Trois espèces d'aigles, dont les plus forts ont le plumage d'un blanc sale, et dont les autres sont noirs à pattes jaunes et blanches, font la guerre aux bécassines et aux petits oiseaux ; ils n'ont ni la taille ni les serres assez fortes pour en attaquer d'autres. Une quantité d'éperviers et d'émouchets et quelques chouettes sont encore les persécuteurs du petit gibier. Les variétés de leurs plumages sont riches et présentent toutes sortes de couleurs.

Les bécassines sont les mêmes que celles d'Europe. Elles ne font point le crochet en prenant leur vol et sont faciles à tirer. Dans les temps de leurs amours, elles s'élèvent à perte de vue ; et après avoir chanté et reconnu leur nid, qu'elles font sans précaution au milieu des champs et dans des endroits presque dégarnis d'herbes, elles s'y précipitent du plus haut des airs ; alors elles sont maigres ; la saison pour les manger excellentes est l'automne.

En été, on voyait beaucoup de corlieux, qui ne diffèrent en rien des nôtres.

On rencontre toute l'année au bord de la mer un oiseau assez semblable au corlieu. On le nomma *pie de mer*, à cause de son plumage noir et blanc ; ses autres caractères distinctifs sont d'avoir le bec d'un rouge de corail et les pattes blanches. Il ne quitte guère les rochers découverts à basse mer, et se nourrit de petites chevrettes. Il a un sifflement aisé à imiter, ce qui fut par la suite utile à nos chasseurs et pernicieux pour lui.

Les aigrettes sont assez communes ; nous les prîmes pour des hérons et nous ne connûmes pas d'abord le mérite de leurs plumes. Ces animaux commencent leur pêche au déclin du jour ; ils aboient de temps à autre, de manière à faire croire que ce sont de ces loups-renards dont nous avons parlé ci-devant.

Deux espèces d'étourneaux ou grives nous étaient amenées par l'automne ; une troisième ne nous quittait pas : on la nomma *oiseau rouge*, son ventre est tout couvert de plumes couleur de feu, surtout en hiver ; on en pourrait faire de riches collections pour des garnitures. Des deux autres espèces passagères, l'une est fauve et a le ventre marqueté de plumes noires ; l'autre est de la couleur des grives que nous connaissons. Nous n'entrerons pas dans le détail d'une infinité d'autres petits oiseaux assez semblables à ceux qu'on voit en France dans les provinces maritimes.

Les lions et les loups marins sont déjà connus ; ces animaux occupent tous les bords de la mer et se logent, comme on l'a dit, dans ces grandes herbes nommées *glayeuls*. Leur troupe innombrable se transporte à plus d'une lieue sur le terrain pour y jouir de l'herbe fraîche et du soleil. Il paraît que le lion décrit dans le Voyage du Lord Anson devrait être, à cause de sa trompe, regardé plutôt comme une espèce d'éléphant marin, d'autant plus qu'il n'a pas de crinière, qu'il est de la plus grande taille, ayant jusqu'à vingt-deux pieds de longueur, et qu'il y a une autre espèce beaucoup plus petite, sans trompe, et caractérisée par une crinière de plus longs poils que ceux du reste du corps, qu'on pourrait regarder comme le vrai lion. Le loup marin ordinaire n'a ni crinière ni trompe ; ainsi ce sont trois espèces bien aisées à distinguer. Le poil de tous ces animaux ne recouvre point un duvet tel qu'on le trouve sur ceux qu'on pêche dans l'Amérique septentrionale et dans la rivière de la Plata. Leurs huiles et leurs peaux avaient déjà formé une branche de commerce.

Nous n'avons pas pu connaître une grande quantité d'espèces de poissons. Nous nommâmes celui que nous pêchions le plus communément *muge* ou *mulet*, auquel il ressemble assez. Il s'en trouve de trois pieds de longueur, qu'on séchait. Le poisson que nos pêcheurs appelaient *gradeau* est aussi très commun ; il y en a de plus d'un pied de long. La sardine ne monte qu'au commencement de l'hiver. Les mulets, poursuivis par les loups marins se creusent des trous dans les terres vaseuses qui bordent les ruisseaux où ils se réfugient, et nous les prenions avec facilité, en enlevant la couche de terre bourbeuse qui couvre leurs retraites. Indépendamment de ces espèces, on en prenait à la ligne une infinité d'autres, mais fort petits, parmi lesquels il s'en trouvait un qu'on nomma *brochet transparent*, parce qu'il a la tête de ce poisson, et que son corps est sans écailles et absolument diaphane. On trouve aussi quelques congres sur les roches, et le marsouin blanc à tête et queue noires se montre dans les baies pendant la belle saison. Si on avait eu du temps et des hommes à employer pour la pêche au large, on aurait trouvé beaucoup d'autres poissons, et indubitablement des soles, dont on a rencontré quelques-unes échouées sur les sables. On n'a pris qu'une seule espèce de poisson d'eau douce, sans écailles, d'une couleur verte, et de la taille d'une truite ordinaire. On a fait, il est vrai, peu de recherches dans cette partie ; le temps manquait, et les autres poissons étaient en abondance.

Quant aux crustacés, on n'en a distingué que de trois espèces fort petites: l'écrevisse, rouge même avant que d'être cuite : c'est plutôt une salicoque ; le crabe à pattes bleues, qui ressemble assez au tourlourou, et une espèce de chevrette très petite. On ne ramassait que pour les curieux ces trois sortes de crustacés, ainsi que les moules et autres coquillages, qui n'ont pas le goût aussi fin que ceux de France.

Le pays paraît être absolument privé d'huîtres.

Enfin, pour présenter un objet de comparaison avec une île cultivée en Europe, on peut citer ce que dit Pussendorf en parlant de l'Irlande, située à la même latitude dans l'hémisphère boréal que les îles Malouines dans l'autre hémisphère, savoir : « que cette île » est agréable par la bonté et la sérénité de son air ; la chaleur et » le froid n'y sont jamais excessifs. Le pays, bien coupé de lacs et » de rivières, offre de grandes plaines couvertes de pâturages excel» lents, point de bêtes venimeuses, les lacs et les rivières poisson» neux, etc. » Voyez l'histoire universelle.

EPENDANT j'attendais vainement *l'Étoile* aux îles Malouines : les mois de mars et d'avril s'étaient écoulés sans que cette flûte y fût venue. Je ne pouvais entreprendre de traverser l'Océan Pacifique avec ma seule frégate, incapable de porter pour plus de six mois de vivres à son équipage. J'attendis encore la flûte pendant tout mai. Voyant alors qu'il ne me restait plus de vivres que pour deux mois, j'appareillai des îles Malouines le 2 juin pour me rendre à Rio-Janeiro ; j'y avais indiqué à M. de la Giraudais, commandant de *l'Étoile*, un point de réunion dans le cas où des circonstances forcées l'empêcheraient de venir me trouver aux îles Malouines.

Nous eûmes dans cette traversée un temps favorable ; le 20 juin après-midi, nous vîmes les hauts mornes de la côte du Brésil, et le 21, nous reconnûmes l'entrée de Rio-Janeiro. Il y avait le long de la côte plusieurs bateaux pêcheurs. Je fis mettre pavillon portugais ferlé, et tirer un coup de canon : sur ce signal, l'un des bateaux vint à bord, et j'y pris un pilote pour entrer dans la rade. Il nous fit ranger la côte à une demi-lieue des îles dont elle est bordée. Partout il y a beaucoup de fonds ; la côte est élevée, montueuse et couverte de bois ; elle est coupée en mondrains détachés et taillés à pic qui en rendent l'aspect très varié. A cinq heures et demie du soir, nous étions en dedans du fort Sainte-Croix, lequel nous héla, et en même temps il vint à bord un officier portugais nous demander les raisons de notre entrée. J'envoyai avec lui le chevalier de la Mote de Bournand pour en informer le comte d'Acunha, vice-roi du Brésil, et traiter du salut. A sept heures et demie nous mouillâmes dans la rade par huit brasses d'eau, fond de vase noire.

Le chevalier de Bournand revint bientôt après et me dit qu'au sujet du salut, le comte d'Acunha lui avait répondu que lorsque quelqu'un, en rencontrant un autre dans la rue, lui ôtait son chapeau, il ne s'informait pas auparavant si cette politesse serait rendue ou non ; que si nous saluions la place, il verrait ce qu'il aurait à faire. Comme cette réponse n'en était pas une, je ne saluai point. J'appris en même temps, par un canot que m'envoya M. de la Giraudais, qu'il était dans ce port, que son départ de Rochefort,

Baie de Rio-Janeiro.

lequel devait être à la fin de décembre, avait été retardé jusqu'au commencement de février, qu'après trois mois de navigation une voie d'eau et le mauvais état de la mâture l'avaient contraint de relâcher à Montevideo, où il avait reçu, par les frégates espagnoles revenant des Malouines, des instructions sur ma marche, et qu'aussitôt il avait mis à la voile pour Rio-Janeiro, où il était mouillé depuis six jours. Cette jonction me donnait le moyen de continuer ma mission, quoique *l'Étoile*, en m'apportant pour treize mois de vivres en salaisons et boissons, eût à peine pour cinquante jours de pain et de légumes à me remettre. Le défaut de ces denrées indispensables me forçait de retourner en chercher dans la rivière de la Plata, attendu que nous ne trouvâmes à Rio-Janeiro ni biscuit, ni blé, ni farine.

Il y avait alors dans ce port deux bâtiments qui nous intéressaient, l'un français, l'autre espagnol. Le premier, nommé *l'Étoile du matin*, était un bateau du roi destiné pour l'Inde, auquel sa petitesse ne permettait pas d'entreprendre en hiver le passage du cap de Bonne-Espérance, et qui venait attendre ici le retour de la belle saison de ces parages. L'espagnol était un vaisseau de guerre, *le Diligent*, de soixante-quatorze canons, commandé par Dom Francisco de Médina. Sorti de la rivière de la Plata avec un chargement de cuirs et de piastres, une voie d'eau considérable, fort au-dessous de sa flottaison, l'avait forcé de relâcher ici, pour s'y remettre en état de continuer sa traversée en Europe ; depuis huit mois qu'il y était entré, les refus des secours nécessaires et les difficultés de toute espèce que le vice-roi lui faisait essuyer, l'empêchaient d'achever son radoub : aussi Dom Francisco m'envoya-t-il, le soir même de mon arrivée, demander mes charpentiers et calfats, et le lendemain je fis passer à son bord tous ceux des deux navires.

Le 22, nous allâmes en corps faire une visite au vice-roi ; il nous la rendit à bord le 25, et lorsqu'il en sortit, je le fis saluer de dix-neuf coups de canon, que la terre rendit. Dans cette visite, il nous offrit tous les secours qui étaient à son pouvoir : il m'accorda même la permission que je lui demandai, d'acheter une corvette qui m'eût été de la plus grande utilité dans le cours de l'expédition, et il ajouta que s'il y en avait au roi de Portugal, il me l'offrirait. Il m'assura aussi qu'il avait ordonné les plus exactes perquisitions pour connaître ceux qui, sous les fenêtres mêmes de son palais, avaient assassiné l'aumônier de *l'Étoile* peu de jours avant notre arrivée, et qu'il en ferait la plus sévère justice. Il la promit, mais le droit des gens élevait ici une voix impuissante.

Cependant les attentions du vice-roi pour nous continuèrent plusieurs jours ; il nous annonça même de petits soupers qu'il se proposait de nous donner au bord de l'eau, sous des berceaux de jasmins et d'orangers, et il nous fit préparer une loge à l'Opéra. Nous pûmes, dans une salle assez belle, y voir les chefs-d'œuvre de Métastasio représentés par une troupe de mulâtres, et entendre ces morceaux divins des grands maîtres d'Italie exécutés par un mauvais orchestre.

La faveur dont nous jouissions était un grand sujet d'étonnement pour les Espagnols et même pour les gens du pays, qui nous avertissaient que les procédés de leur gourverneur ne seraient pas longtemps les mêmes. En effet, soit que les secours que nous donnions aux Espagnols et notre liaison avec eux lui déplussent, soit qu'il lui fût impossible de soutenir davantage des manières opposées entièrement à son humeur, il fut bientôt avec nous ce qu'il était pour tous les autres.

Le 28 juin, nous apprîmes que les Portugais avaient surpris et attaqué les Espagnols à *Rio-grande,* qu'ils les avaient chassés d'un poste qu'ils occupaient sur la rive gauche de cette rivière, et qu'un vaisseau espagnol, en relâche à l'île Sainte-Catherine, venait d'y être arrêté. On armait ici en grande diligence *le Saint-Sébastien,* de soixante-quatre canons, construit dans ce port, et une frégate de quarante canons, *la nuestra Segnora da gracia.* Celle-ci était destinée, disait-on, à escorter un convoi de troupes et de munitions à Riogrande et à la colonie du Saint-Sacrement. Ces hostilités et ces préparatifs nous donnaient lieu d'appréhender que le vice-roi ne voulût arrêter *le Diligent,* lequel était en carène sur l'île *aux Couleuvres,* et nous accélérâmes son armement le plus qu'il nous fût possible. Effectivement il fut en état le dernier jour de juin de commencer à embarquer les cuirs de sa cargaison ; mais lorsqu'il voulut, le 6 juillet, embarquer ses canons qu'il avait, pendant son radoub, déposés sur l'île aux Couleuvres, le vice-roi défendit de les lui livrer, et déclara qu'il arrêtait le vaisseau, jusqu'à ce qu'il eût reçu des ordres de la cour au sujet des hostilités commises à Rio-grande. Dom Francisco fit à ce sujet toutes les démarches convenables, ce fut en vain ; le comte d'Acunha ne voulut pas même recevoir la lettre

que le commandant espagnol lui envoya par un officier de son
bord.

Nous partageâmes la disgrâce de nos alliés. Lorsque, d'après la
parole réitérée du vice-roi, j'eus conclu le marché pour l'achat d'un
senau, son Excellence fit défendre au vendeur de me le livrer. Il fut
pareillement défendu de nous laisser prendre dans le chantier royal
des bois qui nous étaient nécessaires et pour lesquels nous avions
arrêté un marché ; il me refusa ensuite la permission de me loger
avec mon état-major, pendant le temps qu'on ferait à la frégate
quelques réparations essentielles, dans une maison voisine de la ville
que m'offrit le propriétaire, et que le commodore Byron avait occu-
pée lors de sa relâche dans ce port en 1765. Je voulus lui faire à ce
sujet, et sur le refus du senau et des bois, quelques représentations.
Il ne m'en donna pas le temps, et, aux premiers mots que je lui dis,
il se leva avec fureur, m'ordonna de sortir, et, piqué sans doute de
ce que, malgré sa colère, je restais assis de même que deux officiers
qui m'accompagnaient, il appela sa garde ; mais sa garde, plus sage
que lui, ne vint pas, et nous nous retirâmes sans que personne parût
s'être ébranlé. A peine fûmes-nous sortis, qu'on doubla la garde de
son palais, on renforça les patrouilles, et l'ordre fut donné d'arrêter
tous les Français qu'on trouverait dans les rues après le coucher du
soleil. Il envoya dire aussi au capitaine de vaisseau français de quatre canons d'aller se mouiller sous le fort de Villagahon, et le lendemain je l'y fis remorquer par mes canots.

Je ne songeai dès lors qu'à me disposer au départ, d'autant plus
que les gens du pays que nous fréquentions, avaient tout à
craindre du vice-roi. Deux officiers portugais furent la victime de
leur honnêteté pour nous : l'un fut mis au cachot dans la citadelle,
l'autre envoyé en exil à *Santa*, petit bourg entre Sainte-Catherine
et Rio-Grande. Je me hâtai de faire notre eau, de prendre à bord
de *l'Étoile* les provisions dont je ne pouvais me passer, et d'embarquer des rafraîchissements. J'avais été forcé d'augmenter la largeur
de mes hunes ; le commandant espagnol me fournit le bois nécessaire pour cette opération, bois qu'on nous avait refusé aux chantiers.

Je m'étais aussi muni de quelques planches dont nous ne pouvions nous passer, et qu'on nous vendit en contrebande.

Enfin le 12, tout étant prêt, j'envoyai un officier prévenir le vice-roi que j'appareillerais au premier vent favorable. Je conseillai aussi à M. d'Etcheveri, commandant *l'Etoile du matin*, de ne s'arrêter à Rio-Janeiro que le moins qu'il pourrait, et d'employer plutôt le temps qui restait jusqu'à la saison favorable pour le passage du cap de Bonne-Espérance, à bien reconnaître les îles de Tristan d'Acunha, où il trouverait de l'eau, du bois, du poisson en abondance, et je lui donnai quelques mémoires que j'avais sur ces îles. J'ai su depuis qu'il avait suivi ce conseil, et j'ai conclu de ses observations qu'il m'a communiquées, qu'on peut y mouiller sans risque, y faire très aisément de l'eau et s'y ravitailler par l'abondance des morues et autres excellents poissons qu'il est très facile d'y pêcher. Il y a observé au mouillage trente-sept degrés vingt-quatre minutes de latitude australe.

Nous avions joui pendant notre séjour à Rio-Janeiro du printemps des poètes. La vue de cette baie donnera toujours le plaisir le plus vif aux voyageurs, surtout à ceux qui, comme nous, auront été longtemps privés de la vue des bois, des habitations, et qui auront vécu dans des climats où le calme et le soleil sont rares. Rien n'est plus riche que le coup d'œil des paysages qui s'offrent de toutes parts, et c'eût été pour nous une vraie satisfaction de jouir de cette charmante contrée. Ses habitants nous avaient témoigné, de la façon la plus honnête, le déplaisir que leur causaient les mauvais procédés de leur vice-roi à notre égard. Aussi regrettâmes-nous de ne pouvoir rester plus longtemps avec eux. Tant d'autres voyageurs ont décrit le Brésil et sa capitale, que je n'en dirais rien qui ne fût une répétition fastidieuse. Rio-Janeiro, conquis une fois par les armes de la France, lui est bien connu. Je me contenterai d'entrer ici dans quelques détails sur les richesses dont cette ville est le débouché, et sur les revenus que le roi de Portugal en tire. Je dirai d'abord que M. de Commerçon, savant naturaliste, embarqué sur *l'Etoile* pour suivre l'expédition, m'a assuré que ce pays était le plus riche en plantes qu'il eût jamais rencontré, et qu'il y avait trouvé des trésors pour la botanique.

Rio-Janeiro est l'entrepôt et le débouché principal des richesses du Brésil. Les mines appelées *générales* sont les plus voisines de la ville, dont elles sont distantes environ de soixante-quinze lieues. Elles rendent au roi tous les ans, pour son droit de quint, au moins cent douze arobes d'or ; l'année 1762, elles en rapportèrent cent dix-neuf. Sous la capitainerie des mines générales on comprend celles de *Rio des morts*, de *Sabara* et de *Sero-frio*. Cette dernière, outre l'or qu'on en retire, produit encore tous les diamants qui proviennent du Brésil. Ils se trouvent dans le fond d'une rivière qu'on a soin de détourner, pour séparer ensuite, d'avec les cailloux qu'elle roule dans son lit, les diamants, les topazes, les chrysolithes et autres pierres de qualités inférieures.

Toutes ces pierres, excepté les diamants, ne sont pas de contrebande ; elles appartiennent aux entrepreneurs, lesquels sont obligés de donner un compte exact des diamants trouvés et de les remettre entre les mains de l'intendant préposé par le roi à cet effet. Cet intendant les dépose aussitôt dans une cassette cerclée de fer et fermée avec trois serrures. Il a une des clefs, le vice-roi une autre, et le provador de l'*Hazienda Réale* la troisième. Cette cassette est renfermée dans une seconde, où sont posés les cachets des trois personnes mentionnées ci-dessus, et qui contient les trois clefs de la première. Le vice-roi n'a pas le pouvoir de visiter ce qu'elle renferme. Il consigne seulement le tout à un troisième coffre-fort qu'il envoie à Lisbonne, après avoir apposé son cachet sur la serrure. L'ouverture s'en fait en la présence du roi, qui choisit les diamants qu'il veut, et en paie le prix aux entrepreneurs sur le pied d'un tarif réglé par leur traité.

Les entrepreneurs paient à Sa Majesté très fidèle la valeur d'une piastre, monnaie d'Espagne, par jour de chaque esclave employé à la recherche des diamants ; le nombre de ces esclaves peut monter à huit cents. De toutes les contrebandes, celle des diamants est la plus sévèrement punie. Si le contrebandier est pauvre, il lui en coûte la vie ; s'il a des biens capables de satisfaire à ce qu'exige la loi, outre la confiscation des diamants, il est condamné à payer deux fois leur valeur, à un an de prison, et exilé pour sa vie à la côte d'Afrique. Malgré cette sévérité, il ne laisse pas de se faire une grande contrebande de diamants, même des plus beaux, tant leur peu de volume donne l'espérance et la facilité de les cacher.

Tout l'or qu'on retire des mines ne saurait être transporté à Rio-Janeiro sans avoir été remis auparavant dans les *maisons de fondation* établies dans chaque district, où se perçoit le droit de la couronne. Ce qui revient aux particuliers leur est remis en barres avec leur poids, leur numéro et les armes du roi. Tout cet or a été touché par une personne préposée à cet effet, et sur chaque barre est imprimé le titre de l'or, afin qu'ensuite, dans la fabrique des monnaies, on fasse avec facilité l'opération nécessaire pour les mettre à leur valeur proportionnelle.

Ces barres appartenant aux particuliers sont enregistrées dans le comptoir de la *Praybuna*, à trente lieues de Rio-Janeiro. Dans ce poste sont un capitaine, un lieutenant et cinquante hommes : c'est là qu'on paie le droit de quint, et de plus un droit de péage d'un réal et demi par tête d'hommes et de bêtes à cornes ou de somme. La moitié du produit de ce droit appartient au roi et l'autre moitié se partage entre le détachement proportionnellement au grade. Comme il est impossible de revenir des mines sans passer par ce registre, on y est arrêté et fouillé avec la dernière rigueur.

Les particuliers sont ensuite obligés de porter tout l'or en barre qui leur revient à la monnaie de Rio-Janeiro, où on leur en donne la valeur en espèces monnayées ; ce sont ordinairement des demi-doublons qui valent huit piastres d'Espagne. Sur chacun de ces demi-doublons, le roi gagne une piastre par l'alliage et le droit de monnaie. L'hôtel des monnaies de Rio-Janeiro est un des plus beaux qui existent ; il est muni de toutes les commodités nécessaires pour y travailler avec la plus grande célérité. Comme l'or descend des mines dans le même temps où les flottes arrivent de Portugal, il faut accélérer le travail de la monnaie, et elle s'y frappe avec une promptitude surprenante.

L'arrivée de ces flottes rend le commerce de Rio-Janeiro très florissant, principalement la flotte de Lisbonne. Celle de Porto est chargée seulement de vins, eaux-de-vie, vinaigres, denrées de bouche, et de quelques toiles grossières fabriquées dans cette ville ou aux environs. Aussitôt après l'arrivée des flottes, toutes les marchandises qu'elles apportent sont conduites à la douane, où elles paient au roi dix pour cent. Observez qu'aujourd'hui, la communication de la colonie du Saint-Sacrement avec Buenos-Ayres étant sévèrement interceptée, ces droits doivent éprouver une diminution considérable. Presque toutes les plus précieuses marchandises étaient envoyées de Rio-Janeiro à la colonie, d'où elles passaient en contrebande par Buenos-Ayres au Chili et au Pérou ; et ce commerce frauduleux valait tous les ans aux Portugais plus d'un million et demi de piastres. En un mot, les mines du Brésil ne produisent pas d'argent ; tout celui que les Portugais possèdent provient de cette contrebande. La traite des nègres leur était encore un objet immense de trafic. On ne saurait évaluer à combien monte la perte que leur occasionne la suppression presque entière de cette branche de contrebande. Elle occupait seule au moins trente embarcations pour le cabotage de la côte du Brésil à la Plata.

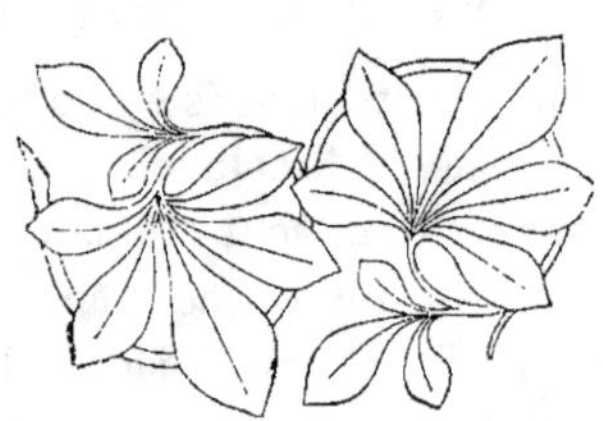

E 14 juillet, nous appareillâmes de Rio-Janeiro et fûmes contraints, le vent nous manquant, de remouiller dans la rade. Nous sortîmes le 15 ; et, deux jours après, l'avantage de marche que la frégate avait sur *l'Étoile* me mit dans le cas de dégréer les mâts de perroquet, nos mâts majeurs exigeant beaucoup de ménagement. Les vents furent variables, grand frais et la mer très grosse ; la nuit du 19 au 20, nous perdîmes notre grand hunier, emporté sur ses cargues. Le 25, il y eut une éclipse de soleil visible pour nous. J'avais pris à mon bord M. Verron, jeune observateur venu de France sur *l'Étoile* pour s'occuper dans le voyage des méthodes propres à calculer en mer la longitude. Suivant le point estimé du vaisseau, le moment de l'immersion, calculé par cet astronome, devait être pour nous le 25 à quatre heures dix-neuf minutes du soir. A quatre heures six minutes, un nuage nous déroba la vue du soleil, et lorsque nous le revîmes à quatre heures trente-et-une minutes, il y en avait alors environ un doigt et demi d'éclipsé. Les nuages qui passèrent ensuite successivement sur le soleil, ne nous le laissèrent apercevoir que pendant des intervalles très courts ; de sorte que nous ne pûmes observer aucune des phases de l'éclipse, ni par conséquent en conclure notre longitude. Le soleil se couchait pour nous avant le moment de la conjonction apparente, et nous estimâmes que celui de l'immersion avait été à quatre heures vingt-trois minutes.

Le 26, nous commençâmes à trouver le fond, et, le 28 au matin, nous eûmes connaissance des Castilles. Cette partie de la côte est d'une hauteur médiocre et s'aperçoit de dix à douze lieues. Nous crûmes reconnaître l'entrée d'une baie qui est vraisemblablement le mouillage où les Espagnols ont un fort, mouillage qu'ils m'ont dit être très mauvais. Le 29, nous entrâmes dans la rivière de la Plata et vîmes les Maldonades. Nous avançâmes peu cette journée et la suivante. Nous passâmes en calme presque toute la nuit du 30 au 31, sondant sans cesse. Les courants paraissaient nous entraîner dans le nord-ouest, où nous restait à peu près l'île de Lobos. A une heure et demie après minuit, la sonde ayant donné trente-trois brasses, je jugeai être très près de cette île, et je fis le signal de mouiller. Nous appareillâmes à trois heures et demie et vîmes l'île de Lobos dans le nord-est, environ à deux lieues et demie. Le vent de sud et de sud-est, faible d'abord, se renforça dans la matinée, et nous mouillâmes le 31 après-midi dans la baie de Montevideo. *L'Étoile* nous avait fait perdre beaucoup de chemin, parce qu'outre l'avantage de marche que nous conservions sur elle, cette flûte, qui, au sortir de Rio-Janeiro, faisait quatre pouces d'eau toutes les heures, après quelques jours de navigation, en fit sept pouces dans le même intervalle de temps ; ce qui ne lui permettait pas de forcer de voiles.

A peine fûmes-nous mouillés, qu'un officier venu à bord de la part du gouverneur de Montevideo pour nous complimenter sur notre arrivée, nous apprit qu'on avait reçu des ordres d'Espagne pour arrêter tous les Jésuites et se saisir de leurs biens ; que le même bâtiment, porteur de ces dépêches, avait amené quarante Pères de la Compagnie destinés aux missions ; que l'ordre avait été exécuté déjà dans les principales maisons, sans trouble ni résistance, et qu'au contraire ces religieux supportaient leur disgrâce avec sagesse et résignation. J'entrerai bientôt dans le détail de cette triste affaire, de laquelle m'ont pu mettre au courant un long séjour à Buenos-Ayres et la confiance dont m'y a honoré le gouverneur général Dom Francisco Bucarelli. Ce général m'a communiqué plusieurs des papiers des Jésuites, et m'a même fait lire la lettre dans laquelle il rendait compte à M. d'Aranda de l'exécution des ordres du roi d'Espagne.

Comme nous devions rester dans la rivière de la Plata jusqu'après la révolution de l'équinoxe, nous prîmes des logements à Montevideo, où nous établîmes aussi nos ouvriers et un hôpital. Ces premiers soins remplis, je me rendis à Buenos-Ayres le 11 août, pour y accélérer la fourniture des vivres qui nous étaient nécessaires, et dont fut chargé le munitionnaire général du roi d'Espagne, au même prix que portait son traité avec Sa Majesté Catholique. Je voulais aussi entretenir M. de Bucarelli sur ce qui s'était passé à Rio-Janeiro, quoique je lui eusse déjà envoyé par un exprès les dépêches de Dom Francisco de Medina. Je le trouvai sagement résolu à se contenter de rendre compte en Europe des hostilités commises par le vice-roi du Brésil, et à ne point user de représailles. Il lui eût été facile de s'emparer en peu de jours de la colonie du Saint-Sacrement, d'autant plus que cette place manquait de tout et qu'elle n'avait pas encore reçu au mois de novembre le convoi de vivres et de munitions qu'on lui préparait lorsque nous sortîmes de Rio-Janeiro.

J'éprouvai de la part du gouverneur général les plus grandes facilités pour la prompte expédition des objets qui nous étaient nécessaires. A la fin d'août, deux goélettes, chargées pour nous de biscuit et de farine, avaient fait voile pour Montevideo, où je m'étais aussi rendu pour y célébrer la fête de Saint-Louis. J'avais laissé à Buenos-Ayres le chevalier du Bouchage, enseigne de vaisseau, pour y faire embarquer le reste de nos vivres, et y être chargé des affaires qui pourraient nous survenir jusqu'à notre départ, que j'espérais devoir être à la fin de septembre ; je ne prévoyais pas qu'un accident nous retiendrait six semaines de plus. Pendant une tourmente de sud-ouest, *le Saint-Fernand*, vaisseau de registre, qui était mouillé près de *l'Étoile*, chassa sur ses ancres, vint de nuit aborder cette flûte, et du premier choc lui rompit son mât de beaupré au ras de l'étambraie. Sa poulaine et ses écharpes ou herpes du côté de bâbord furent ensuite emportées, heureux encore d'avoir pu se dégager, malgré le mauvais temps et l'obscurité, sans essuyer d'autres avaries. *Le Saint-Fernand* avait eu toutes les œuvres mortes de sa poupe fracassées.

Cet abordage augmenta considérablement la voie d'eau que *l'Étoile* avait dès le commencement de la campagne. Il devenait indispensable de décharger ce bâtiment, peut-être même de le virer en quille pour découvrir et fermer cette voie d'eau qui paraissait être

très basse et de l'avant. Cette opération ne pouvait se faire à Montevideo, où d'ailleurs on ne trouvait point les bois nécessaires à la
réparation de sa mâture.

J'avais envoyé un officier jusqu'aux Maldonades pour visiter des
mâts qu'on disait. être sur la côte, débris de navires perdus : mais
il n'en trouva que deux dont le transport jusqu'à Montevideo eût été
de la plus grande difficulté. J'écrivis donc au chevalier du Bouchage
d'exposer au marquis de Bucarelli notre situation, et d'obtenir son
agrément pour que *l'Étoile* remontât la rivière et vînt à la Encenada de Baragan ; je lui mandais aussi d'y faire passer aussitôt les
bois et autres matériaux dont nous avions besoin. Le gouverneur
général consentit à ces demandes, et le 7 septembre, n'ayant pu
trouver aucun pilote, je m'embarquai sur *l'Étoile* avec les charpentiers et calfats de *la Boudeuse*, pour partir le lendemain et suivre
moi-même une navigation qu'on nous disait être de la plus grande
difficulté. Deux vaisseaux de registre, *le Saint-Fernand* et *le Carmen*,
munis d'un pilote, appareillaient le même jour de Montevideo pour
la Encenada, et j'avais compté les suivre ; mais *le Saint-Fernand*, à
bord duquel était un pilote nommé Philippe, appareilla la nuit du 7
au 8, dans la seule vue de nous dérober sa marche et laissant *le
Carmen* dans le même embarras où il voulait nous mettre.

Nous appareillâmes toutefois le 8 septembre à cinq heures et
demie du matin, de même que *le Carmen*, que nous laissâmes passer
devant nous. Je fis route pour doubler un banc de pierre, lequel est
à deux lieues de Montevideo nord et sud. *Le Carmen* prit le parti
de mouiller à huit heures pour attendre une goélette qui dirigeât sa
route. Je continuai la mienne entre le canot et la chaloupe qui sondaient devant nous. A onze heures, la goélette partie de Montevideo
ayant joint *le Carmen*, ce navire appareilla. On aperçut à quatre
heures *le Saint-Fernand*, lequel, ayant doublé la queue du banc
Ortiz (1), était en panne pour attendre son camarade. Nous doublâmes ce banc à cinq heures et demie, sans avoir eu connaissance de
la côte du sud.

1. Banc de corail.

A six heures et demie nous touchâmes sur un fond de vase. Aussitôt j'envoyai sonder autour de nous, et on ne trouva pas plus de trois brasses et un pied : la mer était tout à fait basse. Comme *l'Étoile* tirait beaucoup plus d'eau de l'arrière que de l'avant, nous la mîmes rapidement en tonture. La mer qui montait nous remit à flot, et, dès que nous y fûmes, on mouilla une ancre à jet avec une touée de deux grelins pour passer la nuit. Le courant était très fort et sa direction sud-est et nord-ouest.

La route depuis Montevideo jusqu'à huit heures que le petit banc de pierre fut doublé, a été le sud environ trois lieues. Celle depuis huit heures du soir que nous avons doublé la pointe de l'est du *banc Ortiz*, a été le sud-ouest-quart-ouest quatre degrés ouest douze lieues, sans avoir égard aux courants. Nous avons toujours cherché à nous maintenir par quatre brasses au moins, venant sur bâbord, toutes les fois que nous diminuions d'eau. Le fond est partout une vase molle.

Le 9, je fus sous voile à neuf heures du matin, primant le flot. Les navires espagnols, mouillés deux lieues devant nous n'appareillèrent qu'une heure après. Je les passai, et je fis ma route à la sonde, mes bâteaux devant, Philippe, aussi mauvais pilote que méchant homme, se maintenant dans nos eaux. Je suis fondé à le dire mauvais pilote, puisque plusieurs fois je changeai de route pour l'éprouver et que toujours il gouverna sur nous.

A deux heures après-midi, nous eûmes connaissance d'une balise qui se trouve sur l'accore méridional du banc Ortiz, et presqu'à son extrémité occidentale. Cette balise est formée par les deux mâts d'un navire portugais qui s'y est perdu et est resté droit. Il serait essentiel, pour la navigation de Montevideo à Buenos-Ayres, qu'on entretînt cette balise avec le plus grand soin. Nous eûmes aussi presque toute la journée la vue de la côte méridionale. Nous *défendîmes* constamment bâbord pour éviter un petit banc qui se trouve entre la terre et le banc Ortiz, nous maintenant par trois et demie, quatre et quatre brasses et demie d'eau. Dès que la balise reste à l'est-quart-sud-est et que la sonde est de cinq brasses, on a passé les bancs. Je me déterminai à courir jusqu'à onze heures du soir, voulant faire à peu près huit lieues depuis la sortie des bancs. Alors nous mouillâmes sur une ancre à jet, le temps et la mer étant calmes. Les Espagnols suivirent notre feu et mouillèrent une lieue et demie derrière nous.

La route corrigée, depuis le 8 cinq heures du soir jusqu'à la vue de la balise, fut le nord-ouest-quart-nord trois degrés ouest dix lieues, et depuis la vue de la balise jusqu'au mouillage, le nord-ouest cinq degrés nord six lieues. La sonde amena toujours de la vase molle noire.

Le 10, j'appareillai à six heures du matin et, vers huit heures, on aperçut du haut des mâts les vaisseaux espagnols mouillés à *la Encenada*. Nous fîmes route pour passer au vent à eux, sondant toujours du bord et nos bateaux sondant devant nous ; le courant nous abattait considérablement dans le sud-est et nous l'avions ressenti semblable la veille depuis midi. Depuis deux heures il fallut chenaler sans cesse pour éviter un banc qui s'étend au large de la pointe de la Encenada, en dedans de laquelle nous vîmes bientôt distinctement de dessus le pont cinq bâtiments à l'ancre. Sur les quatre heures, nous touchâmes et franchîmes presqu'aussitôt. Il nous vint à bord un officier espagnol, qui ne put nous donner aucune lumière sur le chenal. Dès que nous eûmes augmenté d'eau jusqu'à quatre brasses et demie, je fis mouiller environ à une demi-lieue de la frégate *la Smeralda*, sur un fond de vase noire un peu molle. Ce fond est le même dans tout le canal : sur les accores du banc Ortiz il est de sable rouge.

La route corrigée depuis le mouillage du 9 au soir, fut le ouest cinq degrés sud sept lieues. Nous affourchâmes nord-est et sud-ouest avec une ancre du bossoir et une ancre à jet. *Le Carmen* mouilla près de nous ; la goélette et *le Saint-Fernand* continuèrent leur route pour Buenos-Ayres.

Les vaisseaux mouillés dans cette rade étaient *la Vénus*, frégate de vingt-six canons, et quelques navires marchands destinés, comme elle, à faire voile incessamment pour l'Europe. J'y trouvai aussi *la Smeralda* et *la Liebre*, qui se disposaient à retourner avec des munitions de toute espèce aux îles Malouines, d'où elles devaient passer dans la mer du sud pour y prendre les Jésuites du Chili et du Pérou. Il y avait de plus le chambekin *l'Andalous*, arrivé du Ferrol à la fin de juillet en compagnie d'un autre chambekin nommé *l'Aventurero*; mais celui-ci s'était perdu sur la tête du banc aux Anglais, et l'équipage avait eu le temps de se sauver. *L'Andalous* se préparait à aller porter des missionnaires et des présents aux habitants de la terre de Feu, le roi catholique voulant leur témoigner sa reconnaissance des services qu'ils avaient rendus aux Espagnols du navire *la Conception*, lequel en 1765 avait péri sur leurs côtes.

Je descendis à Baragan, où le chevalier du Bouchage avait déjà fait transporter une partie des bois qui nous étaient nécessaires. Il les avait rassemblés avec peine et à grands frais à Buenos-Ayres dans l'arsenal du roi et dans quelques magasins particuliers, approvisionnés les uns et les autres par les débris des vaisseaux qui font naufrage dans la rivière. On ne trouvait d'ailleurs à Baragan aucune espèce de ressources, mais bien des difficultés de plusieurs genres et tout ce qui peut forcer à n'opérer que lentement. La Encenada de Baragan n'est en effet qu'un mauvais port formé par l'embouchure d'une petite rivière qui se jette dans le fleuve de la Plata sur la rive du sud, dix à douze lieues à l'est-sud-est de Buenos-Ayres. Cette embouchure, tournée à l'ouest-nord-ouest, est directement opposée au cours du fleuve. Elle peut avoir un quart de lieue de largeur, mais il n'y a de l'eau qu'au milieu, dans un canal étroit et qui se comble tous les jours, où peuvent entrer des vaisseaux qui ne tirent que douze pieds : dans tout le reste, il n'y a pas six pouces d'eau à marée basse ; or, comme les marées sont fort irrégulières dans la rivière de la Plata, qu'elles sont hautes ou basses quelquefois huit jours de suite selon les vents qui règnent, le débarquement des chaloupes y essuie les plus grandes difficultés. D'ailleurs nuls magasins à terre, quelques maisons ou plutôt des chaumières construites avec des joncs, couvertes de cuir, dispersées sans ordre sur un sol brut et habitées par des hommes qui ne connaissent d'autre bonheur que celui de ne rien faire. Les bâtiments qui tirent trop d'eau pour pouvoir entrer dans cette anse mouillent à la pointe de *Lara*, à une lieue et demie dans l'ouest. Ils y sont exposés à tous les vents ; mais la tenue étant fort bonne, ils y peuvent hiverner, quoiqu'avec beaucoup d'incommodités.

Je laissai à la pointe de Lara M. de la Giraudais chargé des soins relatifs à son vaisseau, et je me rendis à Buenos-Ayres, d'où je lui expédiai une grande goélette sur laquelle il pouvait abattre, lorsqu'il serait entré à la Encenada. Il fallait pour cela qu'il déchargeât en partie les effets qu'il avait à bord de *la Smeralda* et de *la Liebre*. Le 8 octobre, *l'Étoile* fut en état d'entrer dans le port, et on trouva que son radoub serait moins long qu'on ne l'avait appréhendé. Toutes les avaries ayant été promptement réparées, et la flûte récalfatée en entier, elle revint, le 21, à la pointe de Lara, où elle reprit son chargement à bord des frégates espagnoles. Elle y embarqua aussi successivement le bois, les farines, le biscuit et les différentes provisions que je lui envoyai dans cette rade.

Il en était parti pour Cadix, à la fin de septembre, la *Vénus* et quatre autres bâtiments chargés de cuirs, et portant deux cent cinquante Jésuites chassés des Réductions et les familles françaises des Malouines, à l'exception de sept, qui, n'ayant pu y trouver place, furent forcées d'attendre une autre occasion. Le marquis de Bucarelli les fit venir à Buenos-Ayres, où il pourvut à leur subsistance et à leur logement. On venait d'apprendre dans le même moment l'arrivée *du Diamant*, vaisseau de registre, expédié pour Buenos-Ayres, et celle *du Saint-Michel*, autre vaisseau de registre destiné pour Lima. La situation de ce dernier bâtiment était triste. Après avoir, pendant quarante-cinq jours, lutté contre les vents sur le cap de Horn, 39 hommes de son équipage étant morts et le reste attaqué du scorbut, un coup de mer ayant emporté son gouvernail, il avait été forcé de faire route pour cette rivière, où il était entré dans le port des Maldonades, sept mois après être sorti de Cadix et n'ayant plus que trois matelots et quelques officiers en état d'agir. Nous envoyâmes à la requête des Espagnols un officier et un équipage pour amener ce bâtiment à Montevideo. Il y était arrivé le 5 octobre la frégate espagnole *l'Aigle*, sortie du Ferrol au mois de mars. Elle avait relâché à l'île Saint-Catherine, et les Portugais l'y avaient arrêtée dans le même temps où ils retenaient *le Diligent* à Rio-Janerio.

CHAPITRE VII.

Détails sur les Missions du Paraguay, et l'expulsion des Jésuites de cette province.

Tandis que nous hâtions nos dispositions pour sortir de la rivière de la Plata, le marquis de Bucarelli prenait les siennes pour passer sur *l'Uruguay*. Déjà les Jésuites avaient été arrêtés dans toutes les autres provinces de son département, et ce gouverneur général voulait exécuter en personne dans les missions les ordres iniques du roi Catholique ; mais, avant que de détailler ce que j'ai vu sur la chute du gouvernement des Missions et sur cette proscription, il faut dire un mot sur l'origine de l'établissement des Jésuites dans les Réductions du Paraguay, ses progrès et sa forme. Je le dirai *sine irâ et studio, quorum causas procul habeo..*

C'est en 1580 que l'on voit les Jésuites admis pour la première fois dans ces fertiles régions, où ils ont depuis fondé, sous le règne de Philippe III, les missions fameuses auxquelles on donne en Europe le nom du Paraguay, et plus à propos en Amérique celui de l'Uruguay, rivière sur laquelle elles sont situées. Elles ont toujours été divisées en peuplades, faibles d'abord et en petit nombre, mais que des progrès successifs ont porté jusqu'à celui de trente-sept, savoir, vingt-neuf sur la rive droite de l'Uruguay et huit sur la rive gauche, régies chacune par deux Jésuites en habit de l'Ordre. Deux motifs qu'il est permis aux souverains d'allier lorsque l'un ne nuit pas à l'autre, la religion et l'intérêt, avaient fait désirer aux monarques espagnols la conversion de ces Indiens ; en les rendant catholiques, on civilisait des hommes sauvages, on se rendait maître d'une contrée vaste et abondante : c'était ouvrir à la métropole une nouvelle source de richesses et acquérir des adorateurs au vrai Dieu. Les Jésuites se chargèrent de remplir ces vues, mais ils représentèrent que, pour faciliter le succès d'une si pénible entreprise, il fallait qu'ils fussent indépendants des gouverneurs de la province, et que même aucun Espagnol ne pénétrât dans le pays.

Le motif qui fondait cette demande était la crainte que les vices des Européens ne diminuassent la ferveur des néophytes, ne les éloignassent même du christianisme, et que la hauteur espagnole ne leur rendît odieux un joug trop appesanti. La cour d'Espagne, approuvant ces raisons, régla que les missionnaires seraient soustraits à l'autorité des gouverneurs, et que le Trésor leur donnerait chaque année soixante mille piastres pour les frais des défrichements, sous la condition qu'à mesure que les peuplades seraient formées et les terres mises en valeur, les Indiens paieraient annuellement au roi une piastre par homme depuis l'âge de dix-huit ans jusqu'à celui de soixante. On exigea aussi que les missionnaires apprissent aux Indiens la langue espagnole ; mais cette clause ne paraît pas avoir été exécutée.

Les Jésuites entrèrent dans la carrière avec le courage des martyrs et une patience vraiment angélique. Il fallait l'un et l'autre pour attirer, retenir, plier à l'obéissance et au travail des hommes féroces, inconstants, attachés autant à leur paresse qu'à leur indépendance. Les obstacles furent infinis, les difficultés renaissaient à chaque pas ; le zèle triompha de tout, et la douceur des missionnaires amena enfin, à leurs pieds ces farouches habitants des bois. En effet, ils les réunirent dans des habitations, leur donnèrent des lois, introduisirent chez eux les arts utiles et agréables ; enfin, d'une nation barbare, sans mœurs et sans religion, ils en firent un peuple doux, policé, exact observateur des cérémonies chrétiennes (1). Ces Indiens, charmés par l'éloquence persuasive de leurs apôtres, obéissaient volontiers à des hommes qu'ils voyaient se sacrifier à leur bonheur ; de telle façon que quand ils voulaient se former une idée du roi d'Espagne, ils se le représentaient sous l'habit de saint Ignace.

Cependant il y eut contre son autorité un instant de révolte dans l'année 1757. Le roi Catholique venait d'échanger avec le Portugal les peuplades des missions situées sur la rive gauche de l'Uruguay contre la colonie du Saint-Sacrement. L'envie d'anéantir la contre-

1. Voir Crétineau-Joly : *Les Jésuites au Paraguay.*

bande énorme dont nous avons parlé plusieurs fois, avait engagé la cour de Madrid à cet échange. L'Uruguay devenait ainsi la limite des possessions respectives des deux couronnes ; on faisait passer sur sa rive droite les Indiens des peuplades cédées, et on les dédommageait en argent du travail de leur déplacement. Mais ces hommes, accoutumés à leurs foyers, ne purent souffrir d'être obligés de quitter des terres en pleine valeur pour en aller défricher de nouvelles. Ils prirent donc les armes : depuis longtemps on leur avait permis d'en avoir pour se défendre contre les incursions des Paulistes, brigands sortis du Brésil, et qui s'étaient formés en république vers la fin du seizième siècle. La révolte éclata sans qu'aucun Jésuite parût jamais à la tête des Indiens. On dit même qu'ils furent retenus par force dans les villages, pour y exercer les fonctions du sacerdoce.

Le gouverneur général de la province de la Plata, Dom Joseph Andonaighi, marcha contre les rebelles, suivi de Dom Joachim de Viana, gouverneur de Montevideo. Il les défit dans une bataille où il périt plus de deux mille Indiens. Il s'achemina ensuite à la conquête du pays ; et Dom Joachim, voyant la terreur qu'une première défaite y avait répandue, se chargea avec six cents hommes de le réduire en entier. En effet, il attaqua la première peuplade, s'en empara sans résistance, et, celle-là prise, toutes les autres se soumirent.

Sur ces entrefaites, la cour d'Espagne rappela Dom Joseph Andonaighi, et Dom Pedro Cevallos arriva à Buenos-Ayres pour le remplacer. En même temps Viana reçut ordre d'abandonner les missions et de ramener ses troupes. Il ne fut plus question de l'échange projeté entre les deux couronnes, et les Portugais, qui avaient marché contre les Indiens avec les Espagnols, revinrent avec eux. C'est dans le temps de cette expédition que s'est répandu en Europe le bruit de l'élection du roi Nicolas, Indien dont en effet les rebelles firent un fantôme de royauté.

Dom Joachim de Viana m'a dit que, quand il eut reçu l'ordre de quitter les missions, une grande partie des Indiens, mécontents de la vie qu'ils menaient, voulaient le suivre. Il s'y opposa, mais il ne put empêcher que sept familles l'accompagnassent, et il les établit aux Maldonades, où elles donnent aujourd'hui l'exemple de l'industrie et du travail. Je fus surpris de ce qu'il me dit au sujet de ce mécontentement des Indiens. Comment l'accorder avec tout ce que j'avais lu sur la manière dont ils étaient gouvernés ? J'aurais cité les lois des missions comme le modèle d'une administration faite pour donner aux humains le bonheur et la sagesse.

En effet, quand se représente de loin et en général ce gouvernement magique fondé par les seules armes spirituelles, et dont la base reposait sur la charité et le dévouement, bien plus que sur la sévérité des lois, quelle institution plus honorable à l'humanité ! C'est une société qui habite une terre fertile sous un climat fortuné, dont tous les membres sont laborieux et où personne ne travaille pour soi ; les fruits de la culture commune sont rapportés fidèlement dans des magasins publics, d'où l'on distribue à chacun ce qui lui est nécessaire pour sa nourriture, son habillement et l'entretien de son ménage; l'homme dans la vigueur de l'âge nourrit par son travail l'enfant qui vient de naître ; et lorsque le temps a usé ses forces, il reçoit de ses concitoyens les mêmes services dont il leur a fait l'avance ; les maisons particulières sont commodes, les édifices publics sont beaux ; le culte est uniforme et scrupuleusement suivi ; ce peuple heureux ne connaît ni rangs ni conditions, il est également à l'abri des richesses et de l'indigence.

L'étendue du terrain que renferment les missions peut être de deux cents lieues du nord au sud, de cent cinquante de l'est à l'ouest, et la population y est d'environ trois cent mille âmes ; des forêts immenses y offrent des bois de toute espèce ; de vastes pâturages y contiennent au moins deux millions de têtes de bestiaux ; de belles rivières vivifient l'intérieur de cette contrée, et y appellent partout la circulation et le commerce. Voilà le local : comment y vivait-on ? Le pays était, comme nous l'avons dit, divisé en paroisses, et chaque paroisse régie par deux Jésuites, l'un curé, l'autre son vicaire. La dépense totale pour l'entretien des peuplades entraînait peu de frais, les Indiens étant nourris, habillés, logés du travail de leurs mains ;

la plus forte dépense allait à l'entretien des églises, construites et ornées avec magnificence. Le reste du produit de la terre et tous les bestiaux appartenaient aux Jésuites, qui, de leur côté, faisaient venir d'Europe les outils des différents métiers, des vitres, des couteaux, des aiguilles à coudre, des images, des chapelets, de la poudre et des fusils. Leur revenu annuel consistait en coton, suifs, cuirs, miel, et surtout en *maté*, plante mieux connue sous le nom d'herbe du Paraguay, dont la Compagnie faisait seule le commerce, et dont la consommation est immense dans toutes les Indes espagnoles, où elle tient lieu de thé.

Le curé habitait une maison vaste proche de l'église ; elle avait attenant un corps de logis dans lequel étaient les écoles de musique, de peinture, de sculpture, d'architecture, et les ateliers des différents métiers ; l'Italie leur fournissait les maîtres pour les arts, et les Indiens apprennent, dit-on, avec facilité.

Ce curé se levait à cinq heures du matin, prenait une heure pour l'oraison mentale, disait sa messe à six heures et demie, on lui baisait la main à sept heures, et l'on faisait alors la distribution publique d'une once de maté par famille. Après sa messe, le curé déjeunait, disait son bréviaire, travaillait avec les corrégidors, dont les quatre premiers étaient ses ministres, visitait le séminaire, les écoles et les ateliers ; s'il sortait, c'était à cheval et avec un grand cortège ; il dînait à onze heures seul avec son vicaire, et restait renfermé dans son intérieur jusqu'au rosaire.

Le peuple était depuis huit heures du matin distribué aux divers travaux, soit de la terre, soit des ateliers, et les corrégidors veillaient au sévère emploi du temps ; les femmes filaient du coton ; on leur en distribuait tous les lundis une certaine quantité qu'il fallait rapporter filé à la fin de la semaine ; à cinq heures et demie du soir, on se rassemblait pour réciter le rosaire et baiser encore la main du curé ; ensuite se faisait la distribution d'une once de maté et de quatre livres de bœuf pour chaque ménage qu'on supposait être composé de huit personnes ; on donnait aussi du maïs. Le dimanche on ne travaillait point, l'office divin prenait plus de temps ; ils pouvaient ensuite se livrer à quelques jeux et à des délassements honnêtes.

La Compagnie s'occupait du soin d'étendre les missions, lorsque le contre-coup d'événements passés en Europe vint renverser dans le nouveau monde l'ouvrage de tant d'années et de patience. La cour d'Espagne, ayant pris l'inique résolution de chasser les Jésuites, voulut que cette opération se fît en même temps dans toute l'étendue de ses vastes domaines. Cevallos fut rappelé de Buenos-Ayres, et Dom Francisco Bucarelli nommé pour le remplacer. Il partit instruit de la besogne à laquelle on le destinait, et prévenu d'en différer l'exécution jusqu'à de nouveaux ordres qu'il ne tarderait pas à recevoir. Le confesseur du roi, le comte d'Aranda et quelques ministres étaient les seuls auxquels fût confié le secret de cette affaire. Bucarelli fit son entrée à Buenos-Ayres au commencement de 1767.

Lorsque Dom Pedro Cevallos fut arrivé en Espagne, on expédia au marquis de Bucarelli un paquebot chargé des ordres tant pour cette province que pour le Chili, où ce général devait les faire passer par terre. Ce bâtiment arriva dans la rivière de la Plata au mois de juin 1767, et le gouverneur dépêcha sur-le-champ deux officiers, l'un au vice-roi du Pérou, l'autre au président de l'audience du Chili, avec les paquets de la cour qui les concernaient. Il songea ensuite à répartir ses ordres dans les différents lieux de sa province où il y avait des Jésuites, tels que Cordoue, Mendoze, Corrientes, Santa-Fé, Salta, Montevideo et le Paraguay. Comme il craignit que, parmi les commandants de ces divers endroits, quelques-uns n'agissent pas avec la promptitude, le secret et l'exactitude que la cour désirait, il leur enjoignit, en leur adressant ses ordres, de ne les ouvrir que le *** jour qu'il fixait pour l'exécution, et de ne le faire qu'en présence de quelques personnes qu'il nommait, gens qui occupaient dans les mêmes lieux les premiers emplois ecclésiastiques et civils. Cordoue surtout l'intéressait ; c'était dans ces provinces la principale maison des Jésuites et la résidence habituelle du Provincial. C'est là qu'ils formaient et qu'ils instruisaient dans la langue et les usages du pays les sujets destinés aux missions et à devenir chefs

des peuplades ; on y devait trouver leurs papiers les plus importants. Le marquis de Bucarelli se résolut à y envoyer un officier de
confiance qu'il nomma lieutenant du roi en cette place, et que, sous
ce prétexte, il fit accompagner d'un détachement de troupes.

Il restait à pourvoir à l'exécution des ordres du roi dans les missions, et c'était le point critique. Faire arrêter les Jésuites au milieu
des peuplades, on ne savait pas si les Indiens voudraient le souffrir,
et il eût fallu soutenir cette exécution violente par un corps de troupes
assez nombreux pour parer à tout événement. D'ailleurs, n'était-il pas
indispensable, avant que de songer à en retirer les Jésuites, d'avoir
une autre forme de gouvernement prête à substituer à la leur, et d'y
prévenir ainsi les désordres de l'anarchie ? Le gouverneur se détermina à temporiser, et se contenta pour le moment d'écrire dans les
missions qu'on lui envoyât sur-le-champ le corrégidor et un cacique
de chaque peuplade, pour leur communiquer des lettres du roi. Il
expédia cet ordre avec la plus grande célérité, afin que les Indiens
fussent en chemin et hors des *Réductions* avant que la nouvelle de
l'expulsion de la Société pût y parvenir. Par ce moyen il remplissait
deux vues, l'une, de se procurer des otages qui l'assureraient de la
fidélité des peuplades lorsqu'il en retirerait les Jésuites ; l'autre, de
gagner l'affection des principaux Indiens par les bons traitements
qu'on leur prodiguerait à Buenos-Ayres, et d'avoir le temps de les
instruire du nouvel état dans lequel ils allaient entrer.

Tout avait été concerté avec le plus profond secret, et quoiqu'on
eût été surpris de voir arriver un bâtiment d'Espagne sans autres
lettres que celles adressées au général, on était fort éloigné d'en
soupçonner la cause. Le moment de l'exécution générale était com-
biné pour le jour où tous les courriers auraient eu le temps de se
rendre à leur destination, et le gouverneur attendait cet instant avec
impatience, lorsque l'arrivée des deux chambekins du roi, *l'Andalous*
et *l'Aventurero*, venant de Cadix, faillit faire échouer toutes ces
mesures. Il avait ordonné au gouverneur de Montevideo, au cas
qu'il arrivât quelques bâtiments d'Europe, de ne pas les laisser communiquer avec qui que ce fût avant que de *l*'en avoir informé ; mais

l'un de ces deux chambekins s'étant perdu, comme nous l'avons dit, en entrant dans la rivière, il fallait bien en sauver l'équipage et lui donner les secours que sa situation exigeait.

Les deux chambekins étaient sortis d'Espagne depuis que les Jésuites y avaient été arrêtés: ainsi on ne pouvait empêcher que cette nouvelle ne se répandît. Un officier de ces bâtiments fut sur-le-champ envoyé au marquis de Bucarelli et arriva à Buenos-Ayres le 9 juillet à dix heures du soir. Le gouverneur ne balança pas : il expédia à l'instant à tous les commandants des places un ordre d'ouvrir leurs paquets et d'en exécuter le contenu avec la plus grande célérité. A deux heures après minuit, tous les courriers étaient partis et les deux maisons des Jésuites à Buenos-Ayres investies, au grand étonnement de ces Pères, qui croyaient rêver lorsqu'on vint les tirer du sommeil pour les constituer prisonniers et se saisir de leurs papiers. Le lendemain, on publia dans la ville un ban qui décernait peine de mort contre ceux qui entretiendraient commerce avec les Jésuites, et on y arrêta cinq négociants qui voulaient, dit-on, leur faire passer des avis à Cordoue.

Les ordres du roi s'exécutèrent avec la même facilité en toutes les villes. Partout les Jésuites furent pris à l'improviste et on mit la main sur leurs papiers. On les fit aussitôt partir de leurs différentes maisons, escortés par des détachements de troupes, qui avaient ordre de tirer sur ceux qui chercheraient à s'échapper ; mais on n'eut pas besoin d'en venir à cette extrémité. Ils témoignèrent la plus parfaite résignation, s'humiliant sous la main qui les frappait et reconnaissant, disaient-ils, que leurs péchés avaient mérité le châtiment dont Dieu les punissait. Les Jésuites de Cordoue, au nombre de plus de cent, arrivèrent à la fin d'août à la Encenada, où se rendirent peu après ceux de Corrientes, de Buenos-Ayres et de Montevideo. Ils furent aussitôt embarqués, et ce premier convoi appareilla, comme nous l'avons déjà dit, à la fin de septembre. Les autres pendant ce temps étaient en chemin pour venir à Buenos-Ayres attendre un nouvel embarquement.

On y vit arriver le 13 septembre tous les corrégidors et un cacique de chaque peuplade, avec quelques Indiens de leur suite. Ils étaient sortis des missions avant qu'on s'y doutât de l'objet qui les faisait mander. La nouvelle qu'ils en apprirent en chemin leur fit impression, mais ne les empêcha pas de continuer leur route. La seule instruction dont les curés eussent muni au départ leurs chers néophytes, avait été de ne rien croire de tout ce que leur débiterait le gouverneur général. « Préparez-vous, mes enfants, leur avaient-ils » dit, à entendre beaucoup de mensonges. » A leur arrivée, on les amena directement au gouvernement, où je fus présent à leur réception. Ils y entrèrent à cheval au nombre de cent vingt, et s'y formèrent en croissant sur deux lignes ; un Espagnol instruit de la langue des *Guaranis* leur servait d'interprète. Le gouverneur parut à un balcon ; il leur fit dire qu'ils étaient les bienvenus, qu'ils allassent se reposer, et qu'il les informerait, du jour auquel il aurait résolu de leur signifier les intentions du roi. Il ajouta sommairement qu'il venait les tirer de l'esclavage et les mettre en possession de leurs biens dont jusqu'à présent ils n'avaient pas joui. Ils ne paraissaient pas mécontents, mais il était aisé de démêler sur leur visage plus de surprise que de joie. Au sortir du gouvernement, on les conduisit à une maison des Jésuites, où ils furent logés, nourris et entretenus aux dépens du roi. Le gouverneur, en les faisant venir, avait mandé nommément le fameux cacique Nicolas, mais on écrivit que son grand âge et les infirmités ne lui permettaient pas de se déplacer.

A mon départ de Buenos-Ayres, les Indiens n'avaient pas encore été appelés à l'audience du général. Il voulait leur laisser le temps d'apprendre un peu la langue et de connaître la façon de vivre des Espagnols. J'ai plusieurs fois été les voir. Ils m'ont paru d'un naturel indolent ; je leur trouvais cet air stupide d'animaux pris au piége. On m'en fit remarquer que l'on disait fort instruits ; mais comme ils ne parlaient que la langue guaranis, je ne fus pas dans le cas d'apprécier le degré de leurs connaissances ; seulement j'entendis jouer du violon un cacique que l'on nous assurait être grand musicien ; il joua une sonate, et je crus entendre les sons obligés d'une serinette. Au reste, peu de temps après leur arrivée à Buenos-Ayres, la nouvelle de l'expulsion des Jésuites étant parvenue dans les missions, le marquis de Bucarelli reçut une lettre du Provincial qui s'y trouvait pour lors, dans laquelle il l'assurait de sa soumission et de celle de toutes les peuplades aux ordres du roi.

Ces missions des *Guaranis*, des *Tapes*, sur l'Uruguay, n'étaient pas les seules que les Jésuites eussent fondées dans l'Amérique méridionale. Plus au nord, ils avaient rassemblé et soumis aux mêmes lois les *Mojos*, les *Chiquitos* et les *Avipones*. Ils formaient aussi de nouvelles Réductions dans le sud du Chili du côté de l'île du *Chiloé*, et depuis quelques années ils s'étaient ouvert une route pour passer de cette province au Pérou, en traversant le pays des Chiquitos, route plus courte que celle que l'on suivait jusqu'à présent. Au reste, dans les pays où ils pénétraient, ils faisaient appliquer sur les poteaux la devise de la Compagnie; et sur la carte de leurs Réductions faites par eux, elles sont énoncées sous cette dénomination. *Oppida christianorum.*

On s'était attendu, en saisissant les biens des Jésuites dans cette province, à trouver dans leurs maisons des sommes d'argent considérables ; on en a néanmoins trouvé fort peu.

Ma plume se refuse au détail de toutes les calomnies que la haine inventa, dans le nouveau comme dans l'ancien monde, contre ces dignes religieux à l'époque de leur proscription. J'aime à rendre justice à la plus grande partie des membres de cette Société, religieux de bonne foi qui ne voyaient dans l'institut que la piété de son fondateur et son zèle pour le salut des âmes, et servaient en esprit et en vérité le Dieu auquel ils s'étaient consacrés. Au reste j'ai su, depuis mon retour en France, que le marquis de Bucarelli était parti de Buenos-Ayres pour les missions le 14 mai 1768, et qu'il n'y avait rencontré aucun obstacle, aucune résistance à l'exécution des ordres du roi Catholique. On aura une idée de la manière dont s'est terminé cet événement regrettable en lisant la pièce suivante, qui contint le détail de ce qui s'est passé dans la Réduction *Yapegu*, située sur l'Uruguay et qui se trouvait la première sur le chemin du général espagnol ; toutes les autres ont suivi l'exemple donné par celle-là.

TRADUCTION d'une lettre d'un capitaine de grenadiers du régiment de Mayorque, commandant un des détachements de l'expédition aux missions du Paraguay.

D'Yapegu, le 19 juillet 1768.

« Hier nous arrivâmes ici très heureusement ; la réception que l'on
» a faite à notre général a été des plus magnifiques, et telle qu'on
» n'aurait pu l'attendre de la part d'un peuple aussi simple et aussi
» peu accoutumé à de semblables fêtes. Il y a ici un collège très riche
» en ornements d'église, qui sont en grand nombre ; on y voit aussi
» beaucoup d'argenterie. La peuplade est un peu moins grande que
» Montevideo, mais bien mieux alignée et fort peuplée. Les maisons
» y sont tellement uniformes, qu'à en voir une on les a vues toutes,
» comme à voir un homme et une femme on a vu tous les habi-
» tants, attendu qu'il n'y a pas la moindre différence dans la façon
» dont ils sont vêtus. Il y a beaucoup de musiciens, mais tous mé-
» diocres.

» Dès l'instant où nous arrivâmes dans les environs de cette mis-
» sion, son Excellence donna l'ordre d'aller se saisir du Père Pro-
» vincial de la Compagnie de Jésus et de six autres de ces Pères,
» et de les mettre aussitôt en lieu de sûreté. Il doivent s'embarquer
» un de ces jours sur le fleuve Uruguay. Nous croyons cependant
» qu'ils resteront au Salto, où on les gardera jusqu'à ce que tous
» les confrères aient subi le même sort. Nous croyons aussi rester
» à Yapegu cinq ou six jours, et suivre notre chemin jusqu'à la der-
» nière des missions. Nous sommes très contents de notre général,
» qui nous fait procurer tous les rafraîchissements possibles. Hier
» nous eûmes opéra ; il y en aura encore aujourd'hui une représen-
» tation. Les bonnes gens font tout ce qu'ils peuvent et tout ce qu'ils
» savent.

» Nous vîmes aussi hier le fameux Nicolas, celui qu'on avait » tant d'intérêt à tenir renfermé. Il était dans un état déplorable et » presque nu. C'est un homme de soixante-dix ans qui paraît de » bon sens. Son Excellence lui parla longtemps et parut fort satis-» faite de sa conversation.

» Voilà tout ce que je puis vous apprendre de nouveau. »

CHAPITRE VIII.

Départ de Montevideo.—Navigation jusqu'au cap des Vierges.
— Entrée dans le détroit. — Entrevue avec les Patagons. —
Navigation jusqu'à l'île Sainte-Élisabeth.

Nimborum in patriam, loca fœta furentibus austris.
Virg. *Æneid.*, lib. I.

E radoub et le chargement de *l'Étoile* nous avaient coûté tout le mois d'octobre et des frais considérables ; ce ne fut qu'à la fin de ce mois que nous pûmes solder avec le munitionnaire général et les autres fournisseurs espagnols. Je pris le parti de les payer de l'argent qui m'avait été remboursé pour la cession des îles Malouines, plutôt que de tirer des lettres de change sur le Trésor royal. J'ai continué de même pour toutes les dépenses de nos différentes relâches en pays étranger. Les achats s'y sont faits par ce moyen à meilleur compte et avec plus d'expédition.

Le 31 octobre au point du jour, je rejoignis, à quelques lieues de la Encenada, *l'Étoile* qui en avait appareillé la veille pour Montevideo. Nous y mouillâmes le 3 novembre à sept heures du soir. Ce qui fait la difficulté de cette navigation de Montevideo à la Encenada, c'est que, comme on l'a dit plus haut, il faut chenaler entre le banc Ortiz et un autre petit banc qui en est au sud, qu'aucun d'eux n'est balisé et que rarement peut-on voir la terre du sud, laquelle est très basse.

Cette traversée nous coûta trois hommes, qui furent noyés ; la chaloupe, s'étant engagée sous le navire, qui virait de bord, coula bas : tous nos efforts ne purent sauver que deux hommes et la chaloupe, dont le câblot n'avait pas rompu. J'eus aussi le chagrin de voir que, malgré son radoub, *l'Étoile* faisait encore de l'eau, ce qui donnait lieu de craindre que le défaut ne fût général dans tout le calfatage de sa flottaison ; le navire avait été franc d'eau jusqu'à ce qu'il eût été calé à treize pieds.

Nous employâmes quelques jours à embarquer à bord de *la Boudeuse* tous les vivres qu'elle pouvait contenir, à recalfater ses hauts, opération que l'absence de ses calfats, nécessaires à *l'Étoile*, n'avait pas permis de faire plus tôt ; à raccommoder la chaloupe de *l'Étoile*, à faire couper l'herbe pour nos bestiaux et à déblayer tout ce que nous avions à terre. La journée du 10 se passa à guinder nos mâts de hune, hisser les basses vergues et tenir nos agrès ; nous pouvions appareiller le même jour si nous n'eussions pas été échoués. Le 11, la mer ayant monté, les bâtiments flottèrent, et nous allâmes mouiller à la tête de la rade, où on est toujours à flot. Les deux jours suivants, le gros temps ne nous permit pas de faire voile, mais ce délai ne fut pas en pure perte. Il arriva de Buenos-Ayres une goélette chargée de farine, et nous y en prîmes soixante quintaux, qu'on trouva moyen de loger encore dans les navires. Nous y avions, toute compensation faite, des vivres pour dix mois : il est vrai que la plus grande partie des boissons était en eau-de-vie. Les équipages jouissaient de la meilleure santé ; le long séjour qu'ils venaient de faire dans la rivière de la Plata, pendant lequel un tiers des matelots couchait alternativement à terre, et la viande fraîche dont ils y furent toujours nourris, les avaient préparés aux fatigues et aux misères de toute espèce dont la longue carrière allait s'ouvrir. Je fus obligé de laisser à Montevideo le maître pilote, le maître charpentier, le maître armurier et un officier marinier de ma frégate, auxquels l'âge et des infirmités incurables ne permettaient pas d'entreprendre le voyage. Il y déserta aussi, malgré tous nos soins, douze soldats ou matelots des deux navires. J'avais pris à la vérité aux îles Malouines quelques-uns des matelots qui y étaient engagés pour la pêche, ainsi qu'un ingénieur, un officier de navire marchand et un chirurgien ; en sorte que les vaisseaux avaient autant de monde qu'à notre départ d'Europe, et il y avait déjà un an que nous étions sortis de la rivière de Nantes.

Le 14 novembre, à quatre heures et demie du matin, les vents étant au nord, joli frais, nous appareillâmes de Montevideo. A huit heures et demie, nous étions nord et sud de l'île de Flores, les courants nous ayant portés avec rapidité dans l'est-sud-est. A midi nous étions à douze lieues dans l'est et l'est-quart-sud-est de Montevideo, et c'est de là que je pris mon point de départ par trente-quatre degrés cinquante-quatre minutes quarante secondes de latitude australe, et cinquante-huit degrés cinquante-sept minutes trente secondes de longitude occidentale du méridien de Paris.

Le jour de notre départ, nous vîmes la terre jusqu'au coucher du soleil ; la sonde avait toujours augmenté, passant d'un fond de vase à un de sable ; à six heures et demie du soir, elle donna trente-cinq brasses, fond de sable gris, et *l'Étoile*, à laquelle je fis le signal de sonder le 15 après-midi, trouva soixante brasses même fond : nous avions observé à midi trente-six degrés une minute de latitude. Depuis le 16 jusqu'au 21, nous eûmes les vents contraires, une mer très grosse, et nous tînmes les bordées les moins désavantageuses sous les quatre voiles majeures, tous les ris pris dans les huniers ; *l'Étoile* avait dépassé ses mâts de perroquet, et nous étions partis sans avoir les nôtres en place. Le 22, nous reçûmes un coup de vent, accompagné d'orages et de grains qui durèrent toute la nuit ; la mer était affreuse et *l'Étoile* fit signal de détresse ; nous l'attendîmes sous la misaine et la grande voile, le point de dessous cargué : cette flûte nous paraissait avoir sa vergue de petit hunier rompue. Le vent et la mer étant tombés le lendemain au matin, nous fîmes de la voile, et le 24, je fis passer *l'Étoile* à la portée de la voix pour savoir ce qu'elle avait souffert dans le dernier coup de vent. M. de la Giraudais me dit qu'outre sa vergue de petit hunier, quatre de ses chaînes de haubans avaient aussi été rompues ; il ajouta qu'à l'exception de deux bœufs, il avait perdu tous les bestiaux embarqués à Montevideo : ce malheur nous avait été commun avec lui, mais ce n'était pas une consolation. Qui savait quand nous serions à portée de réparer cette perte ?

Pendant le reste du mois, les vents furent variables du sud-ouest au nord-ouest; les courants nous portèrent dans le sud avec assez de rapidité, jusque par les quarante-cinq degrés de latitude. Plusieurs jours de suite, nous sondâmes sans trouver de fond ; ce ne fut que le 27 au soir, qu'étant environ par quarante-sept degrés de latitude, et nous estimant à trente-cinq lieues de la côte des Patagons, nous trouvâmes soixante-dix brasses, fond de vase et de sable fin, gris et noir. Depuis ce jour, nous conservâmes ce fond jusqu'à la vue de terre, par soixante-sept, soixante, cinquante-cinq, cinquante, quarante-sept, et enfin quarante brasses d'eau que nous donna la sonde, lorsque nous vîmes pour la première fois *le cap des Vierges*. Le fond était quelquefois vasard, mais toujours de sable fin, tantôt gris, tantôt jaune, quelquefois accompagné de petits graviers rouges et noirs.

Je ne voulus point trop accoster la terre jusqu'à ce que je n'eusse atteint les quarante-neuf degrés de latitude, à cause d'une vigie que j'avais reconnue en 1765 par quarante-huit degrés trente-quatre minutes de latitude australe, à six ou sept lieues de la côte. Je l'aperçus le matin dans le même moment que la terre, et, ayant eu hauteur à midi par un très beau temps, j'en ai pu déterminer la latitude avec précision. Nous rangeâmes à un quart de lieue cette bâture, que celui qui en eut la première connaissance avait d'abord prise pour un souffleur.

Le 1er et le 2 décembre, les vents furent favorables de la partie du nord au nord-nord-est, très frais, la mer grosse et le temps brumeux ; nous forcions de voiles pendant le jour, et nous passions la nuit sous la misaine et les huniers les bas ris pris. Nous vîmes pendant tout ce temps des damiers, des quebrantanuessos, et, ce qui est de mauvais augure dans toutes les mers du globe, des alcyons qui disparaissent quand la mer est belle et le ciel serein. Nous vîmes aussi des loups marins, des pingouins, et une grande quantité de baleines. Quelques-uns de ces monstrueux animaux paraissaient avoir l'écaille couverte de ces vermiculaires blancs qui s'attachent à la carène des vieux vaisseaux qu'on laisse pourrir dans les ports. Le 30 novembre, deux oiseaux blancs semblables à de gros pigeons étaient venus se poser sur nos vergues. J'avais déjà vu un volier de ces animaux traverser la baie des Malouines.

Nous reconnûmes le cap des Vierges le 2 décembre après-midi, et nous le relevâmes au sud, environ à sept lieues de distance.

Pour déterminer la position de ce cap, nous nous servîmes de l'octant anglais. La manière de déterminer les longitudes à la mer par le moyen des distances de la lune au soleil ou aux étoiles zodiacales, est connue depuis plusieurs années. MM. de la Caille et Daprés en ont fait particulièrement usage en mer, en se servant aussi de l'octant de M. Hadley ; mais comme le degré de justesse qu'on obtient par cette méthode dépend beaucoup de la précision de l'instrument avec lequel on observe, il s'ensuivait que l'héliomètre de M. Bouguer, rendu capable de mesurer de grands angles, serait très propre à perfectionner ces observations de distances. M. l'abbé de la Caille y avait vraisemblablement songé, puisqu'il en a fait construire un qui mesure des arcs de six à sept degrés ; et si dans ses ouvrages il ne parle point de cet instrument comme propre à observer à la mer, c'est qu'il prévoyait beaucoup de difficultés à s'en servir sur un vaisseau.

M. Verron apporta avec lui à bord un instrument nommé *mégamètre*, qu'il avait déjà employé dans d'autres voyages faits avec M. de Charnières, et dont il s'est servi dans celui-ci. Cet instrument nous a paru ne différer de l'héliomètre de M. Bouguer, qu'en ce que la vis qui fait mouvoir les objectifs étant plus longue, elle leur procure un plus grand écartement, et rend par là cet instrument capable de mesurer des angles de dix degrés, limite du mégamètre que M. Verron avait à bord.

Depuis le 2 après-midi, que nous eûmes la connaissance du cap des Vierges et bientôt après celle de la terre de Feu, le vent de bout et le gros temps nous contrarièrent plusieurs jours de suite. Nous louvoyâmes d'abord jusqu'au 3 à six heures du soir, et alors les vents ayant donné nous permirent de nous porter sur l'entrée du détroit de Magellan. Ce ne fut pas pour longtemps : à sept heures et demie le vent calma tout à fait et les côtes s'embrumèrent ; il rafraîchit à dix heures et nous passâmes la nuit à louvoyer. Le 4, à trois heures du matin, nous courûmes vers la terre avec un bon frais de nord ; mais, le temps chargé de brume et de pluie nous en dérobant bientôt la vue, il fallut reprendre *la bordée du large*. A cinq heures du matin, dans une éclaircie, nous aperçûmes le cap des Vierges et nous *arrivâmes* pour donner dans le détroit ; presque aussitôt les vents sautèrent au sud-ouest, d'où ils ne tardèrent pas à souffler avec furie ; la brume s'épaissit, et nous fûmes forcés de mettre à la cape sur les deux bords entre les terres de Feu et le continent.

Notre misaine ayant été déchirée le 4 après-midi, et la sonde presque au même moment ne nous ayant donné que vingt brasses, la crainte de la bâture qui s'étend dans le sud-sud-est du cap des Vierges, me fit prendre le parti d'arriver à sec de voiles, d'autant plus que cette manœuvre nous facilitait l'opération d'enverguer une autre misaine. Au reste, cette sonde qui me fit *arriver* n'était point à craindre : c'était celle du canal, je l'ai appris depuis en y sondant avec une parfaite vue de la terre. J'ajouterai, pour l'utilité de ceux qui louvoieraient ici par un temps obscur, que le fond de gravier annonce qu'on est plus près de la terre de Feu que du continent ; près de celui-ci on trouve du sable fin et quelquefois vaseux.

A cinq heures du soir, nous remîmes à la cape sous la grand-voile d'étai et le foc d'artimon ; à sept heures et demie du soir, le vent calma, le temps s'éclaircit, et nous fîmes de la voile, mais les bordées furent toutes désavantageuses et nous écartèrent de la côte. En effet, quoique la journée du 5 fût belle et le vent favorable, ce ne fut qu'à deux heures après-midi que nous vîmes la terre depuis le sud-quart-sud-ouest jusqu'au sud-ouest-quart-ouest environ à dix lieues. A quatre heures, nous reconnûmes le cap des Vierges, et nous fîmes route pour le ranger à la distance d'une lieue et demie à deux lieues. Il n'est pas prudent de le serrer davantage à cause d'un banc qui s'étend au large du cap à peu près à cette distance ; je crois même que nous avons passé sur la queue de ce banc ; car, comme nous sondions fréquemment, entre deux sondes, l'une de vingt-cinq, l'autre de dix-sept brasses, *l'Étoile*, qui était dans nos eaux, nous signala huit brasses ; le moment suivant elle augmenta de fond.

Le cap des Vierges est une terre unie d'une hauteur médiocre ; il est coupé à pic à son extrémité ; la vue qui en est donnée dans la relation du voyage de milord Anson est de la plus grande vérité. A neuf heures et demie du soir, nous avions amené à l'ouest la pointe septentrionale de l'entrée du détroit, sur laquelle est une chaîne de rochers qui s'étend à une lieue au large. Nous courûmes, les basses voiles carguées, sous le petit hunier, tous les ris dedans, jusqu'à onze heures du soir que le cap des Vierges nous restait au nord. Je voulais ainsi donner dedans le détroit à petites voiles, la nuit n'étant alors que de quatre heures et la distance du cap des Vierges au premier goulet étant de quatorze à quinze lieues ; mais comme il ventait grand frais et que le temps couvert menaçait d'orage, je me déterminai, non sans peine, à passer la nuit *bord sur bord*. Ce parti qu'un excès de prudence me fit prendre, nous coûta un temps bien précieux.

Le 6 au point du jour, je fis larguer les ris des huniers et courir à ouest-nord-ouest. Nous ne vîmes la terre qu'à quatre heures et demie, et il nous parut que les marées nous avaient entraînés dans le sud-sud-est. A cinq heures et demie, étant environ à deux lieues du continent, nous reconnûmes *le cap de Possession* dans l'ouest-quart-nord-ouest et ouest-nord-ouest. Ce nom sans doute lui est resté en mémoire de ce que le brave Sarmiento y a construit en 1580, pour la couronne d'Espagne, un fort qu'il nomma *Nombre de Jésus*, fort dont il ne reste aucune trace. Le cap est bien reconnaissable. C'est la première terre avancée depuis la pointe septentrionale de l'entrée du détroit ; il est plus sud que le reste de la côte, qui forme ensuite entre ce cap et le premier goulet un grand enfoncement nommé *la baie de Possession ;* nous avions aussi la vue des terres de Feu. Les vents, jusqu'alors assez favorables, reprirent bientôt leur tour ordinaire du ouest au nord-ouest, et nous courûmes les bordées les moins désavantageuses pour entrer dans le détroit, tâchant de nous rallier à la côte des Patagons et profitant du secours de la marée qui pour lors portait à l'ouest.

A midi nous observâmes la hauteur du soleil, et le relèvement pris au même moment me donna pour le cap des Vierges la même latitude, à une minute près, que celle que j'avais conclue de mon observation du 3 de ce mois. Nous profitâmes aussi de cette observation pour assurer la latitude du cap de Possession et celle du cap du Saint-Esprit à la terre de Feu, la première par cinquante-deux degrés vingt-cinq minutes, la seconde par cinquante-deux degrés quarante-quatre minutes.

Nous continuâmes à louvoyer sous les quatre voiles majeures toute la journée du 6 et la nuit suivante qui fut très claire, sondant souvent et ne nous éloignant jamais de plus de trois lieues de la côte du continent. Nous gagnions peu à ce triste exercice, les marées nous retirant ce qu'elles nous donnaient, et le 7 à midi nous étions encore sous le cap de Possession. Le cap d'Orange nous restait dans le sud-ouest environ à six lieues. Ce cap, remarquable par un mondrain assez élevé et coupé du côté de la mer, forme au sud l'entrée du premier goulet. Sa pointe est dangereuse par une bâture qui s'étend dans le nord-est du cap, au moins à trois lieues au large ; j'ai vu fort distinctement la mer briser dessus. A une heure après-midi, le vent avait passé au nord-nord-ouest, et nous en profitâmes pour faire bonne route. A deux heures et demie, nous étions parvenus à l'entrée du goulet ; un autre obstacle nous y attendait : jamais, avec un bon frais de vent et toutes voiles dehors, nous ne pûmes refouler la marée. A quatre heures, elle filait près de deux lieues le long de notre bord, et nous reculions. En vain persistâmes-nous à vouloir lutter. Le vent fut moins constant que nous, et il fallut rétrograder. Il était à craindre de se trouver en calme dans le goulet, exposés aux courants des marées qui pouvaient nous jeter sur les bâtures des caps *d'Orange* et *Entrana*, qui en font l'entrée à l'est et à l'ouest.

Nous gouvernions au nord-quart-nord-est pour venir chercher un mouillage dans le fond de la baie de Possession, lorsque *l'Étoile*, qui était plus à terre que nous, ayant passé tout d'un coup de vingt brasses de fond à cinq, nous arrivâmes vent arrière le cap à l'est, pour nous écarter d'une bâture qui paraissait régner au fond et dans tout le circuit de la baie. Pendant quelque temps nous ne trouvâmes qu'un fond de rochers et de cailloux, et ce ne fut qu'à sept heures du soir qu'étant sur vingt brasses fond de sable vaseux et de graviers noirs et blancs, nous mouillâmes environ à deux lieues de terre. Le cap d'Orange nous restait au sud, le cap Entrana au sud-ouest, le plus haut mondrain du fond de la baie de Possession au nord-ouest trois degrés ouest, la pointe la plus orientale de la baie de Possession à l'est-nord-est.

La baie de Possession est ouverte à tous les vents et n'offre que de très mauvais mouillages. Dans le fond de cette baie s'élèvent cinq mondrains, dont un est assez considérable; les quatre autres sont petits et aigus. Nous les avons nommés *le père et les quatre fils Aymon ;* ils servent de remarque essentielle dans cette partie du détroit. Pendant la nuit, on sonda aux divers changements de marée, sans trouver de différence sensible dans le brasseiage. A huit heures et demie du soir la marée reversa dans l'ouest, et dans l'est à trois heures du matin.

Le 8 au matin, nous appareillâmes sous les quatre voiles majeures, ayant deux ris dans chaque hunier; la marée nous était contraire, mais nous la refoulions avec un bon frais de nord-ouest. A huit heures, les vents nous refusèrent et il fallut louvoyer, essuyant de temps à autre de violentes rafales. A dix heures, la marée ayant commencé à porter à l'ouest avec assez de force, nous mîmes en panne sous les huniers à l'entrée du premier goulet, nous laissant dériver au courant qui nous emportait dans le vent avec une vitesse d'environ une lieue et demie par heure, et virant de bord lorsque nous nous trouvions trop près de l'une ou de l'autre côte. Nous passâmes ainsi en deux heures le premier goulet, malgré le vent qui était directement debout et très violent.

Ce matin les Patagons, qui toute la nuit avaient entretenu des feux au fond de la baie de Possession, élevèrent un pavillon blanc sur une hauteur, et nous y répondîmes en hissant celui des vaisseaux. Ces Patagons étaient sans doute ceux que *l'Étoile* vit en juin 1766 dans la baie *Boucault,* comme nous l'avons rapporté plus haut, et le pavillon qu'ils élevaient était celui qui leur fut donné par M. Denys de Saint-Simon en signe d'alliance. Le soin qu'ils ont pris de le conserver annonce des hommes doux, fidèles à leur parole, ou du moins reconnaissants des présents qu'on leur a faits.

Nous aperçûmes aussi fort distinctement, lorsque nous fûmes dans le goulet, une vingtaine d'hommes sur la terre de Feu. Ils étaient couverts de peaux et couraient à toutes jambes le long de la côte en suivant notre route. Ils paraissaient même de temps en temps nous faire des signes avec la main, comme s'ils eussent désiré que nous allassions à eux. Selon le rapport des Espagnols, la nation qui habite cette partie des terres de Feu n'a rien des mœurs cruelles de la plupart des sauvages. Ils accueillirent avec beaucoup d'humanité l'équipage du vaisseau *la Conception*, qui se perdit sur leurs côtes en 1765. Ils aidèrent même à sauver une partie des marchandises de la cargaison, et à élever des hangars pour les mettre à l'abri. Les Espagnols y construisirent, des débris de leur navire, une barque dans laquelle ils se sont rendus à Buenos-Ayres. C'est à ces Indiens que le chambekin *l'Andalous* se disposait à amener des missionnaires lorsque nous sommes sortis de la rivière de la Plata. Au reste, des pains de cire, provenant de la cargaison de ce navire, ont été portés par les courants jusque sur les côtes des Malouines, où on les trouva en 1766.

On a vu qu'à midi nous étions sortis du premier goulet : pour lors nous fîmes de la voile. Le vent s'était rangé au sud, et la marée continuait à nous élever dans l'ouest. A trois heures, l'un et l'autre nous manquèrent, et nous mouillâmes dans la baie Boucault sur dix-huit brasses fond de vase. Tel était au compas le relèvement de notre mouillage : *le gros noyau du cap Grégoire* à l'ouest-quart-sud-ouest cinq degrés sud, *la terre basse du cap Grégoire qui forme l'entrée du second goulet* au sud-ouest, *la pointe septentrionale de l'île Saint-Georges qui forme la côte méridionale de ce second goulet* au sud-ouest-quart-sud.

Dès que nous fûmes mouillés, je fis remettre à la mer un de mes canots et un de *l'Étoile*. Nous nous y embarquâmes au nombre de dix officiers armés chacun de nos fusils, et nous allâmes descendre au fond de la baie, avec la précaution de faire tenir nos canots à flot et les équipages dedans. A peine avions-nous pied à terre, que nous vîmes venir à nous six Américains à cheval et au grand galop. Ils descendirent de cheval à cinquante pas, et sur le champ accoururent au-devant de nous en criant *chaoua*. En nous joignant ils tendaient les mains et les appuyaient contre les nôtres. Ils nous serraient ensuite entre leurs bras, répétant à tue-tête *chaoua, chaoua*, que nous répétions comme eux. Ces bonnes gens parurent très joyeux de notre arrivée. Deux des leurs, qui tremblaient en venant à nous, ne furent pas longtemps sans se rassurer. Après beaucoup de caresses réciproques, nous fîmes apporter de nos canots des galettes et un peu de pain frais, que nous leur distribuâmes et qu'ils mangèrent avec avidité. A chaque instant leur nombre augmentait ; bientôt il s'en ramassa une trentaine parmi lesquels il y avait quelques jeunes gens et un enfant de huit à dix ans. Tous vinrent à nous avec confiance et nous firent les mêmes caresses que les premiers. Ils ne paraissaient point étonnés de nous voir, et, imitant de la voix le bruit de nos fusils, ils nous faisaient entendre que ces armes leur était connues. Ils paraissaient attentifs à faire ce qui pouvait nous plaire. M. de Commerçon et quelques-uns de nos messieurs s'occupaient à ramasser des plantes ; plusieurs Patagons se mirent aussi à en chercher, et ils apportaient les espèces qu'ils nous voyaient prendre. L'un d'eux, apercevant le chevalier du Bouchage dans cette occupation, lui vint montrer un œil auquel il avait un mal fort apparent, et lui demander par signe de lui indiquer une plante qui le pût guérir. Ils ont donc une idée et un usage de cette médecine qui connaît les simples et les applique à la guérison des hommes. C'était celle de Macaon, le médecin des dieux, et on trouverait plusieurs Macaons chez les sauvages du Canada.

Nous échangeâmes quelques bagatelles précieuses à leurs yeux contre des peaux de guanaques et de vigognes. Ils nous demandèrent par signes du tabac à fumer, et le rouge semblait les charmer ; aussitôt qu'ils apercevaient sur nous quelque chose de cette couleur, ils venaient passer la main dessus et témoignaient en avoir grande envie. Au reste, à chaque chose qu'on leur donnait, à chaque caresse qu'on leur faisait, le *chaoua* recommençait, c'étaient des cris à étourdir. On

s’avisa de leur faire boire de l’eau-de-vie, en ne leur en laissant
prendre qu’une gorgée à chacun. Dès qu’ils l’avaient avalée, ils se
frappaient avec la main sur la gorge et poussaient en soufflant un son
tremblant et inarticulé, qu’ils terminaient par un roulement avec les
lèvres. Tous firent la même cérémonie qui nous donna un spectacle,
assez bizarre.

Habitants de la terre de Feu.

Cependant le soleil s’approchait de son couchant et il était temps
de songer à retourner à bord. Dès qu’ils virent que nous nous y dis-
posions, ils en parurent fâchés ; ils nous faisaient signe d’attendre et
qu’il allait encore venir des leurs. Nous leur fîmes entendre que
nous reviendrions le lendemain, et que nous leur apporterions ce
qu’ils désiraient : il nous sembla qu’ils eussent mieux aimé que nous
couchassions à terre. Lorsqu’ils virent que nous partions, ils nous

accompagnèrent au bord de la mer ; un Patagon chantait pendant cette marche. Quelques-uns se mirent dans l'eau jusqu'aux genoux pour nous suivre plus longtemps. Arrivés à nos canots, il fallait avoir l'œil à tout. Ils saisissaient tout ce qui leur tombait sous la main. Un d'eux s'était emparé d'une faucille ; on s'en aperçut et il la rendit sans résistance. Avant que de nous éloigner, nous vîmes encore grossir leur troupe par d'autres qui arrivaient incessamment à toute bride. Nous ne manquâmes pas en nous séparant d'entonner un *chaoua* dont toute la côte retentit.

Ces Américains sont les mêmes que ceux vus par *l'Étoile* en 1766. Un de nos matelots, qui était alors sur cette flûte, en a reconnu un qu'il avait vu dans le premier voyage. Ces hommes sont d'une belle taille ; parmi ceux que nous avons vus, aucun n'était au dessous de cinq pieds cinq à six pouces, ni au-dessus de cinq pieds neuf à dix pouces ; les gens de *l'Étoile* en avaient vu dans le précédent voyage, plusieurs de six pieds. Ce qui m'a paru être gigantesque en eux, c'est leur énorme carrure, la grosseur de leur tête et l'épaisseur de leurs membres. Ils sont robustes et bien nourris, leurs nerfs sont tendus, leur chair est ferme et soutenue ; c'est l'homme qui, livré à la nature et à un aliment plein de sucs, a pris tout l'accroissement dont il est susceptible ; leur figure n'est ni dure ni désagréable, plusieurs l'ont jolie ; leur visage est rond et un peu plat ; leurs yeux sont vifs ; leurs dents extrêmement blanches n'auraient pour Paris que le défaut d'être larges ; ils portent de longs cheveux noirs attachés sur le sommet de la tête. J'en ai vu qui avaient sous le nez des moustaches plus longues que fournies. Leur couleur est bronzée comme l'est sans exception celle de tous les Américains, tant de ceux qui habitent la zone torride, que de ceux qui y naissent dans les zones tempérées et glaciales. Quelques-uns avaient les joues peintes en rouge ; il nous a paru que leur langue était douce, et rien n'annonce en eux un caractère féroce. Nous n'avons point vu leurs femmes ; peut-être allaient-elles venir, car ils voulaient toujours que nous attendissions, et ils avaient fait partir un des leurs du côté d'un grand feu, auprès duquel paraissait être leur camp, à une lieue de l'endroit où nous étions, nous montrant qu'il en allait arriver quelqu'un.

L'habillement de ces Patagons est le même à peu près que celui des Indiens de la rivière de la Plata ; c'est un simple *bragué* de cuir qui leur sert de ceinture, et un grand manteau de peaux de guanaques ou de fourillos attaché autour du corps ; il descend jusqu'aux talons, et ils laissent communément retomber en arrière la partie faite pour couvrir les épaules ; de sorte que, malgré la rigueur du climat, ils sont presque toujours nus de la ceinture en haut. L'habitude les a sans doute rendus insensibles au froid, car, quoique nous fussions ici en été, le thermomètre de Réaumur n'y avait encore monté qu'un seul jour à dix degrés au-dessus de la congélation. Ils ont des espèces de bottines de cuir de cheval ouvertes par derrière, et deux ou trois avaient autour du jarret un cercle de cuivre d'environ deux pouces de largeur. Quelques-uns de nos messieurs ont aussi remarqué que deux des plus jeunes avaient de ces grains de rassade dont on fait des colliers.

Les seules armes que nous leur ayons vues, sont deux cailloux ronds attachés aux deux bouts d'un boyau cordonné, semblables à ceux dont on se sert dans toute cette partie de l'Amérique, et que nous avons décrits plus haut. Ils avaient aussi de petits couteaux de fer, dont la lame était épaisse d'un pouce et demi à deux pouces. Ces couteaux, de fabrique anglaise, leur avaient vraisemblablement été donnés par M. Byron. Leurs chevaux, petits et fort maigres, étaient sellés et bridés à la manière des habitants de la rivière de la Plata. Un Patagon avait à sa selle des clous dorés, des étriers de bois recouverts d'une lame de cuivre, une bride en cuir tressé, enfin tout un harnais espagnol. Leur nourriture principale paraît être la moelle et la chair de guanaques et de vigognes. Plusieurs en avaient des quartiers attachés sur leurs chevaux, et nous leur en avons vu manger des morceaux crus. Ils avaient aussi avec eux des chiens petits et vilains, lesquels, ainsi que leurs chevaux, boivent de l'eau de mer, l'eau douce étant fort rare sur cette côte et même sur le terrain.

Aucun d'eux ne paraissait avoir de supériorité sur les autres ; ils ne témoignaient même aucune espèce de déférence pour deux ou trois vieillards qui étaient dans cette bande. Il est très remarquable que plusieurs nous ont dit les mots espagnols suivants : *mânana, muchacho, bueno chico, capitan.* Je crois que cette nation mène la même vie que les Tartares. Errant dans les plaines immenses de l'Amérique méridionale, sans cesse à cheval, hommes, femmes et enfants, suivant le gibier ou les bestiaux dont ces plaines sont couvertes, se vêtissant et se cabanant avec des peaux, ils ont encore vraisemblablement avec les Tartares cette ressemblance, qu'ils vont piller les caravanes des voyageurs. Je terminerai cet article en disant que nous avons depuis trouvé dans la mer Pacifique une nation d'une taille plus élevée que ne l'est celle des Patagons.

Le terrain où nous débarquâmes est fort sec, et, à cela près, il ressemble beaucoup à celui des îles Malouines. Les botanistes y ont retrouvé presque toutes les mêmes plantes. Le bord de la mer était environné des mêmes goémons et couvert des mêmes coquilles. Il n'y a point de bois, mais seulement quelques broussailles. Lorsque nous avions mouillé dans la baie Boucault, la marée allait commencer à nous être contraire, et pendant le temps que nous passâmes à terre, nous remarquâmes qu'elle y montait ; donc le flot portait à l'est. C'est une remarque que nous eûmes plusieurs fois occasion de faire avec certitude dans ce voyage, et qui m'avait déjà frappé dans le premier que j'y fis. A neuf heures et demie du soir le jusant reversa dans l'ouest. Nous sondâmes à mer étale et nous trouvâmes vingt-et-une brasses d'eau ; nous n'en avions eu que dix-huit en mouillant.

Le 9 à quatre heures et demie du matin, les vents étant au nord-ouest, nous appareillâmes toutes voiles dehors contre la marée, gouvernant au sud-ouest-quart-ouest ; nous ne pûmes faire qu'une lieue, les vents ayant passé au sud-ouest grand frais ; nous laissâmes retomber l'ancre par dix-neuf brasses, sable, vase et coquilles pourries. Je ne donne point le relèvement de ce second mouillage dans la baie Boucault, parce que tous les mouillages y sont également bons. Le mauvais temps continua toute cette journée et la suivante. Le peu de chemin que nous avions fait nous avait écartés de la côte, et dans ces deux jours il n'y eut pas un instant où on eût pu mettre un bateau dehors. Les Patagons en étaient sans doute aussi fâchés que nous. On voyait la troupe rassemblée à l'endroit où nous avions débarqué, et nous crûmes distinguer, avec les longues vues, qu'ils y avaient élevé quelques huttes. Cependant, je crois que le quartier général était plus éloigné, car il allait et venait continuellement des gens à cheval. Nous regrettâmes fort de ne pouvoir pas leur porter ce que nous leur avions promis ; on les contentait à bien peu de frais.

Les variations de la marée ne nous donnèrent ici qu'une brasse d'eau de différence. Le 10, par une observation de distance de la lune à Régulus, M. Verron déduisit notre longitude occidentale à ce mouillage de soixante-treize degrés vingt-six minutes quinze secondes, et celle de l'entrée orientale du second goulet de soixante-treize degrés trente-quatre minutes trente secondes. Le thermomètre de Réaumur baissa de neuf à huit et à sept degrés.

Le 11, à minuit et demi, le vent ayant passé au nord-est, et le courant portant à l'ouest depuis une heure, je signalai l'appareillage. Nous fîmes de vains efforts pour lever notre ancre, ayant même établi sur le câble nos poulies de franc funin. A deux heures du matin, le câble rompit entre la bitte et l'écubier, et nous perdîmes ainsi notre ancre. Nous appareillâmes sous toutes voiles et ne tardâmes pas à ressentir la marée ennemie, contre laquelle un faible vent de nord-ouest suffisait à peine pour nous soutenir, quoique le courant ne soit pas à beaucoup près aussi fort dans le second goulet que dans le premier. A midi, le jusant vint à notre secours et nous passâmes le second goulet, les vents ayant varié jusqu'à trois heures après-midi qu'ils soufflèrent grand frais du sud-sud-ouest au sud-sud-est avec de la pluie et des grains violents. En deux bords, nous parvînmes au mouillage dans le nord de l'île Sainte-Élisabeth, où nous ancrâmes à deux milles de terre par sept brasses, fond de sable gris, gravier et coquillages pourris. *L'Étoile*, qui mouilla un quart de lieue plus dans le sud-est de nous, y avait dix-sept brasses d'eau.

Le vent contraire, accompagné de grains violents, de pluie et de grêle, nous força de passer ici le 11 et le 12. Ce dernier jour après-midi, nous mîmes un canot dehors pour aller sur l'île Sainte-Élisabeth. Nous débarquâmes dans la partie du nord-est de l'île. Ses côtes sont élevées et à pic, excepté à la pointe du sud-ouest et à celle du sud-est, où les terres s'abaissent. On peut cependant aborder partout, attendu que sous les terres coupées il règne une petite plage. Le terrain de l'île est fort sec ; nous n'y trouvâmes d'autre eau que celle d'un petit étang dans la partie du sud-ouest, et elle y était saumâtre. Nous vîmes aussi plusieurs marais asséchés, où la terre est en quelques endroits couverte d'une légère croûte de sel. Nous rencontrâmes des outardes, mais en petit nombre et si farouches, que l'on ne put jamais les approcher assez pour les tirer ; elles étaient cependant sur leurs œufs. Il parait que les sauvages viennent dans cette île. Nous y avons trouvé un chien mort, des traces de feu et les débris de plusieurs repas de coquillages. Il n'y a point de bois, et on ne peut y faire du feu qu'avec une espèce de petite bruyère. Déjà même nous en avions ramassé, craignant d'être obligés de passer la nuit sur cette île où le mauvais temps nous retint jusqu'à neuf heures du soir ; nous n'y eussions pas été mieux couchés que nourris. Le thermomètre, pendant les deux jours que nous passâmes ici, fut à huit et demi, à sept et demi et à sept degrés.

Navigation depuis l'île Sainte-Élisabeth jusqu'à la sortie du détroit de Magellan.— Détails nautiques sur cette navigation.

Ous allions entrer dans la partie boisée du détroit de Magellan, et les premiers pas difficiles étaient franchis. Ce ne fut que le 13 après-midi que, le vent étant venu au nord-ouest, nous appareillâmes malgré sa violence et fîmes route dans le canal qui sépare l'île Sainte-Élisabeth des îles Saint-Barthélemy et aux Lions. Il fallait soutenir de la voile, quoiqu'il nous vint presque continuellement de cruelles rafales par-dessus les hautes terres de Sainte-Élisabeth, que nous étions contraints de ranger pour éviter les bâtures qui se prolongent autour des deux autres îles. La marée en canal portait au sud et nous parut très forte. Nous vinmes attaquer la terre du continent au-dessous du *cap Noir ;* c'est où la côte commence à être couverte de bois, et le coup d'œil en est ici assez agréable. Elle court vers le sud et les marées n'y sont plus aussi sensibles.

Nous eûmes du vent très frais et par rafales jusqu'à six heures du soir ; il calma ensuite et devint maniable. Nous prolongeâmes la côte environ à une lieue de distance par un temps clair et serein, nous flattant de doubler pendant la nuit *le cap Rond*, et d'avoir alors, en cas de mauvais temps, *le port Famine* sous le vent à nous. Vains projets ; à minuit et demi, les vents sautèrent tout d'un coup au sud-ouest, la côte s'embruma, les grains violents et continuels amenèrent avec eux la pluie et la grêle ; enfin le temps devint aussi mauvais qu'il paraissait beau l'instant d'auparavant. Telle est la nature de ce climat ; les variations dans le temps s'y succèdent avec une telle promptitude, qu'il est impossible de prévoir leurs rapides et dangereuses révolutions. Notre grande voile ayant été déchirée sur ses cargues, nous fûmes obligés de louvoyer sous la misaine, la grande voile d'étai et les huniers tous les ris pris, pour tâcher de doubler *la pointe Sainte-Anne*, et de nous mettre à l'abri dans la baie Famine. C'était une lieue à gagner dans le vent, et jamais nous ne pûmes en venir à bout. Comme les bordées étaient courtes, que nous étions obligés de virer vent arrière, et qu'un fort courant nous entraînait dans un grand enfoncement de la terre de Feu, nous perdîmes trois lieues en neuf heures de cette allure funeste, et il fallut se résoudre à aller chercher le long de la côte un mouillage qui fût sous le vent. Nous la rangeâmes la sonde à la main, et vers onze heures du matin nous mouillâmes à un mille de terre par huit brasses et demie de sable vaseux, dans une baie que je nommai *la baie Duclos*, du nom de M. Duclos Guyot, capitaine de brûlot, mon second dans ce voyage, et dont les lumières et l'expérience m'ont été du plus grand secours.

Cette baie, ouverte à l'est, a très peu d'enfoncement. Sa pointe du nord avance un peu plus au large que celle du sud, et de l'une à l'autre il peut y avoir une lieue de distance. Il y a bon fond dans toute la baie, on trouve six et huit brasses d'eau jusqu'à un câble de terre. C'est un excellent mouillage, puisque les vents d'ouest, qui sont ici les vents régnants et qui soufflent avec impétuosité, viennent pardessus la côte, laquelle y est fort élevée. Deux petites rivières se déchargent dans la baie ; l'eau est saumâtre à leur embouchure, mais à cinq cents pas au-dessus elle est très bonne. Une espèce de prairie règne le long du débarquement, lequel est de sable ; les bois s'élèvent ensuite en amphithéâtre, mais le pays est presque dénué d'animaux. Nous y avons parcouru une grande étendue de terrain sans voir d'autre gibier que deux au trois bécassines, quelques sarcelles, canards et outardes en fort petite quantité ; nous y avons aussi aperçu quelques perruches ; nous n'aurions pas cru qu'on en pût trouver dans un climat aussi froid.

Nous trouvâmes à l'embouchure de la rivière la plus méridionale sept cabanes faites avec des branches d'arbres entrelacées et de la forme d'un four ; elles paraissaient récemment construites et étaient remplies de coquilles calcinées, de moules et de lépas. Nous remontâmes cette rivière assez loin, et nous vîmes quelques traces d'hommes. Pendant le temps que nous passâmes à terre, la mer y monta d'un pied, et le courant alors venait de la mer orientale ; observation contraire à celles faites depuis le cap des Vierges, puisque nous avions vu jusque-là les eaux augmenter lorsque le courant sortait du détroit ; mais il me semble, d'après diverses observations, que lorsqu'on a passé les goulets, les marées cessent d'être réglées dans toute la partie du détroit qui court nord et sud. La quantité de canaux dont y est coupée la terre de Feu paraît devoir produire dans le mouvement des eaux une grande irrégularité. Pendant les deux jours que nous passâmes dans ce mouillage, le thermomètre varia de huit à cinq degrés. Le 15 à midi, nous y observâmes cinquante-trois degrés vingt minutes de latitude, et ce jour-là nous occupâmes nos gens à faire du bois, le calme ne nous ayant pas permis d'appareiller.

A l'entrée de la nuit, les nuages parurent prendre leur cours vers l'occident et nous annoncer un vent favorable. Nous virâmes à pic, et effectivement, le 16 à quatre heures du matin, la brise étant venue d'où nous l'avions espérée, nous appareillâmes. Le ciel à la vérité était couvert et, suivant l'ordinaire de ces parages, le vent d'est et de nord-est était accompagné de brume et de pluie. Nous passâmes la pointe Sainte-Anne et le cap Rond. La première est unie, d'une médiocre hauteur, et couvre une baie profonde où l'ancrage est sûr et commode. C'est cette baie à laquelle le malheureux sort de la colonie de *Philippeville*, établie vers l'an 1581 par Sarmiento, a fait donner le nom de *port Famine*. Le cap Rond est une terre élevée et remarquable par la forme que désigne son nom. Les côtes dans tout cet espace sont boisées et escarpées ; celles de la terre de Feu paraissent hachées par plusieurs détroits. Leur aspect est horrible ; les montagnes y sont couvertes d'une neige bleue aussi ancienne que le monde. Entre le cap Rond et *le cap Forward*, il y a quatre baies, dans lesquelles on peut mouiller.

Deux de ces baies sont séparées par un cap dont la singularité fixa notre attention et mérite une description particulière. Ce cap, élevé de plus de cent cinquante pieds au-dessus du niveau de la mer, est tout entier composé de couches horizontales de coquilles pétrifiées.

J'ai sondé en canot au pied de ce monument qui atteste les grands changements arrivés à notre globe, et je n'y ai pas trouvé de fond avec une ligne de cent brasses.

Le vent nous conduisit jusqu'à une lieue et demie du cap Forward ; alors le calme survint et dura deux heures. J'en profitai pour aller dans le petit canot visiter les environs du cap Forward, y prendre des sondes et des relèvements. Ce cap est la pointe la plus méridionale de l'Amérique et de tous les continents connus. D'après de bonnes observations, nous avons conclu sa latitude australe de cinquante-quatre degrés cinq minutes quarante-cinq secondes. Il présente une surface à deux têtes d'environ trois quarts de lieue, dont la tête orientale est plus élevée que celle de l'ouest. La mer est presque sans fond sous le cap ; toutefois entre les deux têtes, dans une espèce de petite baie embellie par un ruisseau assez considérable, on pourrait mouiller par quinze brasses, fond de sable et de gravier ; mais ce mouillage, dangereux si le vent était au sud, ne doit servir que dans un cas forcé. Tout le cap est un rocher vif et taillé à pic ; sa cime élevée est couverte de neige. Il y croît cependant quelques arbres, dont les racines s'étendent dans les crevasses et s'y nourrissent d'une éternelle humidité. Nous avons abordé au-dessous du cap à une petite pointe de roches, sur laquelle nous eûmes peine à trouver place pour quatre personnes. Sur ce point, qui termine ou commence un vaste continent, nous arborâmes le pavillon de notre bateau, et ces antres sauvages retentirent pour la première fois de plusieurs cris de *vive le Roi !* Nous relevâmes de là le *cap Holland* à ouest quatre degrés nord ; ainsi la côte commençait à reprendre du nord.

Nous revînmes à bord à six heures du soir, et peu de temps après, les vents ayant passé au sud-ouest, je vins chercher le mouillage de la baie nommée par M. de Gennes *baie Française*. A huit heures et demie du soir, nous y jetâmes l'ancre sur dix brasses, fond de sable et de gravier, ayant les deux pointes de la baie, l'une au nord-est-quart-est cinq degrés nord, l'autre au sud cinq degrés ouest, et l'îlot du milieu au nord-est. Comme nous avions besoin de nous munir d'eau et de bois pour la traversée de la mer Pacifique, et que le reste du détroit m'était inconnu, n'étant venu dans mon premier voyage que jusqu'auprès de la baie Française, je me déterminai à y faire nos provisions, d'autant plus que M. de Gennes la représente comme très sûre et fort commode pour ce travail ; ainsi, dès le soir même, nous mîmes tous nos bateaux à la mer.

Pendant la nuit les vents firent le tour du compas, soufflant par rafales très violentes ; la mer grossit et brisait autour de nous sur un banc qui paraissait régner dans tout le fond de la baie. Les tours fréquents que les variations du vent faisaient faire au vaisseau sur son ancre, nous donnaient lieu de craindre qu'elle ne surjaulât, et nous passâmes la nuit dans une appréhension continuelle. *L'Étoile*, mouillée plus en dehors que nous, fut moins molestée. A deux heures et demie du matin, j'envoyai le petit canot sonder l'entrée de la rivière à laquelle M. de Gennes a donné son nom. La mer était basse, et il ne passa qu'après avoir échoué sur un banc qui est à l'embouchure ; il reconnut que nos chaloupes ne pourraient approcher de la rivière qu'à mer toute haute, en sorte qu'elle ferait à peine par jour un voyage. Cette difficulté, jointe à ce que le mouillage ne me paraissait pas sûr, me détermina à conduire les vaisseaux dans une petite baie à une lieue dans l'est de celle-ci. J'y avais coupé sans peine en 1765 un chargement de bois pour les Malouines, et l'équipage du vaisseau lui avait donné mon nom. Je voulus auparavant aller m'assurer si les équipages des deux navires y pourraient commodément faire leur eau. Je trouvai qu'outre le ruisseau qui tombe au fond de la baie même, lequel serait consacré aux besoins journaliers et à laver, les deux baies voisines avaient chacune un ruisseau propre à fournir aisément l'eau dont nous avions besoin, sans qu'il y eût un demi-mille à faire pour l'aller chercher.

En conséquence, le 17 à deux heures après-midi, nous appareillâmes sous le petit hunier et le perroquet de fougue, nous passâmes au large de l'îlot de la baie Française, nous donnâmes ensuite dans une passe fort étroite, et dans laquelle il y a grand fond, entre la pointe du nord de cette baie et une île élevée longue d'un demi-

quart de lieue. Cette passe conduit à l'entrée de *la baie Bougainville*, qui est encore couverte par deux autres îlots, dont le plus considérable a mérité le nom d'*îlot de l'Observatoire*. La baie ouverte
au sud-est est longue de deux cents toises et large de cinquante ;
de hautes montagnes l'environnent et la défendent de tous les vents ;
aussi la mer y est-elle toujours comme l'eau d'un bassin.

Nous mouillâmes à trois heures à l'entrée de la baie par vingt-
huit brasses d'eau, et nous envoyâmes aussitôt à terre des amarres
pour nous haler dans le fond. *L'Etoile,* qui avait mouillé son ancre
du large par un trop grand fond, chassa sur l'îlot de l'Observatoire ;
et avant qu'elle eût pu roidir les amarres portées à terre pour la
soutenir, sa poupe vint à quelques pieds de l'îlot, ayant encore au-
dessous d'elle trente brasses d'eau. La côte du nord-est de cet îlot
n'est pas aussi escarpée. Nous employâmes le reste du jour à nous
amarrer, la proue au large, ayant une ancre devant mouillée par
vingt-trois brasses de sable vaseux, une ancre à jet derrière presque
à terre, deux grelins à des arbres sur la côte de bâbord, et deux
sur *l'Etoile*, laquelle était amarrée comme nous. On trouva auprès
du ruisseau deux cabanes de branchages, lesquelles paraissaient
abandonnées depuis longtemps. J'y avais fait construire une cabane
d'écorce en 1765, dans laquelle j'avais laissé quelques présents pour
les sauvages que le hasard y conduirait, et j'avais attaché au-dessus
un pavillon blanc : on trouva la cabane détruite, le pavillon et les
présents enlevés.

Le 18 au matin, j'établis un camp à terre pour la garde des
travailleurs et des divers effets qu'il y fallait descendre ; on débar-
qua aussi toutes les pièces à l'eau pour les rebattre et les soufrer ;
on disposa des mares pour les lavandiers, et on échoua notre chaloupe
qui avait besoin d'un radoub. Nous passâmes le reste du mois de
décembre dans cette baie, où nous fîmes fort commodément notre
bois et même des planches. Tout y facilitait cet ouvrage ; les chemins
se trouvaient pratiqués dans la forêt, et il y avait plus d'arbres
abattus qu'il ne nous en fallait, reste du travail de l'équipage de
l'Aigle en 1765. Nous y avons aussi donné une demi-bande et monté

Cap Forward.

dix-huit canons. *L'Étoile* eut même le bonheur d'étancher sa voie d'eau, laquelle depuis le départ de Montevideo était tout aussi considérable qu'avant sa demi-carène à la Encenada. En élevant tout à fait son avant et levant quelques planches de son doublage, on trouva que l'eau entrait par l'écart de son étrave, qui est de deux pièces. On y remédia, et ce fut pour toute la campagne un grand soulagement à l'équipage de cette flûte, qu'écrasait l'exercice journalier de la pompe.

M. Verron avait dès les premiers jours établi ses instruments sur l'îlot de l'Observatoire ; mais il y passa vainement la plus grande partie de ses nuits. Le ciel de cette contrée, ingrat pour l'astronomie, lui a refusé toute observation de longitude ; il n'a pu que déterminer, par trois observations faites au quart de cercle, la latitude australe de l'îlot, de cinquante-trois degrés cinquante minutes vingt-cinq secondes. Il y a aussi déterminé l'établissement de l'entrée de la baie de zéro heure cinquante-neuf minutes ; l'élévation des eaux dans les plus grandes marées n'a jamais excédé dix pieds. Pendant notre séjour ici, le thermomètre a communément été entre huit et neuf degrés ; il a baissé jusqu'à cinq degrés, et le plus haut qu'il ait monté a été à douze degrés et demi. Le soleil alors paraissait sans nuages, et ses rayons, peu connus ici, faisaient fondre une partie de la neige sur les montagnes du continent. M. de Commerçon, accompagné de M. le prince de Nassau, profitait de ces journées pour herboriser. Il fallait vaincre des obstacles de tous les genres, mais ce terrain âpre avait à ses yeux le mérite de la nouveauté, et le détroit de Magellan a enrichi ses cahiers d'un grand nombre de plantes inconnues et intéressantes. La chasse et la pêche n'étaient pas aussi heureuses ; jamais elles n'ont rien produit, et le seul quadrupède que nous ayons vu ici a été un renard presque semblable à ceux d'Europe, qui fut tué au milieu des travailleurs.

Nous fîmes aussi plusieurs voyages pour reconnaître les côtes voisines du continent et de la terre de Feu ; la première tentative fut infructueuse. J'étais parti le 22 à trois heures du matin avec MM. de Bournand et du Bouchage, dans l'intention d'aller jusqu'au cap Holland et de visiter les mouillages qui pourraient se trouver dans cette étendue. A notre départ il faisait calme et le plus beau temps du monde. Une heure après il se leva une petite brise du nord-ouest, et sur-le-champ le vent sauta au sud-ouest, grand frais. Nous luttâmes contre ce vent contraire pendant trois heures, nageant à l'abri de la côte, et nous gagnâmes avec peine l'embouchure d'une petite rivière qui se décharge dans une anse de sable protégée par la tête orientale du cap Forward. Nous y relâchâmes, comptant que le mauvais temps ne serait pas de longue durée. L'espérance que nous en eûmes ne servit qu'à nous faire percer de pluie et transir de froid. Nous avions construit dans le bois une cabane de branches d'arbres pour y passer la nuit moins à découvert. Ce sont les palais des naturels de ce pays; mais il nous manquait leur habitude d'y loger. Le froid et l'humidité nous chassèrent de notre gîte, et nous fûmes contraints de nous réfugier auprès d'un grand feu que nous nous appliquâmes à entretenir, tâchant de nous défendre de la pluie avec la voile du petit canot. La nuit fut affreuse, le vent et la pluie redoublèrent, et ne nous laissèrent d'autre parti à prendre que de rebrousser chemin au point du jour. Nous arrivâmes à la frégate à huit heures du matin, trop heureux d'avoir gagné cet asile ; car bientôt le temps devint si mauvais, qu'il eût été impossible de nous mettre en route pour revenir. Il y eut pendant deux jours une tempête décidée, et la neige recouvrit toutes les montagnes. Cependant nous étions dans le cœur de l'été, et le soleil était près de dix-huit heures sur l'horizon.

Quelques jours après, j'entrepris avec plus de succès une nouvelle course pour visiter une partie des terres de Feu, et pour y chercher un pont vis-à-vis le cap Forward ; je me proposais de repasser en-suite au cap Holland et de reconnaître la côte depuis ce cap jusqu'à la baie Française, ce que nous n'avions pu faire dans la première tentative. Je fis armer d'espingoles et de fusils la chaloupe de *la Boudeuse* et le grand canot de *l'Étoile*, et le 27 à quatre heures du matin, je partis du bord avec MM. de Bournand, d'Oraison et le prince de Nassau. Nous mîmes à la voile à la pointe occidentale de

la baie Française pour traverser aux terres de Feu, où nous atterrâmes sur les dix heures à l'embouchure d'une petite rivière dans
une anse de sable, mauvaise même pour les bateaux. Toutefois, dans
un temps critique ils auraient la ressource d'entrer à mer haute dans
la rivière, où ils trouveraient un abri. Nous dînâmes sur ses bords
dans un assez joli bosquet qui couvrait de son ombre plusieurs
cabanes sauvages. De cette station, nous relevâmes la pointe du ouest
de la baie Française au nord-ouest-quart-ouest cinq degrés ouest, et
on s'en estima à cinq lieues de distance.

Après-midi nous reprîmes notre route en longeant à la rame la
terre de Feu ; il ventait peu de la partie du ouest, mais la mer était
très houleuse. Nous traversâmes un grand enfoncement dont nous
n'apercevions pas la fin. Son ouverture, d'environ deux lieues, est
coupée dans son milieu par une île fort élevée. La grande quantité
de baleines que nous vîmes dans cette partie, et les grosses houles
nous firent penser que ce pourrait bien être un détroit, lequel doit
conduire à la mer assez proche du cap de Horn. Étant presque
passés de l'autre bord, nous vîmes plusieurs feux paraître et s'étein-
dre ; ensuite ils restèrent allumés, et nous distinguâmes des sauvages sur la pointe basse d'une baie où j'étais déterminé de m'arrêter.
Nous allâmes aussitôt à leurs feux, et je reconnus la même horde
de sauvages que j'avais déjà vue à mon premier voyage dans le détroit. Nous les avions alors nommés *Pécherais*, parce que ce fut le
premier mot qu'ils prononcèrent en nous abordant, et que sans cesse
ils nous le répétaient, comme les Patagons répètent le mot *chaoua*.
La même cause nous a fait leur laisser cette fois le même nom. J'aurai
dans la suite occasion de décrire ces habitants de la partie boisée
du détroit ; le jour prêt à finir ne nous permit pas cette fois de rester
longtemps avec eux. Ils étaient au nombre d'environ quarante, hommes, femmes et enfants, et ils avaient dix ou douze canots dans une
anse voisine. Nous les quittâmes pour traverser la baie et entrer
dans un enfoncement que la nuit déjà faite nous empêcha de visiter.
Nous la passâmes sur le bord d'une rivière assez considérable, où
nous fîmes grand feu et où les voiles de nos bateaux, qui étaient

grandes, nous servirent de tentes ; d'ailleurs, au froid près, le temps
était fort beau.

Le lendemain au matin nous vîmes que cet enfoncement était un
vrai port, et nous en prîmes les sondes, ainsi que celles de la baie.
Le mouillage est très bon dans la baie depuis quarante brasses jusqu'à
douze, fond de sable, petit gravier et coquillage. On y est à l'abri de
tous les vents dangereux. Sa pointe orientale est reconnaissable par
un très gros morne que nous avons nommé *le dôme ;* dans l'ouest est
un îlot entre lequel et la côte il n'y a point passage de navire. On
entre de la baie dans le port par un goulet fort étroit, et on y trouve
dix, huit, six, cinq et quatre brasses fond de vase ; dans le goulet le
fond est de roches par quatre, cinq et six brasses ; il convient d'y
tenir le milieu, hantant même plus le côté de l'est, où il y a plus
d'eau. La beauté de ce mouillage nous a engagés à le nommer *baie
et port de Beaubassin*. Lorsqu'on n'aura qu'à attendre un vent favorable, il suffit de mouiller dans la baie. Si on veut faire du bois et
de l'eau, caréner même, on ne peut désirer un endroit plus propre à
ces opérations que le port de Beaubassin.

Je laissai ici le chevalier de Bournand, qui commandait la chaloupe, pour prendre dans le plus grand détail toutes les connaissances
relatives à cet endroit important, avec ordre de retourner ensuite
aux vaisseaux. Pour moi, je m'embarquai dans le canot de *l'Etoile*
avec M. Landais, l'un des officiers de cette flûte qui le commandait,
et je continuai mes recherches. Nous fîmes route à l'ouest et visitâmes d'abord une île que nous tournâmes, et tout autour de laquelle
on peut mouiller par vingt-cinq, vingt-et-une et dix-huit brasses fond
de sable et petit gravier. Sur cette île il y avait des sauvages occupés
à la pêche. En suivant la côte nous gagnâmes, avant le coucher du
soleil, une baie qui offre un excellent mouillage pour trois ou quatre
navires. Je l'ai nommée *baie de la Cormorandière,* à cause d'une
roche apparente qui en est dans l'est-sud-est environ à un mille. A
l'entrée de la baie on trouve quinze brasses d'eau, huit et neuf dans
le mouillage ; nous y passâmes la nuit.

Le 29 à la pointe du jour, nous sortîmes de la baie de la Cormorandière et nous naviguâmes à l'ouest, aidés d'une marée très forte. Nous passâmes entre deux îles d'une grandeur inégale que je nommai *les deux Sœurs*. Elle gisent nord-nord-est et sud-sud-ouest avec le milieu du cap Forward, dont elles sont distantes d'environ trois lieues. Un peu plus loin nous nommâmes *Pain de sucre* une montagne de cette forme très aisée à reconnaître, laquelle gît nord-nord-est et sud-sud-ouest avec la pointe la plus méridionale du même cap ; et à cinq lieues environ de la Cormorandière nous découvrîmes une belle baie avec un port superbe dans le fond ; une chute d'eau remarquable qui tombe dans l'intérieur du port me les fit nommer *baie et port de la Cascade*. Le milieu de cette baie gît nord-est et sud-ouest avec le cap Forward. La sûreté, la commodité de l'ancrage, la facilité de faire l'eau et le bois, se réunissent ici pour en faire un asile qui ne laisse rien à désirer aux navigateurs.

La cascade est formée par les eaux d'une petite rivière qui serpente dans la coupée de plusieurs montagnes fort élevées, et sa chute peut avoir cinquante à soixante toises. J'ai monté au-dessus ; le terrain y est entremêlé de bosquets et de petites plaines d'une mousse courte et spongieuse ; j'y ai cherché et n'y ai point trouvé de traces du passage d'aucun homme ; les sauvages de cette partie ne quittent guère les bords de la mer, qui fournissent à leur subsistance. Au reste, toute la portion de la terre de Feu comprise depuis l'île Sainte-Élisabeth ne me paraît être qu'un amas informe de grosses îles inégales, élevées, montueuses, et dont les sommets sont couverts d'une neige éternelle. Je ne doute pas qu'il n'y ait entre elles un grand nombre de débouquements à la mer. Les arbres et les plantes sont les mêmes ici qu'à la côte des Patagons, et, aux arbres près, le terrain y ressemble assez à celui des îles Malouines.

J'ai eu soin de faire une carte particulière de cette intéressante partie de la côte des terres de Feu. Jusqu'à présent on n'y connaissait aucun mouillage, et les navires évitaient de l'approcher. La découverte des trois ports que je viens de décrire facilitera la navigation de cette partie du détroit de Magellan. Le cap Forward en a toujours été un des points les plus redoutés des navigateurs. Il

n'est que trop ordinaire qu'un vent contraire et impétueux empêche
de le doubler ; il en a forcé plusieurs à rétrograder jusqu'à la baie de
Famine. On peut aujourd'hui mettre à profit même les vents régnants.
Il ne s'agit que de hanter la terre de Feu, et d'y gagner un des trois
mouillages ci-dessus, ce que l'on pourra presque toujours faire en
louvoyant dans un canal où il n'y a jamais de mer pour des vaisseaux. De là toutes les bordées seront avantageuses, et pour peu
que l'on s'aide des marées, qui recommencent ici à être sensibles, il
ne sera plus difficile de gagner le *port Galant*.

Nous passâmes dans le port de la Cascade une nuit fort désagréable. Il faisait grand froid, et la pluie tomba sans interruption. Elle
dura presque toute la journée du 30. A cinq heures du matin, nous
sortîmes du port et nous traversâmes à la voile avec un grand vent
et une mer très grosse pour notre faible embarcation. Nous ralliâmes le continent à peu près à égale distance du cap Holland et du
cap Forward. Il n'était pas question de songer à y reconnaître la
côte, trop heureux de la prolonger en faisant vent arrière, et en portant une attention continuelle aux rafales violentes qui nous for-
çaient d'avoir toujours la drisse et l'écoute à la main. Il s'en fallut
même très peu qu'en traversant la baie Française, un faux coup de
barre ne nous mît le canot sur la tête. Enfin j'arrivai à la frégate
environ à dix heures du matin. Pendant mon absence, M. Duclos
Guyot avait déblayé ce que nous avions à terre et tout disposé
pour l'appareillage ; aussi nous commençâmes à démarrer dans
l'après-midi.

Le 31 décembre à quatre heures du matin, nous achevâmes de
nous démarrer, et à six heures nous sortîmes de la baie en nous
faisant remorquer par nos bâtiments à rames. Il faisait calme ; à sept
heures il se leva une brise du nord-est, qui se renfonça dans la
journée, et fut assez claire jusqu'à midi ; le temps alors devint brumeux avec de la pluie. A onze heures et demie, étant à mi-canal,
nous découvrîmes et relevâmes *la Cascade* au sud-est, *le Pain de
sucre* à l'est-sud-est cinq degrés sud, le *cap Forward* à l'est-quart-
nord-est, le *cap Holland* à ouest-nord-ouest quatre degrés ouest.

De midi à six heures du soir, nous doublâmes le cap Holland. Il ventait peu, et la brise ayant molli sur le soir, le temps d'ailleurs étant fort sombre, je pris le parti d'aller mouiller dans la rade du port Galant, où nous ancrâmes à dix heures par seize brasses d'eau, fond de gros gravier, sable et petit corail, ayant le cap Galant au sud-ouest trois degrés ouest. Nous eûmes bientôt lieu de nous féliciter d'être logés : pendant la nuit, il y eut une pluie continuelle et grand vent de sud-ouest.

Nous commençâmes l'année 1768 dans cette baie nommée *baie Fortescû*, au fond de laquelle est le port Galant. Le plan de la baie et du port est fort exact dans M. de Gennes. Nous n'avons que trop eu le loisir de le vérifier, y ayant été enchaînés plus de trois semaines, avec des temps dont le plus mauvais hiver de Paris ne donne pas l'idée. Il est juste de faire un peu partager aux lecteurs le désagrément de ces journées funestes, en ébauchant le détail de notre séjour ici.

Mon premier soin fut d'envoyer visiter la côte jusqu'à la baie Élisabeth, et les îles dont le détroit de Magellan est ici parsemé ; nous apercevions du mouillage deux de ces îles, nommées par Narborough *Charles* et *Montmouth*. Il a donné à celles qui sont plus éloignées le nom d'*îles Royales* et à la plus occidentale de toutes celui d'*île Rupert*. Les vents d'ouest ne nous permettant pas d'appareiller, nous affourchâmes le 2 avec une ancre à jet. La pluie n'empêcha pas d'aller se promener à terre, où l'on rencontra les traces du passage et de la relâche de vaisseaux anglais ; savoir du bois nouvellement scié et coupé, des écorces de laurier épicé assez récemment enlevées, une étiquette en bois, telle que dans les arsenaux de marine on en met sur les pièces de filin et de toile, et sur laquelle on lisait fort distinctement *Chatham Martch. 1766 ;* on trouva aussi sur plusieurs arbres des lettres initiales et des noms avec la date de 1767.

Le 4 et le 5 suivants furent des journées horribles, de la pluie, de la neige, un froid très vif, le vent en tourmente ; c'était un temps pareil que décrivait le Psalmiste en disant : *Nix, grando. glacies, spiritus procellarum*. J'avais envoyé le 3 un canot pour tâcher de découvrir un mouillage à la terre de Feu, et on y en avait trouvé un fort bon dans le sud-ouest des îles Charles et Montmouth ; j'avais aussi fait reconnaître quelle était dans le canal la direction des marées. Je voulais avec leur secours, et ayant la ressource de mouillages connus, tant au nord qu'au sud, appareiller même avec vent contraire : mais il ne fut jamais assez maniable pour me le permettre. Au reste, pendant tout le temps de notre séjour ici, nous y remarquâmes constamment que le cours des marées, dans cette partie du détroit, est le même que dans la partie des goulets, c'est-à-dire que le flot porte à l'est et le jusant à l'ouest.

Le 6 après midi, il y avait eu quelques instants de relâche, le vent même parut venir du sud-est, et déjà nous avions désaffourché ; mais au moment d'appareiller, le vent revint à ouest-nord-ouest avec des rafales qui nous forcèrent de réaffourcher aussitôt. Ce jour-là, nous eûmes à bord la visite de quelques sauvages. Quatre pirogues avaient paru le matin à la pointe du cap Galant, et après s'y être tenues quelque temps arrêtées, trois s'avancèrent dans le fond de la baie, tandis qu'une voguait vers la frégate. Après avoir hésité pendant une demi-heure, enfin elle aborda avec des cris redoublés de *pecherais*. Il y avait dedans un homme, une femme et deux enfants. La femme demeura dans la pirogue pour la garder, l'homme monta seul à bord avec assez de confiance, et d'un air fort gai. Deux autres pirogues suivirent l'exemple de la première, et les hommes entrèrent dans la frégate avec les enfants. Bientôt ils y furent fort à leur aise. On les fit chanter, danser, entendre des instruments, et surtout manger, ce dont ils s'acquittèrent avec grand appétit. Tout leur était bon ; pain, viande salée, suif, ils dévoraient ce qu'on leur présentait. Nous eûmes même assez de peine à nous débarrasser de ces hôtes dégoûtants et incommodes, et nous ne pûmes les déterminer à rentrer dans leurs pirogues qu'en y faisant porter sous leurs yeux des morceaux de viande salée. Ils ne témoignèrent aucune surprise ni à la vue des navires, ni à celle des objets divers qu'on y offrit à leurs regards ; c'est sans doute que pour être surpris de l'ouvrage des arts, il en faut avoir quelques idées élémentaires. Ces hommes bruts traitaient les chefs-d'œuvre de l'industrie humaine comme ils traitent les lois de la nature et ses phénomènes. Pendant plusieurs jours que cette bande passa dans le port Galant, nous la revîmes souvent à bord et à terre.

Ces sauvages sont petits, vilains, maigres, et d'une puanteur insupportable. Ils sont presque nus, n'ayant pour vêtement que de mauvaises peaux de loups marins trop petites pour les envelopper, peaux qui servent également et de toits à leurs cabanes et de voiles à leurs pirogues. Ils ont aussi quelques peaux de guanaques, mais en fort petite quantité. Leurs femmes sont hideuses et les hommes semblent avoir pour elles peu d'égards. Ce sont elles qui voguent dans les pirogues et qui prennent soin de les entretenir, au point d'aller à la nage, malgré le froid, vider l'eau qui peut y entrer, dans les goémons qui servent de port à ces pirogues assez loin du rivage ; à terre, elles ramassent le bois et les coquillages, sans que les hommes prennent aucune part au travail. Les femmes mêmes qui ont des enfants à la mamelle ne sont pas exemptes de ces corvées. Elles portent sur le dos les enfants pliés dans la peau qui leur sert de vêtement.

Leurs pirogues sont d'écorces mal liées avec des joncs et de la mousse dans les coutures. Il y a au milieu un petit foyer de sable, où ils entretiennent toujours un peu de feu. Leurs armes sont des arcs faits, ainsi que les flèches, avec le bois d'une épine-vinette à feuille de houx qui est commune dans le détroit ; la corde est de boyau et les flèches sont armées de pointes de pierre, taillées avec assez d'art ; mais ces armes sont plutôt contre le gibier que contre des ennemis : elles sont aussi faibles que les bras destinés à s'en servir. Nous leur avons vu de plus des os de poisson longs d'un pied, aiguisés par le bout et dentelés sur un des côtés. Est-ce un poignard ? je crois plutôt que c'est un instrument de pêche. Ils l'adaptent à une longue perche et s'en servent en manière de harpon. Ces sauvages habitent pêle-mêle, hommes, femmes et enfants, dans les cabanes au milieu desquelles est allumé le feu. Ils se nourrissent principalement de coquillages, cependant ils ont des chiens et des lacs faits de barbe de baleine. J'ai observé qu'ils avaient tous les dents gâtées, et je crois qu'on en doit attribuer la cause à ce qu'ils mangent les coquillages brûlants, quoique à moitié crus.

Au reste, ils paraissent assez bonnes gens; mais ils sont si faibles, qu'on est tenté de ne pas leur en savoir gré. Nous avons cru remarquer qu'ils sont superstitieux et croient à des génies malfaisants : aussi chez eux les mêmes hommes qui en conjurent l'influence sont en même temps médecins et prêtres. De tous les sauvages que j'ai vus dans ma vie, les Pécherais sont les plus dénués de tout : ils sont exactement dans ce qu'on peut appeler l'état de nature, et ils ont à souffrir la dureté du plus affreux climat de l'univers. Ces Pécherais forment aussi la société d'hommes la moins nombreuse que j'aie rencontrée dans toutes les parties du monde ; cependant, comme on en verra la preuve un peu plus bas, on trouve parmi eux des charlatans. C'est que dès qu'il y a ensemble plus d'une famille, et j'entends par famille, père, mère et enfants, les intérêts deviennent compliqués, les individus veulent dominer ou par la force ou par l'imposture. Le nom de famille se change alors en celui de société, et fût-elle établie au milieu des bois, ne fût-elle composée que de cousins germains, un esprit attentif y découvrira le germe de tous les vices auxquels les hommes rassemblés en nations ont, en se poliçant, donné des noms, vices qui font naître, mouvoir et tomber les plus grands empires. Il s'ensuit du même principe que dans les sociétés dites policées, naissent des vertus dont les hommes voisins encore de l'état de nature ne sont pas susceptibles.

Le 7 et le 8 furent si mauvais qu'il n'y eut pas moyen de sortir du bord ; nous chassâmes même dans la nuit et fûmes obligés de mouiller une ancre du bossoir. Il y eut dans des instants jusqu'à quatre pouces de neige sur notre pont, et le jour naissant nous montra que toutes les terres en étaient couvertes, excepté le plat pays, dont l'humidité empêche la neige de s'y conserver. Le thermomètre fut à cinq, quatre, baissa même jusqu'à deux degrés au-dessus de la congélation. Le temps fut moins mauvais le 9 après-midi. Les Pécherais s'étaient mis en chemin pour venir à bord. Ils avaient même fait une grande toilette, c'est-à-dire qu'ils s'étaient peint tout le corps de taches rouges et blanches: mais, voyant nos canots partir du bord et voguer vers leurs cabanes, ils les suivirent; une seule pirogue fut à bord de *l'Étoile*. Elle y resta peu de temps et vint rejoindre aussitôt les autres avec lesquels nos messieurs étaient en grande amitié. Les femmes cependant étaient toutes retirées dans une même cabane, et les sauvages paraissaient mécontents lorsqu'on y voulait entrer. Ils invitaient au contraire à venir dans les autres, où ils offrirent à ces messieurs des moules qu'ils suçaient avant que de les présenter. On leur fit de petits présents qui furent acceptés de bon cœur. Ils chantèrent, dansèrent, et témoignèrent plus de gaieté que l'on n'aurait cru en trouver chez des hommes sauvages, dont l'extérieur est ordinairement sérieux.

Leur joie ne fut pas de longue durée. Un de leurs enfants, âgé d'environ douze ans, le seul de toute la bande dont la figure fût intéressante à nos yeux, fut saisi tout d'un coup d'un crachement de sang accompagné de violentes convulsions. Le malheureux avait été à bord de *l'Étoile*, où on lui avait donné des morceaux de verre et de glace, ne prévoyant pas le funeste effet qui devait suivre ce présent. Ces sauvages ont l'habitude de s'enfoncer dans la gorge et dans les narines de petits morceaux de talc. Peut-être la superstition attache-t-elle chez eux quelque vertu à cette espèce de talisman, peut-être le regardent-ils comme un préservatif contre quelque incommodité à laquelle ils sont sujets. L'enfant avait vraisemblablement fait le même usage du verre. Il avait les lèvres, les gencives et le palais coupés en plusieurs endroits, et rendait le sang presque continuellement.

Cet accident répandit la consternation et la méfiance. Ils nous soupçonnèrent sans doute de quelque maléfice, car la première action du jongleur qui s'empara aussitôt de l'enfant, fut de le dépouiller précipitamment d'une casaque de toile qu'on lui avait donnée. Il voulut la rendre aux Français et, sur le refus qu'on fit de la reprendre, il la jeta à leurs pieds. Il est vrai qu'un autre sauvage, qui sans doute aimait plus les vêtements qu'il ne craignait les enchantements, la ramassa aussitôt.

Le jongleur étendit d'abord l'enfant sur le dos dans une des cabanes, et s'étant mis à genoux entre ses jambes, il se courbait sur lui, et, avec la tête et les deux mains il lui pressait le ventre de toute sa force, criant continuellement sans qu'on pût distinguer rien d'articulé dans ses cris. De temps en temps il se levait et paraissait tenir le mal dans ses mains jointes ; il les ouvrait tout d'un coup en l'air en soufflant comme s'il eût voulu chasser quelque mauvais esprit. Pendant cette cérémonie, une vieille femme en pleurs hurlait dans l'oreille du malade à le rendre sourd. Ce malheureux cependant paraissait souffrir autant du remède que de son mal. Le jongleur lui donna quelque trêve pour aller prendre sa parure de cérémonie ; ensuite, les cheveux poudrés et la tête ornée de deux ailes blanches assez semblables au bonnet de Mercure, il recommença ses fonctions avec plus de confiance et tout aussi peu de succès. L'enfant alors paraissant plus mal, notre aumônier lui administra furtivement le baptême.

Les officiers étaient revenus à bord et m'avaient raconté ce qui se passait à terre. Je m'y transportai aussitôt avec M. de la Porte, notre chirurgien-major, qui fit apporter un peu de lait et de la tisane émolliente. Lorsque nous arrivâmes, le malade était hors de la cabane ; le jongleur, auquel il s'en était joint un autre paré des mêmes ornements, avait recommencé son opération sur le ventre, les cuisses et le dos de l'enfant. C'était pitié de les voir martyriser cette infortunée créature qui souffrait sans se plaindre. Son corps était déjà tout meurtri et les médecins continuaient encore ce barbare remède avec force conjurations. La douleur du père et de la mère, leurs larmes, l'intérêt vif de toute la bande, intérêt manifesté par des signes non équivoques, la patience de l'enfant, nous donnèrent le spectacle le plus attendrissant. Les sauvages s'aperçurent sans doute que nous partagions leur peine, du moins leur méfiance sembla-t-elle diminuée. Ils nous laissèrent approcher du malade et le major examina sa bouche ensanglantée que son père et un autre Pécherais suçaient alternativement. On eut beaucoup de peine à leur persuader de faire usage du lait ; il fallut en goûter plusieurs fois et, malgré l'invincible opposition des jongleurs, le père enfin se détermina à en faire boire à son fils; il accepta même le don de la cafetière pleine de tisane émolliente. Les jongleurs témoignaient de la jalousie contre notre chirurgien, qu'ils parurent cependant à la fin reconnaître pour un habile jongleur. Ils ouvrirent même pour lui un sac de cuir qu'ils portent toujours pendu à leur côté, et qui contient leur bonnet de plume, de la poudre blanche, du talc et les autres instruments de leur art ; mais à peine y eut-il jeté les yeux, qu'ils le refermèrent aussitôt. Nous remarquâmes aussi que, tandis qu'un des jongleurs travaillait à conjurer le mal du patient, l'autre ne semblait occupé qu'à prévenir par ses enchantements l'effet du mauvais sort qu'ils nous soupçonnaient d'avoir jeté sur eux.

Nous retournâmes à bord à l'entrée de la nuit ; l'enfant souffrait moins ; toutefois un vomissement presque continuel qui le tourmentait nous fit appréhender qu'il ne fût passé du verre dans son estomac. Nous eûmes encore lieu de croire que nos conjectures n'avaient été que trop justes. Vers les deux heures après minuit on entendit du bord des hurlements répétés ; et dès le point du jour, quoiqu'il fît un temps affreux, les sauvages, appareillèrent. Ils fuyaient sans doute un lieu souillé par la mort et des étrangers funestes qu'ils croyaient n'être venus que pour les détruire. Jamais ils ne purent doubler la pointe occidentale de la baie; dans un instant plus calme, ils remirent à la voile ; un grain violent les jeta au large et dispersa leurs faibles embarcations. Combien ils étaient empressés à s'éloigner de nous ! Ils abandonnèrent sur le rivage une de leurs pirogues qui avait besoin d'être réparée : *Satis est gentem effugisse nefandam.* Ils ont emporté de nous l'idée d'êtres malfaisants; mais qui ne leur pardonnerait le ressentiment dans cette conjoncture? Quelle perte en effet, pour une société aussi peu nombreuse, qu'un adolescent échappé à tous les hasards de l'enfance !

Le vent d'est souffla avec furie et presque sans interruption jusqu'au 13, que le jour fut assez doux; nous eûmes même dans l'après-midi quelque espérance d'appareiller. La nuit du 13 au 14 fut calme.

A deux heures et demie du matin nous avions désaffourché et viré à pic ; il fallut réaffourcher à six heures et la journée fut cruelle. Le 15 il fit soleil presque tout le jour, mais le vent fut trop fort pour que nous pussions sortir.

Le 16 au matin il faisait presque calme, la fraîcheur vint ensuite du nord et nous appareillâmes avec la marée favorable ; elle baissait alors et portait dans l'ouest. Les vents ne tardèrent pas à revenir à ouest et ouest-sud-ouest, et nous ne pûmes jamais avec la bonne marée gagner l'*île Rupert*. La frégate marchait très mal, dérivait outre mesure, et *l'Étoile* avait sur nous un avantage incroyable. Nous passâmes tout le jour à louvoyer entre l'île Rupert et une pointe du continent qu'on nomme *la pointe du Passage*, pour attendre le jusant avec lequel j'espérais gagner, ou le mouillage de *la baie Dauphine* à l'*île de Louis-le-Grand*, ou celui de *la baie Élisabeth ;* mais comme nous perdions presque à chaque bordée, j'envoyai un canot sonder dans le sud-est de l'île Rupert, avec intention d'y aller mouiller jusqu'au retour de la marée favorable. Le canot signala un mouillage et y resta sur son grappin ; mais nous en étions déjà tombés beaucoup sous le vent. Nous courûmes un bord à terre pour tâcher de le gagner en revirant ; la frégate refusa deux fois de prendre vent devant, il fallut virer vent arrière ; mais au moment où, à l'aide de la manœuvre et de nos bateaux, elle commença à arriver, la force de la marée la fit revenir au vent : un courant violent nous avait déjà entraînés à une demi-encablure de terre ; je fis mouiller sur huit brasses de fond : l'ancre tombée sur des roches chassa, sans que la proximité où nous étions de la terre permit de filer du câble ; déjà nous n'avions plus que trois brasses et demie d'eau sous la poupe, et nous n'étions qu'à trois longueurs de navire de la côte, lorsqu'il en vint une petite brise ; nous fîmes aussitôt servir nos voiles, et la frégate s'abattit ; tous nos bateaux et ceux de *l'Étoile*, venus à notre secours étaient devant elle à la remorque ; nous filions le câble sur lequel on avait mis une bouée, et il y en avait près de la moitié dehors, lorsqu'il se trouva engagé dans l'entrepont et fit faire tête à la frégate, qui courut alors le plus grand danger. On coupa le câble, et la promptitude de la manœuvre sauva le bâtiment. La brise ensuite se renforça, et après avoir encore couru deux bords inutilement, je pris le parti de retourner dans la baie du port Galant, où nous mouillâmes à huit heures du soir par vingt brasses d'eau fond de vase. Nos bateaux, que j'avais laissés pour lever notre ancre, revinrent à l'entrée de la nuit avec l'ancre et le câble. Nous n'avions donc eu cette apparence de beau temps que pour être livrés à des alarmes cruelles.

La journée qui suivit fut plus orageuse encore que toutes les précédentes. Le vent élevait dans le canal des tourbillons d'eau à la hauteur des montagnes ; nous en voyions quelquefois plusieurs en même temps courir dans des directions opposées. Le temps parut s'adoucir vers les dix heures : mais à midi un coup de tonnerre, le seul que nous ayons entendu dans le détroit, fut comme le signal auquel le vent recommença avec plus de furie encore que le matin ; nous chassâmes et fûmes contraints de mouiller notre grande ancre et d'amener basses vergues et mâts de hune. Cependant les arbustes et les plantes étaient en fleurs et les arbres offraient une verdure assez brillante, mais qui ne suffisait pas pour dissiper la tristesse, qu'avait répandue sur nous le coup d'œil continué de cette région funeste. Le caractère le plus gai serait assombri dans ce climat affreux que fuient également les animaux de toute espèce, et où languit une poignée d'hommes que notre commerce venait de rendre encore plus infortunés.

Il y eut le 18 et le 19 des intervalles dans le mauvais temps ; nous relevâmes notre grande ancre, hissâmes nos basses vergues et mâts de hune, et j'envoyai le canot de *l'Etoile*, que sa solidité rendait capable de sortir presque de tout temps, pour reconnaître l'entrée du *canal de la Sainte-Barbe*. Le canot fut de retour le 20, et M. Landais, qui le commandait, me rapporta qu'ayant suivi la route et les remarques indiquées par l'extrait du journal de M. Marcant, qui l'a découvert et y a passé, il n'avait point trouvé de débouquement, mais seulement un canal étroit terminé par des banquises de glace et la terre, canal d'autant plus dangereux à suivre qu'il n'y a dans la route aucun bon mouillage, et qu'il est traversé presque dans son milieu par un banc couvert de moules. Il fit ensuite le tour de l'île de Louis-le-Grand par le sud, et rentra dans le canal de Magellan sans en avoir trouvé aucun autre.

Ce rapport me fit penser que le vrai canal de la Sainte-Barbe était vis-à-vis la baie même où nous étions.

La connaissance parfaite du canal de la Sainte-Barbe serait d'autant plus intéressante qu'elle abrégerait considérablement le passage du détroit de Magellan. Il n'est pas fort long de parvenir jusqu'au port Galant ; le point le plus épineux avant que d'y arriver est de doubler le cap Forward, ce que la découverte de trois ports à la terre de Feu rend à présent assez facile : une fois rendus au port Galant, si les vents défendent le canal ordinaire, pour peu qu'ils prennent du nord, on aurait le débouquement ouvert vis-à-vis de ce port ; vingt-quatre heures alors suffisent pour entrer dans la mer du sud J'avais intention d'envoyer deux canots dans ce canal, que je crois fermement être celui de la Sainte-Barbe, lesquels auraient rapporté la solution complète du problème. Le gros temps ne me l'a pas permis.

Le 21, le 22 et le 23, les rafales, la neige et la pluie durèrent presque sans relâche. Dans la nuit du 21 au 22, il y avait eu un intervalle de calme ; il sembla que le vent ne nous donnait ce moment de repos que pour rassembler toute sa furie et fondre sur nous avec plus d'impétuosité. Un ouragan affreux vint tout d'un coup de la partie du sud-sud-ouest et souffla d'une manière à étonner les plus anciens marins. Les deux navires chassèrent, il fallut mouiller la grande ancre, amener basses vergues et mâts de hune, notre artimon fut emporté sur ses cargues. Cet ouragan ne fut heureusement pas long. Le 24, le temps s'adoucit, il fit même beau soleil et calme et nous nous remîmes en état d'appareiller. Depuis notre rentrée au port Galant, nous y avions pris quelques tonneaux de lest et changé notre arrimage pour tâcher de retrouver la marche de la frégate ; nous réussîmes à lui en rendre une partie. Au reste, toutes les fois qu'il faudra naviguer au milieu des courants, on éprouvera toujours beaucoup de difficultés à manœuvrer des bâtiments aussi longs que le sont nos frégates.

Le 25 à une heure après minuit, nous désaffourchâmes et virâmes à pic ; à trois heures nous appareillâmes en nous faisant remorquer par nos bâtiments à rames ; la fraicheur venait du nord ; à cinq heures et demie, la brise se décida de l'est et nous mîmes tout dehors, perroquets et bonnettes, voilures dont il est bien rare de pouvoir se servir ici. Nous passâmes à mi-canal, suivant les sinuosités de cette partie du détroit que Narborough nomme avec raison *le bras tortueux*. Entre *les îles Royales* et le continent, le détroit peut avoir deux lieues ; il n'y a pas plus d'une lieue de canal entre l'île Rupert et la pointe du Passage, ensuite une lieue et demie entre l'île de Louis-le-Grand et la baie Élisabeth, sur la pointe orientale de laquelle il y a une bâture couverte de goémons qui avance un quart de lieue au large.

Depuis la baie Élisabeth, la côte court à l'ouest-nord-ouest pendant environ deux lieues jusqu'à la rivière que Narborough appelle *Batchelor* et Beauchesne *du Massacre*, à l'embouchure de laquelle il y a un mouillage. Cette rivière est facile à reconnaître ; elle sort d'une vallée profonde; à l'ouest elle a une montagne fort élevée, sa pointe occidentale est basse et couverte de bois et la côte y est sablonneuse. De la rivière du Massacre à l'entrée du *faux détroit* ou *canal Saint-Jérôme*, j'estime trois lieues de distance, et le gisement est le nord-ouest-quart-ouest. L'entrée de ce canal paraît avoir une demi-lieue de largeur, et dans le fond on voit les terres revenir vers le nord. Quand on est par le travers de la rivière du Massacre, on n'aperçoit que ce faux détroit, et il est facile de le prendre pour le véritable, ce qui même nous arriva, parce que la côte alors revient à l'ouest-quart-sud-ouest et l'ouet-sud-ouest jusqu'au *cap Quade*, qui, s'avançant beaucoup, paraît croisé avec la pointe occidentale de l'île de Louis-le-Grand, sans laisser apercevoir de débouché. Au reste, une route sûre pour ne pas manquer le véritable canal, est de suivre toujours la côte de l'île de Louis-le-Grand, qu'on peut ranger de près sans aucun danger. La distance du canal Saint-Jérôme au cap Quade est d'environ quatre lieues, et ce cap gît est-quart-nord-est deux degrés est et ouest-quart-sud-ouest deux degrés ouest avec la pointe occidentale de l'île de Louis-le-Grand.

Cette île peut avoir quatre lieues de longueur. Sa côte septentrionale court à l'ouest-nord-ouest jusqu'à *la baie Dauphine*, dont la profondeur est d'environ deux milles sur une demi-lieue d'ouverture ; elle court ensuite à l'ouest jusqu'à son extrémité occidentale nommée *cap Saint-Louis*. Comme, après avoir reconnu notre erreur au sujet du faux détroit, nous rangeâmes l'île de Louis-le-Grand à un mille d'éloignement, nous reconnûmes fort distinctement *le port Phelippeaux*, qui nous parut une anse fort commode et bien à l'abri. A midi, le cap Quade nous restait à l'ouest-quart-sud-ouest deux degrés sud deux lieues, et le cap Saint-Louis à l'est-quart-nord-est environ deux lieues et demie. Le beau temps continua le reste du jour, et nous cinglâmes toutes voiles hautes.

Depuis le cap Quade, le détroit s'avance dans l'ouest-nord-ouest et nord-ouest-quart-ouest sans détour sensible, ce qui lui a fait donner le nom de *longue rue*. La figure du cap Quade est remarquable. Il est composé de rochers escarpés, dont ceux qui forment sa tête chenue ne ressemblent pas mal à d'antiques ruines. Jusqu'à lui les côtes sont partout boisées et la verdure des arbres adoucit l'aspect des cimes gelées des montagnes. Le cap Quade doublé, le pays change de nature. Le détroit n'est plus bordé des deux côtés que par des rochers arides, sur lesquels il n'y a pas apparence de terre. Leur sommet élevé est toujours couvert de neige et les vallées profondes sont remplies par d'immenses amas de glaces, dont la couleur atteste l'antiquité. Narborough, frappé de cet horrible aspect, nomma cette partie *la Désolation du Sud ;* aussi ne saurait-on rien imaginer de plus affreux.

Lorsqu'on est par le travers du cap Quade, la côte des terres de Feu paraît terminée par un cap avancé qui est le *cap Mundai*, lequel j'estime être à quinze lieues du cap Quade. A la côte du continent, on aperçoit trois caps auxquels nous avons imposé des noms. Le premier, que sa figure nous fit nommer *cap Fendu*, est à cinq lieues environ du cap Quade, entre deux belles baies où l'ancrage est très sûr, si le fond y est aussi bon que nous a paru être l'abri. Les deux autres caps ont reçu les noms de nos vaisseaux, le *cap de l'Etoile* à trois lieues de l'ouest du cap Fendu, et le *cap de la Boudeuse* dans le même gisement et la même distance avec celui de *l'Etoile*. Toutes ces terres sont hautes et escarpées ; l'une et l'autre côte paraît saine et garnie de bons mouillages, mais heureusement le vent, favorable pour notre route, ne nous a pas laissé le temps de les sonder. Le détroit dans la longue rue peut avoir deux lieues de largeur; il se rétrécit vis-à-vis le cap Mundai, où le canal n'a guère plus de quatre milles.

A neuf heures du soir, nous étions à environ trois lieues dans l'est-quart-sud-est et est-sud-est du cap Mundai. Le vent soufflant toujours de l'est grand frais, et le temps étant beau, je résolus de continuer à faire route à petites voiles pendant la nuit. Nous serrâmes les bonnettes, et nous prîmes les ris dans les huniers. Vers dix heures du soir, le temps commença à s'embrumer et le vent renforça tellement que nous fûmes contraints d'embarquer nos bateaux. Il plut beaucoup et la nuit devint si noire à onze heures que nous perdîmes la terre de vue. Une demi-heure après, m'estimant par le travers du cap Mundai, je fis signal de mettre en panne, stribord au vent, et nous passâmes ainsi le reste de la nuit, éventant, ou masquant, suivant que nous nous estimions trop près de l'une ou de l'autre côte. Cette nuit a été une des plus critiques de tout le voyage.

A trois heures et demie, l'aube matinale nous découvrit la terre et je fis servir. Nous gouvernâmes à ouest-quart-nord-ouest jusqu'à huit heures, et de huit heures à midi entre l'ouest-quart-nord-ouest et l'ouest-nord-ouest. Le vent était toujours à l'est petit frais très brumeux ; de temps en temps nous apercevions quelque partie de la côte, plus souvent nous la perdions de vue tout à fait. Enfin à midi nous eûmes connaissance du *cap des Piliers* et des Évangélistes. On ne voyait ces derniers que du haut des mâts. A mesure que nous avancions du côté du cap des Piliers, nous découvrions avec joie un horizon immense qui n'était plus borné par les terres, et une grosse lame venant de l'ouest nous annonçait le grand océan. Le vent ne resta pas à l'est, il passa à ouest-sud-ouest et nous courûmes au nord-ouest jusqu'à deux heures et demie que nous relevâmes le cap des Victoires au nord-ouest, et le cap des Piliers au sud trois degrés ouest.

Lorsqu'on a dépassé le cap Mundai, la côte septentrionale se courbe en arc, et le canal s'ouvre jusqu'à quatre, cinq et six lieues de largeur. Je compte environ seize lieues du cap Mundai au cap des Piliers, qui termine la côte méridionale du détroit. La direction du canal entre ces deux caps est le ouest-quart-nord-ouest. La côte du sud y est haute et escarpée, celle du nord est bordée d'îles et de rochers qui en rendent l'approche dangereuse : il est plus prudent de ranger la partie méridionale. Je ne saurais rien dire de plus sur ces dernières terres ; à peine les avons-nous vues dans quelques courts intervalles pendant lesquels la brume nous permettait d'en apercevoir des portions. La dernière terre dont on ait la vue à la côte du nord est le cap des Victoires, lequel paraît être de médiocre hauteur, ainsi que le *cap Désiré*, qui est en dehors du détroit à la terre de Feu, environ à deux lieues dans le sud-ouest du cap des Piliers. La côte entre ces deux caps est bordée, à près d'une lieue au large, de plusieurs îlots ou brisants connus sous le nom des *douze Apôtres*.

Le cap des Piliers est une terre très élevée, ou plutôt une grosse masse de rochers, qui se termine par deux roches coupées en forme de tours, inclinées vers le nord-ouest, et qui font la pointe du cap. A six ou sept lieues dans le nord-ouest de ce cap, on voit quatre îlots nommés les Évangélistes : trois sont ras ; le quatrième, qui a la figure d'un meulon de foin, est assez éloigné des autres. Ils sont dans le sud-sud-ouest et à quatre ou cinq lieues du cap des Victoires. Pour sortir du détroit, on peut en passer indifféremment au nord ou au sud ; je conseillerais d'en passer au sud, si l'on voulait y rentrer. Il convient aussi alors de ranger la côte méridionale : celle du nord est bordée d'îlots et paraît coupée par de grandes baies qui pourraient occasionner des erreurs dangereuses.

Depuis deux heures après-midi, les vents varièrent du ouest-sud-ouest au ouest-nord-ouest, grand frais ; nous louvoyâmes jusqu'au coucher du soleil, toutes voiles hautes, afin de doubler les douze Apôtres. Nous eûmes assez longtemps la crainte de n'en pas venir à bout, et d'être forcés à passer la nuit dans le détroit, ce qui nous y eût pu retenir encore plus d'un jour : mais vers six heures du soir, les bordées adonnèrent ; à sept heures, le cap des Piliers était doublé ; à huit heures, nous étions entièrement dégagés des terres et un bon vent de nord nous faisait avancer à pleines voiles dans la mer occidentale. Nous fîmes alors un relèvement d'où je pris mon point de départ par......... cinquante-deux degrés cinquante minutes de latitude australe....... et soixante-dix-neuf degrés neuf minutes de longitude occidentale de Paris.

C'est ainsi qu'après avoir essuyé pendant vingt-six jours au port Galant des temps constamment mauvais et contraires, trente-six heures d'un bon vent, tel que jamais nous n'eussions osé l'espérer, ont suffi pour nous amener dans la mer Pacifique ; exemple, que je crois être unique, d'une navigation sans mouillage depuis le port Galant jusqu'au débouquement.

J'estime la longueur entière du détroit, depuis le cap des Vierges jusqu'au cap des Piliers, d'environ cent quatorze lieues. Nous avons employé cinquante-deux jours à les faire. Je répéterai ici que depuis le cap des Vierges jusqu'au cap Noir, nous avons observé constamment que le flot porte dans l'est, et le jusant ou l'Èbe dans l'ouest, et que les marées y sont très fortes ; qu'elles ne sont pas à beaucoup près aussi rapides depuis le cap Noir jusqu'au port Galant, et que leur cours y est irrégulier ; qu'enfin, depuis le port Galant jusqu'au cap Quade, les courants sont violents ; que nous ne les avons pas trouvés fort sensibles depuis ce cap jusqu'à celui des Piliers ; mais que, dans toute cette partie depuis le port Galant, les eaux sont assujetties à la même loi qui les meut depuis le cap des Vierges, c'est-à-dire que le flot y court vers la mer de l'est, et le jusant vers celle de l'ouest. Je dois en même temps avertir que cette assertion sur la direction des marées dans le détroit de Magellan est absolument contraire à ce que les autres navigateurs disent y avoir observé à cet égard. Ce ne serait cependant pas le cas d'avoir chacun son avis.

Au reste, combien de fois n'avons-nous point regretté de ne pas avoir les journaux de Narborough et de Beauchesne, tels qu'ils sont sortis de leurs mains, et d'être obligés de n'en consulter que des extraits défigurés ? Outre l'affectation des auteurs de ces extraits à retrancher tout ce qui peut n'être qu'utile à la navigation, s'il leur échappe quelque détail qui y ait trait, l'ignorance des termes de l'art, dont un marin est obligé de se servir, leur fait prendre pour des mots vicieux des expressions nécessaires et consacrées, qu'ils remplacent par des absurdités. Tout leur but est de faire un ouvrage agréable aux femmelettes des deux sexes, et leur travail aboutit à composer un livre ennuyeux à tout le monde, et qui n'est utile à personne.

Malgré les difficultés que nous avons essuyées dans le passage du détroit de Magellan, je conseillerai toujours de préférer cette route à celle du cap de Horn, depuis le mois de septembre jusqu'à la fin de mars. Pendant les autres mois de l'année, quand les nuits sont de seize, dix-sept et dix-huit heures, je prendrais le parti de passer à mer ouverte. Le vent contraire et la grosse mer ne sont pas des dangers, au lieu qu'il n'est pas sage de se mettre dans le cas de naviguer à tâtons entre des terres. On sera sans doute retenu quelque temps dans le détroit, mais ce retard n'est pas en pure perte. On y trouve en abondance de l'eau, du bois et des coquillages, quelquefois aussi de très bons poissons ; et assurément je ne doute pas que le scorbut ne fît plus de dégât dans un équipage qui serait parvenu à la mer occidentale en doublant le cap de Horn, que dans celui qui y sera entré par le détroit de Magellan : lorsque nous en sortîmes, nous n'avions personne sur les cadres.

DEUXIÈME PARTIE

contenant la suite du voyage depuis l'entrée dans la mer occidentale jusqu'au retour en France.

Et nos jam *tertia* portat
Omnibus errantes terris et fluctibus æstas. *Virg. Liv. I.*

CHAPITRE PREMIER.

Direction de la route en sortant du détroit. — Rencontre des premières îles. — Observation sur une de ces îles. — Archipel dangereux. — Archipel de Bourbon. — Vue de Taïti. — Trafic avec les insulaires. — Mouillage à Taïti.

Epuis notre entrée dans la mer occidentale, après quelques jours de vents variables du sud-ouest au nord-ouest par l'ouest, nous eûmes promptement les vents de sud et de sud-sud-est. Je ne m'étais pas attendu à les trouver si tôt ; les vents d'ouest conduisent ordinairement jusque par les trente degrés, et j'avais résolu d'aller à l'île Juan Fernandès, pour tâcher d'y faire de bonnes observations astronomiques. Je voulais ainsi établir un point de départ assuré pour traverser cet Océan immense, dont l'étendue est marquée différemment par les différents navigateurs. La rencontre accélérée des vents de sud et de sud-est me fit renoncer à cette relâche, laquelle eût allongé mon chemin.

Lorsque nous fûmes dans la mer Pacifique, je convins avec le commandant de *l'Étoile*, qu'afin de découvrir un plus grand espace de mers, il s'éloignerait de moi dans le sud tous les matins à la distance que le temps permettrait sans nous perdre de vue, que le soir nous nous rallierions, et qu'alors il se tiendrait dans nos eaux environ à une demi-lieue. Par ce moyen, si *la Boudeuse* eût rencontré la nuit quelque danger subit, *l'Étoile* était dans le cas de manœuvrer pour nous donner les secours que les circonstances auraient comportés. Cet ordre de marche a été suivi pendant tout le voyage.

Le 30 janvier, un matelot tomba à la mer ; nos efforts lui furent inutiles, et jamais nous ne pûmes le sauver : il ventait grand frais, et la mer était très grosse.

Je dirigeai ma route pour reconnaître la terre que David, flibustier anglais, vit en 1686, sur le parallèle de vingt-sept à vingt-huit degrés sud, et qu'en 1722 Roggewin, Hollandais, chercha vainement. J'en continuai la recherche jusqu'au 17 février (1). Je ne voulus point poursuivre la recherche de *l'île de Pâques*, sa latitude n'étant point marquée d'une façon positive. Toutefois, dans la journée du 14, étant par vingt-sept degrés sept minutes de latitude observée et par cent quatre degrés douze minutes de longitude occidentale estimée, nous vîmes deux oiseaux assez semblables à des équerrets, espèce qui ne s'éloigne pas ordinairement à plus de soixante ou quatre-vingts lieues de terre ; nous vîmes aussi un paquet de ces herbes vertes qui s'attachent à la carène des navires, et ces rencontres me firent continuer la même route jusqu'au 17.

Depuis le 23 février jusqu'au 3 mars, nous eûmes, avec des calmes et de la pluie, des vents d'ouest constamment variables du sud-ouest au nord-ouest ; chaque jour, un peu avant ou après midi, nous avions à essuyer des grains accompagnés de tonnerre. D'où nous venait cette étrange nuaison sous le Tropique et dans cet Océan renommé, plus que toutes les autres mers, par l'uniformité et la fraîcheur des vents alisés de l'est au sud-est que l'on dit y régner toute l'année ? Nous serons plus d'une fois dans le cas de faire la même question.

Le thermomètre, jusqu'à ce que nous fussions sous le parallèle de quarante-cinq degrés, varia de cinq à huit degrés au-dessus de la

---

1. Il n'est pas surprenant que nous n'ayons pas rencontré cette terre, quoique nous l'ayons cherchée dans sa véritable latitude. Il s'en faut environ de dix degrés qu'elle ne soit placée exactement en longitude sur nos cartes. Les Espagnols ont envoyé du Chili, il y a deux ans, à la recherche de cette île et ils l'ont trouvée. Ils la placent entre le vingt-septième et vingt-huitième degré de latitude australe, et environ par cent treize degrés de longitude occidentale du méridien de Paris.

congélation ; il monta ensuite successivement , et lorsque nous courûmes sur les parallèles de vingt-sept à vingt-quatre,il variait de dix-
sept à dix-neuf degrés.

Il y eut sur la frégate, dès que nous fûmes sortis du détroit, des
maux de gorge presque épidémiques. Comme on les attribuait aux
eaux neigeuses du détroit,je fis mettre tous les jours dans le charnier
une pinte de vinaigre et des boulets rouges. Heureusement ces
maux de gorge cédèrent aux plus simples remèdes, et, à la fin de
février, aucun homme n'était encore sur les cadres. Nous avions
seulement quatre matelots tachés du scorbut. On eut dans ce temps
une pêche abondante de bonites et de grandes oreilles ; pendant
huit ou dix jours, on en prit assez pour donner un repas aux deux
équipages.

Nous courûmes,pendant le mois de mars,le parallèle des premières terres et îles qui sont marquées sur la carte de M. Bellin sous
le nom d'*îles de Quiros*. Le 21,nous prîmes un thon, dans l'estomac
duquel on trouva, non encore digérés,quelques petits poissons dont
les espèces ne s'éloignent jamais des côtes. C'était un indice du voisinage de quelques terres. Effectivement le 22, à six heures du
matin, on eut en même temps connaissance de quatre îlots dans le
sud-sud-est cinq degrés est et d'une petite île qui nous restait à quatre lieues dans l'ouest. Je nommai les quatre îlots *les quatre Facar-
dins ;* et comme ils étaient trop au vent, je fis courir sur la petite
île qui était devant nous. A mesure que nous l'approchâmes, nous
découvrîmes qu'elle est bordée d'une plage de sable très unie , et
que tout l'intérieur est couvert de bois touffus, au-dessus desquels
s'élèvent les tiges fécondes des cocotiers. La mer brisait assez au
large au nord et au sud, et une grosse lame qui battait toute la côte
de l'est nous défendait l'accès de l'île dans cette partie. Cependant
la verdure charmait nos yeux et les cocotiers nous offraient partout leurs fruits et leur ombre sur un gazon émaillé de fleurs ; des
milliers d'oiseaux voltigeaient autour du rivage et semblaient annoncer une côte poissonneuse; on soupirait après la descente. Nous
crûmes qu'elle serait plus facile dans la partie occidentale,et nous sui-

vîmes la côte à la distance d'environ deux milles. Partout nous vîmes la mer briser avec la même force, sans une seule anse, sans la moindre *crique* qui pût servir d'abri et rompre la lame. Perdant ainsi toute espérance de pouvoir y débarquer, à moins d'un risque évident de briser les bateaux, nous remettions le cap en route, lorsqu'on cria qu'on voyait deux ou trois hommes accourir au bord de la mer. Nous n'eussions jamais pensé qu'une île aussi petite pût être habitée, et ma première idée fut que sans doute quelques Européens y avaient fait naufrage. J'ordonnai aussitôt de mettre en panne, déterminé à tenter tout pour les sauver. Ces hommes étaient rentrés dans le bois ; bientôt après ils en sortirent au nombre de quinze ou vingt et s'avancèrent à grands pas ; ils étaient nus et portaient de fort longues piques qu'ils vinrent agiter vis-à-vis les vaisseaux avec des démonstrations de menaces ; après cette parade ils se retirèrent sous les arbres, où on distingua des cabanes avec les longues vues. Ces hommes nous parurent fort grands et d'une couleur bronzée. J'ai nommé l'île qu'ils habitent *l'île des Lanciers*. Étant à moins d'une lieue dans le nord-est de cette île, je fis signal à *l'Etoile* de sonder ; elle fila deux cents brasses de ligne sans trouver de fond.

Depuis ce jour, nous diminuâmes de voiles dans la nuit, craignant de rencontrer tout d'un coup quelques-unes de ces terres basses dont les approches sont si dangereuses. Nous fûmes obligés de *rester en travers* une partie de la nuit du 22 au 23, le temps s'étant mis à l'orage avec grand vent, de la pluie et du tonnerre. Au point du jour, nous vîmes une terre qui s'étendait par rapport à nous depuis le nord-est-quart-nord jusqu'au nord-nord-ouest. Nous courûmes dessus, et à huit heures nous étions environ à trois lieues de sa pointe orientale. Alors, quoiqu'il régnât une espèce de brume, nous aperçûmes des brisants le long de cette côte qui paraissait très basse et couverte d'arbres. Nous revirâmes donc au large, en attendant qu'un ciel plus clair nous permît de nous rapprocher de la terre avec moins de risque ; c'est ce que nous pûmes faire vers les dix heures. Parvenus à une lieue de l'île, nous la prolongeâmes, cherchant à découvrir un endroit propice au débarquement ; nous n'avions pas de fond avec

une ligne de cent vingt brasses. Une barre sur laquelle la mer brisait
avec furie bordait toute la côte, et bientôt nous reconnûmes que cette
île n'était formée que par deux langues de terre fort étroites qui se
rejoignent dans la partie du nord-ouest, et qui laissent une ouverture au sud-est entre leur pointe. Le milieu de cette île est ainsi
occupé par la mer dans toute sa longueur, qui est dix à douze lieues
sud-est et nord-ouest ; en sorte que la terre présente une espèce de
fer à cheval très allongé dont l'ouverture est au sud-est.

Les deux langues de terre ont si peu de largeur que nous apercevions la mer au-delà de celle du nord. Elles ne paraissaient être
composées que par des dunes de sable entrecoupées de terrains bas
dénués d'arbres et de verdure. Les dunes plus élevées sont couvertes de cocotiers et d'autres arbres plus petits et très touffus. Nous
aperçûmes après midi des pirogues qui naviguaient dans l'espèce de
lac que cette île embrasse, les unes à la voile, les autres avec des
pagaies. Les sauvages qui les conduisaient étaient nus. Le soir
nous vîmes un assez grand nombre d'insulaires dispersés le long de
la côte. Ils nous parurent avoir aussi à la main de ces longues lances
dont nous menaçaient les habitants de la première île ; nous n'avions
encore trouvé aucun lieu où nos canots pussent aborder. Partout la
mer écumait avec une égale force. La nuit suspendit nos recherches;
nous la passâmes à louvoyer sous les huniers ; et n'ayant découvert
le 24 au matin aucun lieu d'abordage, nous poursuivîmes notre
route et renonçâmes à cette île inaccessible, que je nommai, à cause
de sa forme, *l'île de la Harpe*. Au reste, cette terre si extraordinaire
est-elle naissante ? est-elle en ruines ? Comment est-elle peuplée ?
Ses habitants sont grands et bien proportionnés. J'admire leur courage, s'ils vivent sans inquiétude sur ces bandes de sable qu'un
ouragan peut d'un moment à l'autre ensevelir dans les eaux. Il est
vrai qu'ils ont des pirogues avec lesquelles ils peuvent se trans-
planter dans les îles voisines et que leur bagage est peu considérable.

Le même jour à cinq heures du soir, on aperçut une nouvelle
terre à la distance de sept à huit lieues : l'incertitude de sa position,

le temps inconstant par grains et orages et l'obscurité nous forcèrent à passer encore cette nuit à louvoyer. Le 25 au matin, nous
pûmes accoster la terre, que nous reconnûmes être une île très basse,
laquelle s'étendait du sud-est au nord-ouest, dans une étendue d'environ vingt-quatre milles. Jusqu'au 27, nous continuâmes à naviguer
au milieu d'îles basses et en partie noyées, dont nous examinâmes
encore quatre, toutes de la même nature, toutes inabordables, et qui
ne méritaient pas que nous perdissions notre temps à les visiter.
J'ai nommé *l'Archipel dangereux* cet amas d'îles dont nous avons
vu onze, et qui sont probablement en plus grand nombre. La navigation est extrêmement périlleuse au milieu de ces terres basses,
hérissées de brisants et semées d'écueils, où il convient d'user, la
nuit surtout, des plus grandes précautions.

Je me déterminai à faire reprendre du sud à la route, afin de sortir
de ces parages dangereux. Effectivement, dès le 28, nous cessâmes
de voir des terres. Quiros a le premier découvert en 1606 la partie
méridionale de cette chaîne d'îles, qui s'étend sur l'ouest-nord-ouest
et dans laquelle l'amiral Roggevin s'est trouvé engagé en 1722 vers
le quinzième parallèle ; il la nomma *le Labyrinthe.*

Le thermomètre dans ce mois a été constamment de dix-neuf à
vingt degrés, même entre les terres. A la fin du mois, nous avons eu
cinq jours de vent d'ouest avec des grains et des orages qui se suc-
cédaient presque sans interruption. La pluie fut continuelle ; aussi
le scorbut se déclara-t-il sur huit ou dix matelots. L'humidité est un
des principes les plus actifs de cette maladie. On leur donnait tous
les jours à chacun une pinte de limonade faite avec la poudre de
faciot, et nous avons eu dans ce voyage les plus grandes obligations
à cette poudre. J'avais aussi commencé le 3 mars à me servir de la
cucurbite de M. Poissonnier, et nous avons continué jusqu'à la *Nouvelle Bretagne* à employer l'eau ainsi dessalée pour la soupe, la cuis-
son de la viande et celle des légumes. Le supplément d'eau qu'elle
nous procurait nous a été de la plus grande ressource dans cette longue traversée. On allumait le feu à cinq heures du soir et on l'étei-
gnait à cinq ou six heures du matin, et chaque nuit nous faisions

plus d'une barrique d'eau. Au reste, pour ménager l'eau douce, nous avons toujours pétri le pain avec de l'eau salée.

Le 2 avril, à dix heures du matin, nous aperçûmes dans le nord-nord-est une montagne haute et fort escarpée qui nous parut isolée ; je la nommai *le Boudoir* ou *le pic de la Boudeuse*. Nous courions au nord pour la reconnaître, lorsque nous eûmes la vue d'une autre terre dans l'ouest-quart-nord-ouest, dont la côte non moins élevée offrait à nos yeux une étendue indéterminée. Nous avions le plus urgent besoin d'une relâche qui nous procurât du bois et des rafraîchisse-ments, et on se flattait de les trouver sur cette terre. Il fit presque calme tout le jour. La brise se leva le soir, et nous courûmes sur la terre jusqu'à deux heures du matin que nous remîmes pendant trois heures le bord au large. Le soleil se leva enveloppé de nuages et de brume, et ce ne fut qu'à neuf heures du matin que nous revîmes la terre dont la pointe méridionale nous restait à ouest-quart-nord-ouest ; on n'apercevait plus le pic de la Boudeuse que du haut des mâts. Les vents soufflaient du nord au nord-nord-est, et nous tînmes le plus près pour atterrer au vent de l'île. En approchant, nous aper-çûmes au-delà de sa pointe du nord une autre terre éloignée, plus septentrionale encore, sans que nous pussions alors distinguer si elle tenait à la première île ou si elle en formait une seconde.

Pendant la nuit du 3 au 4, nous louvoyâmes pour nous élever dans le nord. Des feux, que nous vîmes avec joie briller de toutes parts sur la côte, nous apprirent qu'elle était habitée. Le 4, au lever de l'aurore, nous reconnûmes que les deux terres, qui, la veille, nous avaient paru séparées, étaient unies ensemble par une terre plus basse qui se courbait en arc et formait une baie ouverte au nord-est. Nous courions à pleines voiles vers la terre, présentant au vent de cette baie, lorsque nous aperçûmes une pirogue qui venait du large et voguait vers la côte, se servant de sa voile et de ses pagaies. Elle nous passa de l'avant et se joignit à une infinité d'autres qui, de toutes les parties de l'île, accouraient au-devant de nous. L'une d'elles précédait les autres ; elle était conduite par douze hommes nus qui nous présentèrent des branches de bananiers, et leurs démonstrations attestaient que c'était là le rameau d'olivier. Nous leur répondîmes par tous les signes d'amitié dont nous pûmes nous aviser ; alors ils accostèrent le navire, et l'un d'eux, remarquable par son énorme chevelure hérissée en rayons, nous offrit avec son rameau de paix un petit cochon et un *régime* de bananes. Nous acceptâmes son présent, qu'il attacha à une corde qu'on lui jeta ; nous lui donnâmes des bonnets et des mouchoirs, et ces premiers présents furent le gage ne notre alliance avec ce peuple.

Montagnes à Taïti.

Bientôt plus de cent pirogues de grandeurs différentes, et toutes à balancier, environnèrent les deux vaisseaux. Elles étaient char-gées de cocos, de bananes et d'autres fruits du pays. L'échange de ces fruits délicieux pour nous contre toutes sortes de bagatelles se fit avec bonne foi, mais sans qu'aucun des insulaires voulût monter à bord. Il fallait entrer dans leurs pirogues ou montrer de loin les objets d'échange ; lorsqu'on était d'accord, on leur envoyait au bout d'une corde un panier ou un filet ; ils y mettaient leurs effets, et nous les nôtres, donnant ou recevant indifféremment avant que d'avoir donné ou reçu, avec une bonne foi qui nous fit bien augurer de leur caractère. D'ailleurs nous ne vîmes aucune espèce d'armes dans leurs pirogues, où il n'y avait point de femmes à cette première entrevue. Les pirogues restèrent le long des navires jusqu'à ce que les approches de la nuit nous firent revirer au large ; toutes alors se retirèrent.

Nous tâchâmes dans la nuit de nous élever au nord, ne nous écartant jamais de la terre de plus de trois lieues. Tout le rivage fut jusqu'à

Taïti.

près de minuit, ainsi qu'il l'avait été la nuit précédente, garni de petits feux à peu de distance les uns des autres : on eût dit que c'était une illumination faite à dessein, et nous l'accompagnâmes de plusieurs fusées tirées des deux vaisseaux.

La journée du 5 se passa à louvoyer, afin de gagner au vent de l'île, et à faire sonder par les bateaux pour trouver un mouillage. L'aspect de cette côte élevée en amphithéâtre nous offrait le plus riant spectacle. Quoique les montagnes y soient d'une grande hauteur, le rocher n'y montre nulle part son aride nudité ; tout y est couvert de bois. A peine en crûmes-nous nos yeux, lorsque nous découvrîmes un pic chargé d'arbres jusqu'à sa cime isolée, qui s'élevait au niveau des montagnes dans l'intérieur de la partie méridionale de l'île. Il ne paraissait pas avoir plus de trente toises de diamètre, et il diminuait de grosseur en montant; on l'eût pris de loin pour une pyramide d'une hauteur immense que la main d'un décorateur habile aurait parée de guirlandes de feuillage. Les terrains moins élevés sont entrecoupés de prairies et de bosquets, et, dans toute l'étendue de la côte, il règne sur les bords de la mer, au pied du pays haut, une lisière de terre basse et unie, couverte de plantations. C'est là qu'au milieu des bananiers, des cocotiers et d'autres arbres chargés de fruits, nous apercevions les maisons des insulaires.

Comme nous prolongions la côte, nos yeux furent frappés de la vue d'une belle cascade qui s'élançait du haut des montagnes et précipitait à la mer ses eaux écumantes. Un village était bâti au pied et la côte y paraissait sans brisants. Nous désirions tous de pouvoir mouiller à portée de ce beau lieu; sans cesse on sondait des navires et nos bateaux sondaient jusqu'à terre : on ne trouva dans cette partie qu'un platier de roches et il fallut se résoudre à chercher ailleurs un mouillage.

Les pirogues étaient revenues au navire dès le lever du soleil et toute la journée on fit des échanges. Il s'ouvrit même de nouvelles branches de commerce : outre les fruits de l'espèce de ceux apportés la veille et quelques autres rafraîchissements, tels que poules et pigeons, les insulaires apportèrent avec eux toutes sortes d'instruments pour la pêche, des herminettes de pierre, des étoffes singulières, des coquilles, etc. Ils demandaient en échange du fer et des pendants d'oreilles. Les trocs se firent, comme la veille, avec loyauté. A bord de *l'Étoile*, il monta un insulaire qui y passa la nuit sans témoigner aucune inquiétude.

Nous l'employâmes encore à louvoyer, et, le 6 au matin nous étions parvenus à l'extrémité septentrionale de l'île. Une seconde s'offrit à nous, mais la vue de plusieurs brisants qui paraissaient défendre le passage entre les deux îles, me détermina à revenir sur mes pas chercher un mouillage dans la première baie que nous avions vue le jour de notre atterrage. Nos canots, qui sondaient en avant et en terre de nous, trouvèrent la côte du nord de la baie bordée partout, à un quart de lieue du rivage, d'un récif qui découvre à basse mer. Cependant, à une lieue de la pointe du nord, ils reconnurent dans le récif une coupure large de deux encâblures au plus, dans laquelle il y avait trente à trente-cinq brasses d'eau, et en dedans une rade assez vaste où le fond variait depuis neuf jusqu'à trente brasses. Cette rade était bornée au sud par un récif qui, partant de terre, allait se joindre à celui qui bordait la côte. Nos canots avaient sondé partout sur un fond de sable, et ils avaient reconnu plusieurs petites rivières commodes pour faire de l'eau. Sur le récif du côté du nord il y a trois îlots.

Ce rapport me décida à mouiller dans cette rade, et sur-le-champ nous fîmes route pour y entrer. Nous rangeâmes la pointe du récif de stribord en entrant, et dès que nous fûmes en dedans, nous mouillâmes notre première ancre sur trente-quatre brasses, fond de sable gris, coquillages et gravier, et nous étendîmes aussitôt une ancre à jet dans le nord-ouest pour y mouiller notre ancre d'affourche. L'*Étoile* passa au vent à nous et mouilla dans le nord à une encâblure. Dès que nous fûmes affourchés, nous amenâmes basses vergues et mâts de hune.

A mesure que nous avions approché la terre, les insulaires avaient environné les navires. L'affluence des pirogues fut si grande autour des vaisseaux que nous eûmes beaucoup de peine à nous amarrer au milieu de la foule et du bruit. Tous venaient en criant *tayo*, qui veut dire *ami*, et en nous donnant mille témoignages d'amitié.

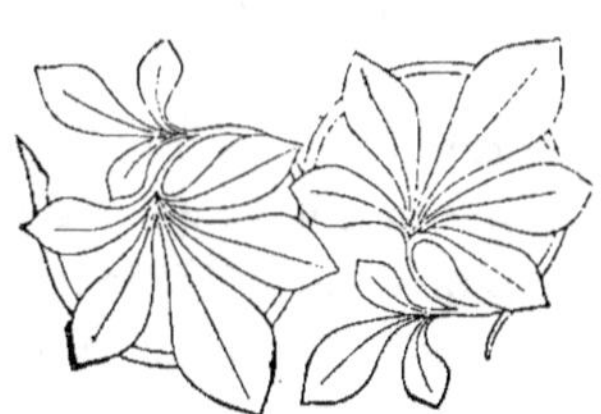

O N a vu les obstacles qu'il avait fallu vaincre pour parvenir à mouiller nos ancres ; lorsque nous fûmes amarrés, je descendis à terre avec plusieurs officiers, afin de reconnaître un lieu propre à faire de l'eau. Nous fûmes reçus par une foule d'hommes et de femmes qui ne se lassaient point de nous considérer : aucun ne portait des armes, pas même des bâtons. Ils ne savaient comment exprimer leur joie de nous recevoir. Le chef de ce canton nous conduisit dans sa maison et nous y introduisit. Il y avait dedans cinq ou six femmes et un vieillard vénérable. Les femmes nous saluèrent en portant la main sur la poitrine, et criant plusieurs fois *tayo*. Le vieillard était père de notre hôte. Il n'avait du grand âge que ce caractère respectable qu'impriment les ans sur une belle figure : sa tête ornée de cheveux blancs et d'une longue barbe, tout son corps nerveux et rempli ne montraient aucune ride, aucun signe de décrépitude. Cet homme vénérable parut s'apercevoir à peine de notre arrivée ; il se retira même sans répondre à nos caresses, sans témoigner ni frayeur, ni étonnement, ni curiosité : fort éloigné de prendre part à l'espèce d'extase que notre vue causait à tout ce peuple, son air rêveur et soucieux semblait annoncer qu'il craignait que ces jours heureux, écoulés pour lui dans le sein du repos, ne fussent troublés par l'arrivée d'une nouvelle race.

On nous laissa la liberté de considérer l'intérieur de la maison. Elle n'avait aucun meuble, aucun ornement qui la distinguât des cases ordinaires, que sa grandeur. Elle pouvait avoir quatre-vingts pieds de long sur vingt pieds de large. Nous y remarquâmes un cylindre d'osier, long de trois ou quatre pieds et garni de plumes noires, lequel était suspendu au toit, et deux figures de bois que nous prîmes pour des idoles. L'une, c'était le dieu, était debout contre un des piliers ; la déesse était vis-à-vis, inclinée le long du mur, qu'elle surpassait en hauteur, et attachée aux roseaux qui le forment. Ces figures mal faites et sans proportions avaient environ trois pieds de haut, mais elles tenaient à un piédestal cylindrique, vidé dans l'intérieur et sculpté à jour. Il était fait en forme de tour et pouvait avoir six à sept pieds de hauteur sur environ un pied de diamètre ; le tout était d'un bois noir fort dur.

Le chef nous proposa ensuite de nous asseoir sur l'herbe au dehors de sa maison, où il fit apporter des fruits, du poisson grillé et de l'eau ; pendant le repas, il envoya chercher quelques pièces d'étoffes et de grands colliers faits d'osier et recouverts de plumes noires et de dents de requins. Leur forme ne ressemble pas mal à celle de ces fraises immenses qu'on portait du temps de François Ier. Il en passa un au cou du chevalier d'Oraison, l'autre au mien, et distribua les étoffes. Nous étions prêts à retourner à bord, lorsque le chevalier de Suzannet s'aperçut qu'il lui manquait un pistolet, qu'on avait adroitement volé dans sa poche. Nous le fîmes entendre au chef, qui sur-le-champ voulut fouiller tous les gens qui nous environnaient ; il en maltraita même quelques-uns. Nous arrêtâmes ses recherches, en tâchant seulement de lui faire comprendre que l'auteur du vol pourrait être la victime de sa friponnerie et que son larcin lui donnerait la mort.

Le chef et tout le peuple nous accompagnèrent jusqu'à nos bateaux. Prêts à y arriver, nous fûmes arrêtés par un insulaire d'une belle figure qui, couché sous un arbre, nous offrit de partager le gazon qui lui servait de siège. Nous l'acceptâmes ; cet homme alors se pencha vers nous, et, aux accords d'une flûte dans laquelle un autre Indien soufflait avec le nez, il nous chanta lentement une chanson harmonieuse : scène charmante et digne du pinceau de Boucher. Quatre insulaires vinrent avec confiance souper et coucher à bord. Nous leur fîmes entendre flûte, basse et violon, et nous leur donnâmes un feu d'artifice composé de fusées et de serpenteaux. Ce spectacle leur causa une surprise mêlée d'effroi.

Le 7 au matin, le chef, dont le nom est *Éreti*, vint à bord. Il nous apporta un cochon, des poules, et le pistolet qui avait été pris la veille chez lui. Cet acte de justice nous en donna bonne idée. Cependant nous prîmes dans la matinée toutes nos dispositions pour descendre à terre nos malades et nos pièces à l'eau, et les y laisser en établissant une garde pour leur sûreté. Je descendis l'après-midi avec armes et bagages, et nous commençâmes à dresser le camp sur les bords d'une petite rivière, où nous devions faire notre eau. Éreti vit la troupe sous les armes et les préparatifs du campement sans paraître d'abord surpris ni mécontent. Toutefois, quelques heures après, il vint à moi accompagné de son père et des principaux du canton qui lui avaient fait des représentations à cet égard, et me fit entendre que notre séjour à terre leur déplaisait, que nous étions les maîtres d'y venir le jour tant que nous voudrions, mais qu'il fallait coucher la nuit à bord de nos vaisseaux. J'insistai sur l'établissement du camp, lui faisant comprendre qu'il nous était nécessaire pour faire de l'eau, du bois, et rendre plus faciles les échanges entre les deux nations. Ils tinrent alors un second conseil, à l'issue duquel Éreti vint me demander si nous resterions ici toujours ou si nous comptions repartir, et dans quel temps. Je lui répondis que nous mettrions à la voile dans dix-huit jours, en signe duquel nombre je lui donnai dix-huit petites pierres ; sur cela nouvelle conférence à laquelle on me fit appeler. Un homme grave, et qui paraissait avoir du poids dans le conseil, voulait réduire à neuf les jours de notre campement; j'insistai pour le nombre que j'avais demandé, et enfin ils y consentirent.

De ce moment la joie se rétablit ; Éreti même nous offrit un hangar immense tout près de la rivière, sous lequel étaient quelques pirogues qu'il en fit enlever sur-le-champ. Nous dressâmes dans ce hangar les tentes pour nos scorbutiques, au nombre de trente-quatre, douze de *la Boudeuse* et vingt-deux de *l'Étoile*, et quelques autres nécessaires au service. La garde fut composée de trente soldats, et je fis aussi descendre des fusils pour armer les travailleurs et les malades. Je restai à terre la première nuit qu'Éreti voulut aussi passer dans nos tentes. Il fit apporter son souper qu'il joignit au nôtre, chassa la foule qui entourait le camp et ne retint avec lui que cinq ou six de ses amis. Après souper, il demanda des fusées, et elles lui firent pour le moins autant de peur que de plaisir.

La journée suivante se passa à perfectionner notre camp. Le hangar était bien fait et parfaitement couvert d'une espèce de natte. Nous n'y laissâmes qu'une issue, à laquelle nous mîmes une barrière et un corps-de-garde. Éreti, ses femmes et ses amis avaient seuls la permission d'entrer ; la foule se tenait en dehors du hangar : un de nos gens, une baguette à la main, suffisait pour les faire écarter. C'était là que les insulaires apportaient de toutes parts des fruits, des poules, des cochons, du poisson et des pièces de toile, qu'ils échangeaient contre des clous, des outils, des boutons, des perles fausses et mille autres bagatelles qui étaient des trésors pour eux. Au reste, ils examinaient attentivement ce qui pouvait nous plaire ; ils virent que nous cueillions des plantes antiscorbutiques et qu'on s'occupait aussi à chercher des coquilles. Les femmes, les enfants ne tardèrent pas à nous apporter à l'envi des paquets des mêmes plantes qu'ils nous avaient vus ramasser, et des paniers remplis de coquilles de toutes les espèces. On payait leurs peines à peu de frais.

Ce même jour, je demandai au chef de m'indiquer du bois que je pusse couper. Le pays bas où nous étions n'est couvert que d'arbres fruitiers et d'une espèce de bois plein de gomme et de peu de consistance ; le bois dur vient sur les montagnes. Éreti me marqua les arbres que je pouvais couper et m'indiqua même de quel côté il les fallait faire tomber en les abattant. Au reste, les insulaires nous aidaient beaucoup dans nos travaux ; nos ouvriers abattaient les arbres et les mettaient en bûches que les gens du pays transportaient aux bateaux ; ils aidaient de même à faire l'eau, emplissant les pièces et les conduisant aux chaloupes. On leur donnait pour salaire des clous, dont le nombre se proportionnait au travail qu'ils avaient fait. La seule gêne qu'on eut, c'est qu'il fallait sans cesse avoir l'œil à

tout ce qu'on apportait à terre, à ses poches même ; car il n'y a
point en Europe de plus adroits filous que les gens de ce pays.

Cependant il ne semble pas que le vol soit ordinaire entre eux.
Rien ne ferme dans leurs maisons, tout y est à terre ou suspendu,
sans serrure ni gardiens. Sans doute la curiosité pour des objets
nouveaux excitait en eux de violents désirs, et d'ailleurs il y a partout de la canaille. On avait volé les deux premières nuits, malgré les sentinelles et les patrouilles, auxquelles on avait même jeté
quelques pierres. Les voleurs se cachaient dans un marais couvert
d'herbes et de roseaux, qui s'étendait derrière notre camp. On le
nettoya en partie, et j'ordonnai à l'officier de garde de faire tirer sur
les voleurs qui viendraient dorénavant. Éreti lui-même me dit de le
faire, mais il eut grand soin de montrer plusieurs fois où était sa
maison, en recommandant bien de tirer du côté opposé. J'envoyais
aussi tous les soirs trois de nos bateaux armés de pierriers et d'espingoles se mouiller devant le camp.

Au vol près, tout se passait de la manière la plus amiable. Chaque jour nos gens se promenaient dans le pays sans armes, seuls
ou par petites bandes. On les invitait à entrer dans les maisons, on
leur y donnait à manger ; mais ce n'est pas à une collation légère
que se borne ici la civilité des maîtres de maisons ; la case se remplissait à l'instant d'une foule curieuse d'hommes et de femmes qui
faisaient un cercle autour de l'hôte ; la terre se jonchait de feuillage et de fleurs et des musiciens chantaient aux accords de la flûte
une hymne de bienvenue.

J'ai plusieurs fois été, moi second ou troisième. me promener
dans l'intérieur. Je me croyais transporté dans le jardin d'Éden ;
nous parcourions une plaine de gazon couverte de beaux arbres
fruitiers et coupée de petites rivières qui entretiennent une
fraîcheur délicieuse, sans aucun des inconvénients qu'entraîne
l'humidité. Un peuple nombreux y jouit des trésors que la nature
verse à pleine mains sur lui. Nous trouvions des troupes d'hommes
et de femmes assises à l'ombre des vergers ; tous nous saluaient
avec amitié ; ceux que nous rencontrions dans les chemins se

rangeaient à côté pour nous laisser passer ; partout nous voyions régner l'hospitalité, le repos, une joie douce et toutes les apparences du bonheur.

Je fis présent au chef du canton où nous étions d'un couple de dindes et de canards mâles et femelles ; c'était le denier de la veuve. Je lui proposai aussi de faire un jardin à notre manière, et d'y semer différentes graines, proposition qui fut reçue avec joie. En peu de temps, Éreti fit préparer et entourer de palissades le terrain qu'avaient choisi nos jardiniers. Je le fis bêcher ; ils admiraient nos outils de jardinage. Ils ont bien aussi autour de leurs maisons des espèces de potagers garnis de giraumons, de patates, d'ignames et d'autres racines. Nous leur avons semé du blé, de l'orge, de l'avoine, du riz, du maïs, des oignons et des graines de toute espèce. Nous avons lieu de croire que ces plantations seront bien soignées, car ce peuple nous a paru aimer l'agriculture, et je crois qu'on l'accoutumerait facilement à tirer parti du sol le plus fertile de l'univers.

Les premiers jours de notre arrivée, j'eus la visite du chef d'un canton voisin, qui vint à bord avec un présent de fruits, de cochons, de poules et d'étoffes. Ce seigneur, nommé *Toutaa*, est d'une belle figure et d'une taille extraordinaire. Il était accompagné de quelques-uns de ses parents, presque tous hommes de six pieds. Je leur fis présent de clous, d'outils, de perles fausses et d'étoffes de soie.

Le 10, il y eut un insulaire tué, et les gens du pays vinrent se plaindre de ce meurtre. J'envoyai à la maison où avait été porté le cadavre ; on vit effectivement que l'homme avait été tué d'un coup de feu. Cependant on ne laissait sortir aucun de nos gens avec des armes à feu, ni des vaisseaux ni de l'enceinte du camp. Je fis sans succès les plus exactes perquisitions pour connaître l'auteur de cet infâme assassinat. Les insulaires crurent sans doute que leur compatriote avait eu tort, car ils continuèrent à venir à notre quartier avec leur confiance accoutumée. On me rapporta cependant qu'on avait vu beaucoup de gens emporter leurs effets à la montagne, et que même la maison d'Éreti était toute démeublée. Je lui fis de nouveaux présents, et ce bon chef continua à nous témoigner la plus sincère amitié.

Cependant je pressais nos travaux de tous les genres, car, encore que cette relâche fût excellente pour nos besoins, je savais que nous étions mal mouillés. En effet, quoique nos câbles, paumoyés presque tous les jours, n'eussent pas encore paruragué, nous avions découvert que le fond était semé de gros corail, et d'ailleurs, en cas d'un grand vent du large, nous n'avions pas de chasse. La nécessité avait forcé de prendre ce mouillage sans nous laisser la liberté du choix, et bientôt nous eûmes la preuve que nos inquiétudes n'étaient que trop fondées.

Le 12 à cinq heures du matin, les vents étant venus au sud, notre câble du sud-est et le grelin d'une ancre à jet, que nous avions par précaution allongée dans l'est-sud-est, furent coupés sur le fond. Nous mouillâmes aussitôt notre grande ancre ; mais avant qu'elle eût pris fond, la frégate vint à l'appel de l'ancre du nord-ouest, et nous tombâmes sur *l'Étoile* que nous abordâmes à bâbord. Nous virâmes sur notre ancre, et *l'Étoile* fila rapidement de manière que nous fûmes séparés avant que d'avoir souffert aucune avarie. La flûte nous envoya alors le bout d'un grelin qu'elle avait allongé dans l'est, sur lequel nous virâmes pour nous écarter d'elle davantage. Nous relevâmes ensuite notre grande ancre et rembarquâmes le grelin et le câble coupés sur le fond. Celui-ci l'avait été à trente brasses de l'entalingure; nous le changeâmes bout pour bout et l'entalinguâmes sur une ancre de rechange de deux mille sept cents que *l'Étoile* avait dans sa cale et que nous envoyâmes chercher. Notre ancre du sud-est, mouillée sans orin à cause du grand fond, était perdue, et nous tâchâmes inutilement de sauver l'ancre à jet dont la bouée avait coulé et qu'il fut impossible de draguer. Nous guindâmes aussitôt notre petit mât de hune et la vergue de misaine, afin de pouvoir appareiller dès que le vent le permettrait.

L'après-midi, il calma et passa à l'est. Nous allongeâmes alors dans le sud-est une ancre à jet et l'ancre reçue de *l'Étoile*, et j'envoyai un bateau sonder dans le nord, afin de savoir s'il n'y aurait pas un passage ; ce qui nous eût mis à portée de sortir presque de tout vent. Un malheur n'arrive jamais seul : comme nous étions tous occupés d'un travail auquel était attaché notre salut, on vint m'avertir qu'il y avait eu trois insulaires tués ou blessés dans leurs cases à coups de baïonnettes, que l'alarme était répandue dans le pays, que les vieillards, les femmes et les enfants fuyaient vers les montagnes emportant leurs bagages et jusqu'aux cadavres des morts, et que peut-être allions-nous avoir sur les bras une armée de ces hommes furieux. Telle était donc notre position de craindre la guerre à terre au même instant où les deux navires étaient dans le cas d'y être jetés. Je descendis au camp, et, en présence du chef, je fis mettre aux fers quatre soldats soupçonnés d'être les auteurs du forfait ; ce procédé parut les contenter.

Je passai une partie de la nuit à terre, où je renforçai les gardes, dans la crainte que les insulaires ne voulussent venger leurs compatriotes. Nous occupions un poste excellent entre deux rivières distantes l'une de l'autre d'un quart de lieue au plus ; le front du camp était couvert par un marais, le reste était la mer, dont assurément nous étions les maîtres. Nous avions beau jeu pour défendre ce poste contre toutes les forces de l'île réunies ; mais heureusement, à quelques alertes près occasionnées par des filous, la nuit fut tranquille au camp.

Ce n'était pas de ce côté que mes inquiétudes étaient les plus vives. La crainte de perdre les vaisseaux à la côte nous donnait des alarmes infiniment plus cruelles. Dès dix heures du soir les vents avaient beaucoup fraichi de la partie de l'est avec une grosse houle, de la pluie, des orages et toutes les apparences funestes qui augmentent l'horreur de ces lugubres situations. Vers deux heures du matin, il passa un grain qui chassait les vaisseaux en côte : je me rendis à bord, le grain heureusement ne dura pas ; et, dès qu'il fut passé, le vent vint de terre. L'aurore nous amena de nouveaux malheurs ; notre câble du nord-ouest fut coupé ; le grelin que nous avait cédé *l'Étoile* et qui nous tenait sur son ancre à jet, eut le même sort peu d'instants après ; la frégate alors, venant à l'appel de l'ancre et du grelin du sud-est, ne se trouvait pas à une encâblure de la côte où la mer brisait avec fureur. Plus le péril devenait instant, plus les ressources diminuaient ; les deux ancres, dont les câbles venaient d'être coupés, étaient perdues pour nous ; leurs bouées avaient disparu, soit qu'elles eussent coulé, soit que les Indiens les eussent enlevées dans la nuit. C'était déjà quatre ancres de moins depuis vingt-quatre heures, et cependant, il nous restait encore des pertes à essuyer.

A dix heures du matin le câble neuf que nous avions entalingué sur l'ancre de deux mille sept cents de *l'Étoile*, laquelle nous tenait dans le sud-est, fut coupé, et la frégate, défendue par un seul grelin, commença à chasser en côte. Nous mouillâmes sous barbe notre grande ancre, la seule qui nous restât en mouillage ; mais de quel secours nous pouvait-elle être ? Nous étions si près des brisants que nous aurions été dessus avant que d'avoir assez filé de câble pour que l'ancre pût bien prendre fond. Nous attendions à chaque instant le triste dénouement de cette aventure, lorsqu'une brise du sud-ouest nous donna l'espérance de pouvoir appareiller. Nos focs furent bientôt hissés ; le vaisseau commençait à prendre de l'air et nous travaillions à faire de la voile pour filer câble et grelin et mettre dehors, mais les vents revinrent presque aussitôt à l'est. Cet intervalle nous avait toujours donné le temps de recevoir à bord le bout du grelin de la seconde ancre à jet de *l'Étoile*, qu'elle venait d'allonger dans l'est et qui nous sauva pour le moment. Nous virâmes sur les deux grelins et nous nous relevâmes un peu de la côte. Nous envoyâmes alors notre chaloupe à *l'Étoile* pour l'aider à s'amarrer solidement ; ses ancres étaient heureusement mouillées sur un fond moins perdu de corail que celui sur lequel étaient tombées les nôtres. Lorsque cette opération fut faite, notre chaloupe alla lever par son orin l'ancre de deux mille sept cents ; nous entalinguâmes dessus un autre câble et nous l'allongeâmes dans le nord-est ; nous relevâmes ensuite l'ancre à jet de *l'Étoile*, que nous lui rendîmes. Dans ces deux jours M. de la Giraudais, commandant de cette flûte, a eu la plus grande part au salut de la frégate par les secours qu'il m'a donnés ; c'est avec plaisir que je paye ce tribut de reconnaissance à cet officier, déjà mon compagnon dans mes autres voyages et dont le zèle égale les talents. .

Cependant lorsque le jour était venu, aucun Indien ne s'était approché du camp; on n'avait vu naviguer aucune pirogue, on avait trouvé les maisons voisines abandonnées, tout le pays paraissait un désert. Le prince de Nassau, lequel avec quatre ou cinq hommes seulement s'était éloigné davantage, dans le dessein de rencontrer quelques insulaires et de les rassurer, en trouva un grand nombre avec Éreti environ à une lieue du camp. Dès que ce chef eut reconnu M. de Nassau, il vint à lui d'un air consterné. Les femmes éplorées se jetèrent à ses genoux, elles lui baisaient les mains en pleurant et répétant plusieurs fois : *Tayo, maté ; Vous êtes nos amis et vous nous tuez.* A force de caresses et d'amitié, il parvint à les ramener. Je vis du bord une foule de peuple accourir au quartier : des poules, des cocos, des régimes de bananes embellissaient la marche et promettaient la paix. Je descendis aussitôt avec un assortiment d'étoffes de soie et des outils de toute espèce ; je les distribuai aux chefs, en leur témoignant ma douleur du désastre arrivé la veille et les assurant que le coupable serait puni. Les bons insulaires me comblèrent de caresses, le peuple applaudit à la réunion, et en peu de temps la foule ordinaire et les filous revinrent à notre quartier, qui ne ressemblait pas mal à une foire. Ils apportèrent le jour et le suivant plus de rafraîchissements que jamais. Ils demandèrent aussi qu'on tirât devant eux quelques coups de fusil ; ce qui leur fit grand peur, tous les animaux tirés ayant été tués raides.

Le canot que j'avais envoyé pour reconnaître le côté du nord, était revenu avec la bonne nouvelle qu'il y avait trouvé un très beau passage. Il était alors trop tard pour en profiter le même jour ; la nuit s'avançait. Heureusement elle fut tranquille à terre et à la mer. Le 14 au matin, les vents étant à l'est, j'ordonnai à *l'Étoile*, qui avait son eau faite et tout son monde à bord, d'appareiller et de sortir par la nouvelle passe du nord. Nous ne pouvions mettre à la voile par cette passe qu'après la flûte mouillée au nord de nous. A onze heures elle appareilla sur une haussière portée sur nous, je gardai sa chaloupe et ses deux petites ancres ; je pris aussi à bord, dès qu'elle fut sous voiles, le bout du câble de son ancre du sud-est mouillée en bon fond. Nous levâmes alors notre grande ancre, allongeâmes les deux ancres à jet, et par ce moyen nous restâmes sur deux grosses ancres et trois petites. A deux heures après-midi, nous eûmes la satisfaction de découvrir *l'Étoile* en dehors de tous les récifs. Notre situation dès ce moment devenait moins terrible ; nous venions au moins de nous assurer le retour dans notre patrie, en mettant un de nos navires à l'abri des accidents. Lorsque M. de la Giraudais fut au large, il me renvoya son canot avec M. Lavari Leroi, qui avait été chargé de reconnaître la passe.

Nous travaillâmes tout le jour et une partie de la nuit à finir notre eau, à déblayer l'hôpital et le camp. J'enfouis près du hangar un acte de prise de possession, inscrit sur une planche de chêne, avec une bouteille bien fermée et luttée, contenant les noms des officiers des deux navires. J'ai suivi cette même méthode pour toutes les terres découvertes dans le cours de ce voyage. Il était deux heures du matin avant que tout fût à bord ; la nuit fut assez orageuse pour nous causer encore de l'inquiétude, malgré la quantité d'ancres que nous avions à la mer.

Le 15 à six heures du matin, les vents étant de terre et le ciel à l'orage, nous levâmes notre ancre, filâmes le câble de celle de *l'Etoile*, coupâmes un des grelins et filâmes les deux autres, appareillant sous la misaine et les deux huniers pour sortir par la passe de l'est. Nous laissâmes les deux chaloupes pour lever les ancres ; et dès que nous fûmes dehors, j'envoyai les deux canots armés aux ordres du chevalier de Suzannet, enseigne de vaissean, pour protéger le travail des chaloupes. Nous étions à un quart de lieue au large, et nous commencions à nous féliciter d'être heureusement sortis d'un mouillage qui nous avait causé de si vives inquiétudes, lorsque, le vent ayant cessé tout d'un coup, la marée et une grosse lame de l'est commencèrent à nous entraîner sur les récifs sous le vent de la passe. Le pis aller des naufrages qui nous avaient menacés jusqu'ici, avait été de passer nos jours dans une île embellie de tous les dons de la nature, et de changer les douceurs de notre patrie contre une vie paisible et exempte de soins ; mais ici le naufrage se présentait sous un aspect plus cruel : le vaisseau, porté rapidement sur les récifs, n'y eût pas résisté deux minutes à la violence de la mer, et quelques-uns des meilleurs nageurs eussent à peine sauvé leur vie. J'avais dès le premier instant du danger rappelé canots et chaloupes pour nous remorquer. Ils arrivèrent au moment où, n'étant pas à plus de cinquante toises du récif, notre situation paraissait désespérée, d'autant qu'il n'y avait pas à mouiller. Une brise de l'ouest, qui s'éleva dans le même instant, nous rendit l'espérance : en effet elle fraîchit peu à peu, et à neuf heures du matin nous étions absolument hors de danger.

Je renvoyai sur-le-champ les bateaux à la recherche des ancres, et je restai à louvoyer pour les attendre . L'après-midi nous rejoignîmes *l'Étoile.* A cinq heures du soir notre chaloupe arriva ayant à bord la grosse ancre et le câble de *l'Étoile*, qu'elle lui porta ; notre canot, celui de *l'Étoile* et sa chaloupe revinrent peu de temps après ; celle-ci nous rapportait notre ancre à jet et un grelin. Quant aux deux autres ancres à jet, l'approche de la nuit et la fatigue extrême des matelots ne permirent pas de les lever ce même jour. J'avais d'abord compté m'entretenir toute la nuit à portée du mouillage et les envoyer chercher le lendemain ; mais à minuit il se leva un grand frais de l'est-nord-est, qui me contraignit à embarquer les bateaux, et à faire de la voile pour me tirer de dessus la côte. Ainsi un mouillage de neuf jours nous a coûté six ancres, perte que nous n'aurions pas essuyée si nous eussions été munis de quelques chaînes de fer. C'est une précaution que ne doivent jamais oublier tous les navigateurs destinés à de pareils voyages.

Maintenant que les navires sont en sûreté, arrêtons-nous un instant pour recevoir les adieux des insulaires. Dès l'aube du jour, lorsqu'ils s'aperçurent que nous mettions à la voile, Éreti avait sauté seul dans la première pirogue qu'il avait trouvée sur le rivage, et s'était rendu à bord. En y arrivant il nous embrassa tous ; il nous tenait quelques instants entre ses bras, versant des larmes et paraissant très affecté de notre départ. Peu de temps après, sa grande pirogue vint à bord chargée de rafraîchissements de toute espèce ; les femmes étaient dedans, et avec elles ce même insulaire qui, le premier jour de notre atterrage, était venu s'établir à bord de *l'Étoile*. Éreti fut le prendre par la main et me le présenta, en me faisant entendre que cet homme, dont le nom est *Aotourou*, voulait nous suivre, et me priant d'y consentir. Il le présenta ensuite à tous les officiers chacun en particulier, disant que c'était son ami qu'il confiait à ses amis, et il nous le recommanda avec les plus grandes marques d'intérêt. On fit encore à Éreti des présents de toute espèce, après quoi il prit congé de nous et fut rejoindre ses femmes, lesquelles ne cessèrent de pleurer tout le temps que la pirogue fut le long du bord.

CHAPITRE III.

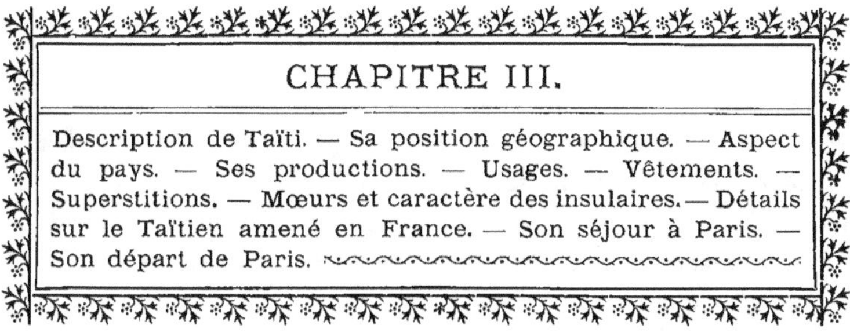

Description de Taïti. — Sa position géographique. — Aspect du pays. — Ses productions. — Usages. — Vêtements. — Superstitions. — Mœurs et caractère des insulaires. — Détails sur le Taïtien amené en France. — Son séjour à Paris. — Son départ de Paris.

Lucis habitamus opacis,
Riparumque toros et prata recentia rivis
Incolimus. *Virgile, Liv., VI.*

'ILE, à laquelle on avait d'abord donné le nom de *nouvelle Cythère*, reçoit de ses habitants celui de *Taïti*. Sa latitude de dix-sept degrés trente-cinq minutes trois secondes à notre camp, a été conclue de plusieurs hauteurs méridiennes du soleil observées à terre avec un quart de cercle. Sa longitude de cent-cinquante degrés quarante minutes dix-sept secondes à l'ouest de Paris a été déterminée par onze observations de la lune, selon la méthode des angles horaires.

Entre la pointe du sud-est et un autre gros cap qui s'avance dans le nord à sept ou huit lieues de celle-ci, on voit une baie ouverte au nord-est, laquelle a trois ou quatre lieues de profondeur. Les côtes s'abaissent insensiblement jusqu'au fond de la baie, où elles ont peu d'élévation, et paraissent former le canton le plus beau de l'île et le plus habité. Il semble qu'on trouverait aisément plusieurs bons mouillages dans cette baie : le hasard nous servit mal dans la rencontre du nôtre. En entrant ici par la passe par laquelle est sortie *l'Étoile*, M. de la Giraudais m'a assuré qu'entre les deux îles les plus septentrionales il y avait un mouillage fort sûr pour trente vaisseaux au moins, depuis vingt-trois jusqu'à douze et dix brasses, fond de sable gris vaseux, qu'il y avait une lieue d'évitage et jamais de mer. Le reste de la côte est élevé, et elle semble en général être toute bordée par un récif inégalement couvert d'eau, et qui forme en quelques endroits de petits îlots, sur lesquels les insulaires entretiennent des feux pendant la nuit, pour la pêche et la sûreté de leur navigation ; quelques coupures donnent de distance en distance l'entrée en dedans du récif, mais il faut se méfier du fond. Le plomb n'amène jamais que du sable gris ; ce sable recouvre de grosses masses d'un corail dur et tranchant, capable de couper un câble dans une nuit, ainsi que nous l'a appris une funeste expérience.

Au delà de la pointe septentrionale de cette baie, la côte ne forme aucune anse, aucun cap remarquable. La pointe la plus occidentale est terminée par une terre basse, dans le nord-ouest de laquelle, environ à une lieue de distance, on voit une ile peu élevée qui s'étend deux ou trois lieues sur le nord-ouest.

La hauteur des montagnes qui occupent tout l'intérieur de Taïti est surprenante, eu égard à l'étendue de l'île. Loin d'en rendre l'aspect triste et sauvage, elles servent à l'embellir en variant à chaque pas les points de vue, et offrant de superbes paysages couverts des plus riches productions de la nature, avec ce désordre dont l'art ne sut jamais imiter l'agrément. De là sortent une infinité de petites rivières qui fertilisent le pays, et ne servent pas moins à la commodité des habitants qu'à l'ornement des campagnes. Tout le plat pays, depuis les bords de la mer jusqu'aux montagnes, est consacré aux arbres fruitiers, sous lesquels, comme je l'ai déjà dit, sont bâties les maisons des Taïtiens, dispersées sans aucun ordre et sans former jamais de villages; on croit être dans les Champs Élysées. Des sentiers publics, pratiqués avec intelligence et soigneusement entretenus, rendent partout les communications faciles.

Les principales productions de l'île sont le coco, la banane, le fruit à pain, l'igname, le curassol, le giraumon et plusieurs autres racines et fruits particuliers au pays, beaucoup de cannes à sucre qu'on ne cultive point, une espèce d'indigo sauvage, une très belle teinture rouge et une jaune ; j'ignore d'où on les tire. En général M. de Commerçon y a trouvé la botanique des Indes. Aotourou, pendant qu'il a été avec nous, a reconnu et nommé plusieurs de nos fruits et de nos légumes, ainsi qu'un assez grand nombre de plantes que les curieux cultivent dans les serres chaudes. Le bois propre à travailler croît dans les montagnes, et les insulaires en font peu d'usage;

ils ne l'emploient que pour leurs grandes pirogues, qu'ils construisent de bois de cèdre. Nous leur avons aussi vu des piques d'un bois noir, dur et pesant, qui ressemble au bois de fer. Ils se servent, pour bâtir les pirogues ordinaires, de l'arbre qui porte le fruit à pain : c'est un bois qui ne se fend point, mais il est si mol et si plein de gomme, qu'il ne fait que se mâcher sous l'outil.

Au reste, quoique cette île soit remplie de très hautes montagnes, la quantité d'arbres et de plantes dont elles sont partout couvertes ne semble pas annoncer que leur sein renferme des mines. Il est du moins certain que les insulaires ne connaissent point les métaux. Ils donnent à tous ceux que nous leur avons montrés le même nom d'*aouri* (1), dont ils se servaient pour nous demander du fer ; mais cette connaissance du fer, d'où leur vient-elle? Je dirai bientôt ce que je pense à cet égard. Je ne connais ici qu'un seul article de commerce riche ; ce sont de très belles perles. Les principaux en font porter aux oreilles à leurs femmes et à leurs enfants, mais ils les ont tenues cachées pendant notre séjour chez eux. Ils font, avec les écailles des huîtres perlières des espèces de castagnettes qui sont un de leurs instruments de danse.

Nous n'avons vu d'autres quadrupèdes que des cochons, des chiens d'une espèce petite, mais jolie, et des rats en grande quantité. Les habitants ont des poules domestiques absolument semblables aux nôtres. Nous avons aussi vu des tourterelles vertes charmantes, de gros pigeons d'un beau plumage bleu de roi et d'un très bon goût, et des perruches fort petites, mais fort singulières par le mélange de bleu et de rouge qui colorie leurs plumes. Ils ne nourrissent leurs cochons et leurs volailles qu'avec des bananes. Avec ce qui en a été consommé dans le séjour à terre et ce qui a été embarqué dans les deux navires, on a troqué plus de huit cents têtes de volailles et près de cent cinquante cochons ; encore, sans les travaux inquiétants des dernières journées, en aurait-on eu beaucoup davantage, car les habitants en apportaient de jour en jour un plus grand nombre.

Nous n'avons pas éprouvé de grandes chaleurs dans cette île. Pen-

---

1. Fer, or, argent, tout métal ou instrument en métal.

dant notre séjour, le thermomètre de Réaumur n'a jamais monté à
plus de vingt-deux degrés, et il a été quelquefois à dix-huit degrés.
Le soleil, il est vrai, était déjà à huit ou neuf degrés de l'autre côté
de l'équateur ; mais un avantage inestimable de cette île, c'est de n'y
pas être infesté par cette légion odieuse d'insectes qui sont le sup-
plice des pays situés entre les tropiques ; nous n'y avons vu non plus
aucun animal venimeux. D'ailleurs le climat est si sain que, malgré
les travaux forcés que nous y avons faits, quoique nos gens y fus-

Arbre à pain, cocotier, bananier de l'île Taïti.

sent continuellement dans l'eau et au grand soleil, qu'ils couchassent
sur le sol nu et à la belle étoile, personne n'y est tombé malade. Les
scorbutiques que nous avions débarqués et qui n'y ont pas eu une
seule nuit tranquille, y ont repris des forces et s'y sont rétablis en
peu de temps, au point que quelques-uns ont été depuis parfaitement guéris à bord. Au reste, la santé et la force des insulaires,
qui habitent des maisons ouvertes à tous les vents et couvrent à
peine de quelques feuillages la terre qui leur sert de lit, l'heureuse

vieillesse à laquelle ils parviennent sans aucune incommodité, la finesse de tous leurs sens et la beauté singulière de leurs dents, qu'ils conservent dans le plus grand âge, quelles meilleurs preuves, et de la salubrité de l'air, et de la bonté du régime que suivent les habitants ?

Les végétaux et le poisson sont leur principale nourriture ; ils mangent rarement de la viande ; les enfants et les jeunes filles n'en mangent jamais, et ce régime sans doute contribue beaucoup à les tenir exempts de presque toutes nos maladies. J'en dirais autant de leurs boissons ; ils n'en connaissent d'autres que l'eau : l'odeur seule du vin et de l'eau-de-vie leur donnait de la répugnance ; ils en témoignaient aussi pour le tabac, les épiceries, et en général pour toutes les choses fortes.

Le peuple de Taïti est composé de deux races d'hommes très différentes, qui cependant ont la même langue, les mêmes mœurs, et qui paraissent se mêler ensemble sans distinction. La première, et c'est la plus nombreuse, produit des hommes de la plus grande taille : il est ordinaire d'en voir de six pieds et plus. Je n'ai jamais rencontré d'hommes mieux faits ni mieux proportionnés ; pour peindre Hercule et Mars, on ne trouverait nulle part d'aussi beaux modèles. Rien ne distingue leurs traits de ceux des Européens ; et s'ils étaient vêtus, s'ils vivaient moins à l'air et au grand soleil, ils seraient aussi blancs que nous. En général leurs cheveux sont noirs. La seconde race est d'une taille médiocre, a les cheveux crépus et durs comme du crin ; sa couleur et ses traits diffèrent peu de ceux des mulâtres. Le Taïtien qui s'est embarqué avec nous est de cette seconde race, quoique son père soit chef d'un canton ; mais il possède en intelligence ce qui lui manque du côté de la beauté (1).

---

1. On m'a souvent demandé et on me demande encore pourquoi, emmenant un habitant d'une île où les hommes sont en général très beaux, j'en ai choisi un vilain. J'ai répondu, et je réponds ici une fois pour toutes, que je n'ai point choisi : l'insulaire venu en France avec moi s'est embarqué sur mon vaisseau de sa propre volonté, je dirai presque contre la mienne. Assurément j'aurais regardé comme un crime d'enlever un homme à sa patrie, à ses pénates, à tout ce qui faisait son existence, quand bien même j'aurais imaginé que la France l'adopterait et qu'il n'y resterait pas à ma charge.

Les uns et les autres se laissent croître la partie inférieure de la barbe ; mais ils ont tous les moustaches et le haut des joues rasés. Ils laissent aussi toute leur longueur aux ongles, excepté à celui du doigt du milieu de la main droite. Quelques-uns se coupent les cheveux très courts, d'autres les laissent croître et les portent attachés sur le sommet de la tête. Tous ont l'habitude de se les oindre ainsi que la barbe avec de l'huile de coco. Je n'ai rencontré qu'un seul homme estropié et qui paraissait l'avoir été par une chute. Notre chirurgien-major m'a assuré qu'il avait vu sur plusieurs les traces de la petite vérole.

On voit souvent les Taïtiens nus, sans autre vêtement qu'une ceinture. Cependant les principaux s'enveloppent ordinairement dans une grande pièce d'étoffe qu'ils laissent tomber jusqu'aux genoux. C'est aussi là le seul habillement des femmes, et elles savent l'arranger avec assez d'art pour rendre ce simple ajustement susceptible de coquetterie. Comme les Taïtiennes ne vont jamais au soleil sans être couvertes, et qu'un petit chapeau de cannes, garni de fleurs, défend leur visage de ses rayons, elles sont beaucoup plus blanches que les hommes. Elles ont les traits assez délicats ; mais ce qui les distingue, c'est la beauté de leurs corps, dont les contours n'ont point été défigurés par quinze ans de torture.

Au reste, tandis qu'en Europe les femmes se peignent en rouge les joues, celles de Taïti se peignent d'un bleu foncé les reins et les cuisses ; c'est une parure et en même temps une marque de distinction. Les hommes sont soumis à la même mode. Je ne sais comment ils s'impriment ces traits ineffaçables ; je pense que c'est en piquant la peau et y versant le suc de certaines herbes, ainsi que je l'ai vu pratiquer aux indigènes du Canada. Il est à remarquer que de tout temps on a trouvé cette peinture à la mode chez les peuples voisins encore de l'état de nature. Quand César fit sa première descente en Angleterre, il y trouva établi cet usage de se peindre ; *omnes vero Britanni se vitro inficiunt, quod cœruleum efficit colorem.* Le savant et ingénieux auteur des recherches philosophiques sur les Américains donne pour cause à cet usage général le besoin où on est dans

les pays incultes de se garantir ainsi de la piqûre des insectes
caustiques, qui s'y multiplient au-delà de l'imagination. Cette cause
n'existe point à Taïti, puisque, comme nous l'avons dit plus haut,
on y est exempt de ces insectes insupportables. L'usage de se peindre y est donc une mode comme à Paris. Un autre usage de Taïti,
commun aux hommes et aux femmes, c'est de se percer les oreilles
et d'y porter des perles ou des fleurs de toute espèce. La plus grande
propreté embellit encore ce peuple aimable. Ils se baignent sans
cesse, et jamais ils ne mangent ni ne boivent sans se laver avant et
après.

Le caractère de la nation nous a paru être doux et bienfaisant. Il
ne semble pas qu'il y ait dans l'île aucune guerre civile, aucune
haine particulière, quoique le pays soit divisé en petits cantons qui
ont chacun leur seigneur indépendant. Il est probable que les Taïtiens pratiquent entre eux une bonne foi dont ils ne doutent point.
Qu'ils soient chez eux ou non, jour ou nuit, les maisons sont ouvertes.
Chacun cueille les fruits sur le premier arbre qu'il rencontre, en
prend dans la maison où il entre. Il paraîtrait que, pour les choses
absolument nécessaires à la vie il n'y a point de propriété, et que
tout est à tous. Avec nous, ils étaient filous habiles, mais d'une
timidité qui les faisait fuir à la moindre menace. Au reste, on a vu
que les chefs n'approuvaient point ces vols, qu'ils nous pressaient au
contraire de tuer ceux qui les commettaient. Éreti cependant n'usait
point de cette sévérité qu'il nous recommandait. Lui dénoncions-
nous quelque voleur, il le poursuivait lui-même à toutes jambes ;
l'homme fuyait, et s'il était joint, ce qui arrivait ordinairement, car
Éreti était infatigable à 'la course, quelques coups de bâton et
une restitution forcée étaient le seul châtiment du coupable. Je ne
croyais même pas qu'ils connussent de punition plus forte, attendu
que, quand ils voyaient mettre quelqu'un de nos gens aux fers, ils en
témoignaient une peine sensible ; mais j'ai su depuis, à n'en pas
douter, qu'ils ont l'usage de pendre les voleurs à des arbres, ainsi
qu'on le pratique dans nos armées.

Ils sont presque toujours en guerre avec les habitants des

îles voisines. Nous avons vu les grandes pirogues qui leur servent pour les descentes et même pour des combats en mer. Ils ont pour armes l'arc, la fronde, et une espèce de pique d'un bois fort dur. La guerre se fait chez eux d'une manière cruelle. Suivant ce que nous a appris Aotourou, ils tuent les hommes et les enfants mâles pris dans les combats ; ils leur enlèvent la peau du menton et la barbe, qu'ils portent comme une trophée de victoire.

J'exposerai à la fin de ce chapitre ce que j'ai pu entrevoir sur la

Tatouages de Taïti.

forme de leur gouvernement, sur l'étendue du pouvoir qu'ont leurs petits souverains, sur l'espèce de distinction qui existe entre les principaux et le peuple, sur le lien enfin qui réunit ensemble, et sous la même autorité, cette multitude d'hommes robustes qui ont si peu de besoins. Je remarquerai seulement ici que, dans les circonstances délicates, le seigneur du canton ne décide point sans l'avis d'un conseil. On a vu qu'il avait fallu une délibération des principaux de la nation lorsqu'il s'était agi de l'établissement de notre camp à terre. J'ajouterai que le chef paraît être obéi sans réplique par tout le monde, et que les notables ont aussi des gens qui les servent, et sur lesquels ils ont de l'autorité.

Il est fort difficile de donner des éclaircissements sur leur religion. Nous avons vu chez eux des statues de bois que nous avons prises pour des idoles ; mais quel culte leur rendent-ils ? La seule cérémonie religieuse dont nous ayons été témoins regarde les morts. Ils en conservent longtemps les cadavres étendus sur une espèce d'échafaud que couvre un hangar. L'infection qu'ils répandent n'em-

Cercueil taïtien.

pêche pas les femmes d'aller pleurer auprès du corps une partie du jour, et d'oindre d'huile de coco les froides reliques de leur affection. Celles dont nous étions connus nous ont laissés quelquefois approcher de ce lieu consacré aux mânes : *Emoé, Il dort*, nous disaient-elles. Lorsqu'il ne reste plus que les squelettes, on les transporte dans la maison, et j'ignore combien de temps on les y conserve. Je sais seulement, parce que je l'ai vu, qu'alors un homme considéré dans la nation vient y exercer son ministère sacré, et que,

dans ces lugubres cérémonies il porte des ornements assez re-
cherchés.

Nous avons fait sur la religion beaucoup de questions à Aotourou,
et nous avons cru comprendre qu'en général ses compatriotes sont
fort superstitieux, que les prêtres ont chez eux la plus redoutable
autorité, qu'indépendamment d'un être supérieur, nommé *Eri-t-Era*,
le Roi du soleil ou de la lumière, être qu'ils ne représentent par aucune
image matérielle, ils admettent plusieurs divinités, les unes bienfai-
santes, les autres malfaisantes ; que le nom de ces divinités ou génies
est *Eatoua*, qu'ils attachent à chaque action importante de la vie
un bon et un mauvais génie, lesquels y président et décident du
succès ou du malheur. Ce que nous avons compris avec certitude,
c'est que, quand la lune présente un certain aspect qu'ils nomment
Malama tamaï, Lune en état de guerre, aspect qui ne nous a pas
montré de caractère distinctif qui puisse nous servir à le définir, ils
sacrifient des victimes humaines. De tous leurs usages, un de ceux
qui me surprennent le plus, c'est l'habitude qu'ils ont de saluer ceux
qui éternuent, en leur disant : *Evaroua-t-Eatoua, que le bon Eatoua
te réveille*, ou bien : *Que le mauvais Eatoua ne t'endorme pas.* Voilà
des traces d'une origine commune avec les nations de l'ancien continent. Au reste, c'est surtout en traitant de la religion des peuples
que le scepticisme est raisonnable, puisqu'il n'y a point de matière
dans laquelle il soit plus facile de prendre la lueur pour l'évidence.

La polygamie paraît générale chez eux, du moins parmi les principaux. Les enfants partagent également les soins du père et de la
mère. Ce n'est pas l'usage à Taïti que les hommes, uniquement occupés de la pêche et de la guerre, laissent au sexe le plus faible les travaux pénibles du ménage et de la culture. Je ne saurais assurer si le
mariage est un engagement civil consacré par la religion, s'il est
indissoluble ou sujet au divorce. Quoi qu'il en soit, les femmes doivent à leurs maris une soumission entière : elles laveraient dans leur
sang une infidélité commise sans l'aveu de l'époux.

Ils dansent au son d'une espèce de tambour, et lorsqu'ils chantent,
ils accompagnent la voix avec une flûte très douce à trois ou à quatre

trous, dans laquelle, comme nous l'avons déjà dit, ils soufflent avec
le nez. Ils ont aussi une espèce de lutte qui est en même temps
exercice et jeu.

Cette habitude de vivre continuellement dans le plaisir, donne
aux Taïtiens un penchant marqué pour cette douce plaisanterie, fille
du repos et de la joie. Ils en contractent aussi dans le caractère une
légèreté dont nous étions tous les jours étonnés. Tout les frappe,
rien ne les occupe ; au milieu des objets nouveaux que nous leur
présentions, nous n'avons jamais réussi à fixer deux minutes de
suite l'attention d'aucun d'eux. Il semble que la moindre réflexion
leur soit un travail insupportable, et qu'ils fuient encore plus les
fatigues de l'esprit que celles du corps.

Je ne les accuserai cependant pas de manquer d'intelligence. Leur
adresse et leur industrie, dans le peu d'ouvrages nécessaires dont
ne sauraient les dispenser l'abondance du pays et la beauté du climat,
démentiraient ce témoignage. On est étonné de l'art avec lequel
sont faits les instruments pour la pêche ; leurs hameçons sont de
nacre aussi délicatement travaillée que s'ils avaient le secours de nos
outils ; leurs filets sont absolument semblables aux nôtres, et tissus
avec du fil de pite. Nous avons admiré la charpente de leurs vastes
maisons, et la disposition des feuilles de latanier qui en font la
couverture.

Ils ont deux espèces de pirogues : les unes, petites et peu travaillées, sont faites d'un seul tronc d'arbre creusé ; les autres, beaucoup
plus grandes, sont travaillées avec art. Un arbre creusé fait, comme
aux premières, le fond de la pirogue depuis l'avant jusqu'aux deux
tiers environ de sa longueur ; un second forme la partie de l'arrière,
qui est courbe et fort relevée, de sorte que l'extrémité de la poupe
se trouve à cinq ou six pieds au-dessus de l'eau ; ces deux pièces
sont assemblées bout à bout en arc de cercle, et comme, pour
assurer cet écart, ils n'ont pas le secours des clous, ils percent en
plusieurs endroits l'extrémité des deux pièces, et ils y passent des
tresses de fil de coco dont ils font de fortes lieures. Les côtés de
la pirogue sont relevés par deux bordages d'environ un pied de

largeur, cousus sur le fond et l'un avec l'autre par des lieures semblables aux précédentes. Ils remplissent les coutures de fil de coco
sans mettre aucun enduit sur le calfatage. Une planche qui couvre
l'avant de la pirogue, et qui a cinq ou six pieds de saillie, l'empêche
de se plonger entièrement dans l'eau lorsque la mer est grosse.
Pour rendre ces légères barques moins sujettes à chavirer, ils mettent un balancier sur un des côtés. Ce n'est autre chose qu'une
pièce de bois assez longue, portée sur deux traverses de quatre à
cinq pieds de long, dont l'autre bout est amarré sur la pirogue. Lors-

Pirogues de Taïti.

qu'elle est à la voile, une planche s'étend en dehors de l'autre côté
du balancier. Son usage est pour y amarrer un cordage qui soutient
le mât, et rendre la pirogue moins volage, en plaçant au bout de la
planche un homme ou un poids.

Leur industrie paraît davantage dans le moyen dont ils usent
pour rendre ces bâtiments propres à les transporter aux îles voisines,
avec lesquelles ils communiquent sans avoir dans cette navigation
d'autres guides que les étoiles. Ils lient ensemble deux grandes
pirogues côte à côte, à quatre pieds environ de distance, par le

moyen de quelques traverses fortement amarrées sur les deux bords. Par-dessus l'arrière de ces deux bâtiments ainsi joints, ils posent un pavillon d'une charpente très légère, couvert par un toit de roseaux. Cette chambre les met à l'abri de la pluie et du soleil, et leur fournit en même temps un lieu propre à tenir leurs provisions sèches. Ces doubles pirogues sont capables de contenir un grand nombre de personnes, et ne risquent jamais de chavirer. Ce sont celles dont nous avons toujours vu les chefs se servir ; elles vont, ainsi que les pirogues simples, à la rame et à la voile : les voiles sont composées de nattes étendues sur un carré de roseaux, dont un des angles est arrondi.

Pirogue double à Taïti.

Les Taïtiens n'ont d'autre outil pour tous ces ouvrages qu'une herminette, dont le tranchant est fait avec une pierre noire très dure. Elle est absolument de la même forme que celle de nos charpentiers, et ils s'en servent avec beaucoup d'adresse. Ils emploient pour percer les bois des morceaux de coquilles fort aigus.

La fabrique des étoffes singulières qui composent leurs vêtements n'est pas le moindre de leurs arts. Elles sont tissues avec l'écorce d'un arbuste que tous les habitants cultivent autour de leurs maisons. Un morceau de bois dur, équarri et rayé sur ses quatre faces par des traits de différentes grosseurs, leur sert à battre cette écorce sur une planche très unie. Ils y jettent un peu d'eau en la battant, et ils parviennent ainsi à former une étoffe très égale et très fine, de la nature du papier, mais beaucoup plus souple et moins sujette à être déchirée. Ils lui donnent une grande largeur. Ils en ont de plusieurs sortes, plus ou moins épaisses, mais toutes fabriquées avec la même matière ; j'ignore la méthode dont ils se servent pour les teindre.

Je terminerai ce chapitre en me justifiant, car on m'oblige à me servir de ce terme, en me justifiant, dis-je, d'avoir profité de la bonne volonté d'Aotourou pour lui faire faire un voyage qu'assurément il ne croyait pas devoir être aussi long, et en rendant compte des connaissances qu'il m'a données sur son pays pendant le séjour qu'il a fait avec moi.

Le zèle de cet insulaire pour nous suivre n'a pas été équivoque. Dès les premiers jours de notre arrivée à Taïti, il nous l'a manifesté de la manière la plus expressive, et sa nation parut applaudir à son projet. Forcés de parcourir une mer inconnue, et certains de ne devoir désormais qu'à l'humanité des peuples que nous allions découvrir les secours et les rafraichissements dont notre vie dépendait, il nous était essentiel d'avoir avec nous un homme d'une des iles les plus considérables de cette mer. Ne devions-nous pas présumer qu'il parlait la même langue que ses voisins, que ses mœurs étaient les mêmes, et que son crédit auprès d'eux serait décisif en notre faveur quand il détaillerait et notre conduite avec, ses compatriotes et nos procédés à son égard? D'ailleurs, en supposant que notre patrie voulût profiter de l'union d'un peuple puissant situé au milieu des plus belles contrées de l'univers, quel gage, pour cimenter l'alliance, que l'éternelle obligation dont nous allions enchaîner ce peuple en lui renvoyant son concitoyen bien traité par nous, et enrichi de connaissances utiles qu'il leur porterait! Dieu veuille que le besoin et le zèle qui nous ont inspirés ne soient pas funestes au courageux Aotourou.

Je n'ai épargné ni l'argent ni les soins pour lui rendre son séjour à Paris agréable et utile. Il y est resté onze mois, pendant lesquels il n'a témoigné aucun ennui. L'empressement pour le voir a été vif, curiosité stérile qui n'a servi presque qu'à donner des idées fausses à des hommes persifleurs par état, qui ne sont jamais sortis de la capitale, qui n'approfondissent rien, et qui, livrés à des erreurs de toute espèce, ne voient que d'après leurs préjugés et décident cependant avec sévérité et sans appel. Comment! par exemple, me disaient quelques-uns, dans le pays de cet homme on ne parle ni français ni anglais ni espagnol? Que pouvais-je répondre? Ce n'était pas toutefois l'étonnement d'une question pareille qui me rendait muet. J'y étais accoutumé, puisque je savais qu'à mon arrivée plusieurs de ceux mêmes qui passent pour instruits soutenaient que je n'avais pas fait le tour du monde, puisque je n'avais pas été en Chine. D'autres, aristarques tranchants, prenaient et répandaient une fort mince idée du pauvre insulaire, sur ce qu'après un séjour de deux ans avec des Français il parlait à peine quelques mots de la langue. Ne voyons-nous pas tous les jours, disaient-ils, des Italiens, des Anglais, des Allemands, auxquels un séjour d'un an à Paris suffit pour apprendre le français? J'aurais pu répondre, peut-être avec quelque fondement, qu'indépendamment de l'obstacle physique que l'organe de cet insulaire apportait à ce qu'il pût se rendre notre langue familière, obstacle qui sera détaillé plus bas, cet homme avait au moins trente ans, que jamais sa mémoire n'avait été exercée par aucune étude, ni son esprit assujetti à aucun travail ; qu'à la vérité un Italien, un Anglais, un Allemand, pouvaient en un an jargonner passablement le français ; mais que ces étrangers avaient une grammaire pareille à la nôtre, des idées morales, physiques, politiques, sociales, les mêmes que les nôtres et toutes exprimées par des mots dans leur langue comme elles le sont dans la langue française ; qu'ainsi ils n'avaient qu'une traduction à confier à leur mémoire exercée dès l'enfance. Le Taïtien, au contraire, n'ayant que le petit nombre d'idées relatives d'une part à la société la plus simple et la plus bornée, de l'autre à des besoins réduits au plus petit nombre possible, aurait eu à créer, pour ainsi dire, dans un esprit aussi paresseux que son corps, un monde d'idées premières avant que de pouvoir parvenir à leur adapter les mots de notre langue qui les expriment. Voilà peut-être ce que j'aurais pu répondre, mais ce détail demandait quelques minutes, et j'ai presque toujours remarqué qu'accablé de questions comme je l'étais, quand je me disposais à y satisfaire, les personnes qui m'en avaient honoré étaient déjà loin de moi. C'est qu'il est fort commun dans les capitales de trouver des gens qui questionnent, non en curieux qui veulent s'instruire, mais en juges qui s'apprêtent à prononcer : alors qu'ils entendent la réponse ou ne l'entendent point, ils n'en prononcent pas moins.

Cependant, quoique Aotourou estropiât à peine quelques mots de notre langue, tous les jours il sortait seul, il parcourait la ville, et jamais il ne s'est égaré. Souvent il faisait des emplettes, et presque jamais il n'a payé les choses au-delà de leur valeur. Le seul de nos spectacles qui lui plût était l'opéra, car il aimait passionnément la danse. Il connaissait parfaitement les jours de ce spectacle ; il y allait seul, payait à la porte comme tout le monde, et sa place favorite était dans les corridors. Parmi le grand nombre de personnes qui ont désiré le voir, il a toujours remarqué ceux qui lui ont fait du bien, et son cœur reconnaissant ne les oubliait pas. Il était particulièrement attaché à Madame la duchesse de Choiseul, qui l'a comblé de bienfaits et surtout de marques d'intérêt et d'amitié, auxquelles il était infiniment plus sensible qu'aux présents. Aussi allait-il de lui-même voir cette généreuse bienfaitrice toutes les fois qu'il savait qu'elle était à Paris.

Il en est parti au mois de mars 1770, et il a été s'embarquer à La Rochelle sur le navire *le Brisson*, qui a dû le transporter à l'Ile de France. Il a été confié pendant cette traversée aux soins d'un négociant qui s'est embarqué sur le même bâtiment, dont il est armateur en partie. Le ministère a ordonné au gouverneur et à l'intendant de l'Ile de France de renvoyer de là Aotourou dans son île. J'ai donné un mémoire fort détaillé sur la route à faire pour s'y rendre, et trente-six mille francs (c'est le tiers de mon bien) pour armer le navire destiné à cette navigation. Madame la duchesse de Choiseul a porté l'humanité jusqu'à consacrer une somme d'argent pour transporter à Taïti un grand nombre d'outils de nécessité première, des graines, des bestiaux, et le roi d'Espagne a daigné permettre que ce bâtiment, s'il était nécessaire, relâchât aux Philippines.

J'ai reçu des nouvelles de l'arrivée d'Aotourou à l'Ile de France.

On m'a écrit depuis de l'Ile de France une lettre datée du mois d'août 1771, dans laquelle on me mande qu'on y armait le bâtiment destiné à ramener Aotourou à Taïti. Puisse-t-il revoir enfin ses compatriotes ! Je vais détailler ce que j'ai cru comprendre sur les mœurs de son pays dans mes conversations avec lui.

J'ai dit que les Taïtiens reconnaissent un Être suprême qu'aucune image factice ne saurait représenter, et des divinités subalternes *de deux métiers*, comme dit Amyot, représentées par des figures de bois. Ils prient au lever et au coucher du soleil ; mais ils ont en détail un grand nombre de pratiques superstitieuses pour conjurer l'influence des mauvais génies. La comète visible à Paris en 1769, et qu'Aotourou a fort bien remarquée, m'a donné lieu d'apprendre que les Taïtiens connaissent ces astres qui ne reparaissent, m'a-t-il dit, qu'après un grand nombre de lunes. Ils nomment les comètes *evetou eave*, et n'attachent à leur apparition aucune idée sinistre. Il n'en est pas de même de ces espèces de météores qu'ici le peuple croit être des étoiles qui filent. Les Taïtiens, qui les nomment *epao*, les croient un génie malfaisant, *Eatoua toa*.

Au reste, les gens instruits de cette nation, sans être astronomes, comme l'ont prétendu nos gazettes, ont une nomenclature des constellations les plus remarquables ; ils en connaissent le mouvement diurne, et ils s'en servent pour diriger leur route en pleine mer d'une île à l'autre. Dans cette navigation, quelquefois de plus de trois cents lieues, ils perdent toute vue de terre. Leur boussole est le cours du soleil pendant le jour et la position des étoiles pendant les nuits, presque toujours belles entre les tropiques.

Aotourou m'a parlé de plusieurs îles, les unes confédérées de Taïti, les autres toujours en guerre avec elle. Les îles amies sont *Aimeo, Maoroua, Aca, Oumaitia,* et *Tapoua-massau*. Les ennemies sont *Papara, Aiatea, Otaa, Toumaraa, Oopoa*. Ces îles sont aussi grandes que Taïti. L'île de *Pare*, fort abondante en perles, est tantôt son alliée, tantôt son ennemie. *Enoua-motou* et *Toupai* sont deux petites îles inhabitées, couvertes de fruits, de cochons, de volailles, abondantes en poissons et en tortues ; mais le peuple croit qu'elles sont la demeure des génies ; c'est leur domaine, et malheur aux bateaux que le hasard ou la curiosité conduit à ces îles sacrées ! Il en coûte la vie à presque tous ceux qui abordent. Au reste, ces îles gisent à différentes distances de Taïti. Le plus grand éloignement dont Aotourou m'ait parlé, est à quinze jours de marche. C'est sans doute à peu près à cette distance qu'il supposait être notre patrie, lorsqu'il s'est déterminé à nous suivre.

J'ai dit plus haut que les habitants de Taïti nous avaient paru vivre dans un bonheur digne d'envie. Nous les avions crus presque égaux entre eux, ou du moins jouissant d'une liberté qui n'était soumise qu'aux lois établies pour le bonheur de tous. Je me trompais ; la distinction des rangs est fort marquée à Taïti, et la disproportion cruelle. Les rois et les grands ont droit de vie et de mort sur leurs esclaves et valets ; je serais même tenté de croire qu'ils ont aussi ce droit barbare sur les gens du peuple, qu'ils nomment *tata-einou*, *hommes vils ;* toujours est-il sûr que c'est dans cette classe infortunée qu'on prend les victimes pour les sacrifices humains. La viande et le poisson sont réservés à la table des grands ; le peuple ne vit que de légumes et de fruits. Jusqu'à la manière de s'éclairer dans la nuit différencie les états, et l'espèce de bois qui brûle pour les gens considérables n'est pas la même que celle dont il est permis au peuple de se servir. Les rois seuls peuvent planter devant leurs maisons l'arbre que nous nommons *le saule pleureur* ou *l'arbre du grand Seigneur*. On sait qu'en courbant les branches de cet arbre et les plantant en terre, on donne à son ombre la direction et l'étendue qu'on désire ; à Taïti il est la salle à manger des rois.

Les seigneurs ont des livrées pour leurs valets ; suivant que la qualité des maîtres est plus ou moins élevée, les valets portent plus ou moins haut la pièce d'étoffe dont ils se ceignent. Cette ceinture prend immédiatement sous les bras aux valets des chefs ; elle ne couvre que les reins aux valets de la dernière classe des nobles. Les heures ordinaires des repas sont lorsque le soleil passe au méridien et lorsqu'il est couché. Les hommes ne mangent point avec les femmes ; celles-ci seulement servent aux hommes les mets que les valets ont apprêtés.

A Taïti on porte régulièrement le deuil, qui se nomme *eeva*. Toute la nation porte le deuil de ses rois. Le deuil des pères est fort long. Les femmes portent celui des maris, sans que ceux-ci leur rendent la pareille. Les marques de deuil sont de porter sur la tête une coiffure de plumes dont la couleur est consacrée à la mort, et de se couvrir le visage d'un voile. Quand les gens en deuil sortent de leurs maisons, ils sont précédés de plusieurs esclaves qui battent des castagnettes d'une certaine manière ; leur son lugubre avertit tout le monde de se ranger, soit qu'on respecte la douleur des gens en deuil, soit qu'on craigne leur approche comme sinistre et malencontreuse.

Dans les maladies un peu graves tous les proches parents se rassemblent chez le malade. Ils y mangent et y couchent tant que le danger subsiste ; chacun le soigne et le veille à son tour. Ils ont aussi l'usage de saigner ; mais ce n'est ni au bras ni au pied. Un *Tavua*, c'est-à-dire un médecin ou prêtre inférieur, frappe avec un bois tranchant sur le crâne du malade ; il ouvre par ce moyen la veine que nous nommons *sagittale ;* et lorsqu'il en a coulé suffisamment de sang, il ceint la tête d'un bandeau qui assujettit l'ouverture : le lendemain il lave la plaie avec de l'eau.

J'ai appris d'Aotourou qu'environ huit mois avant notre arrivée dans son île un vaisseau anglais y avait abordé. C'est celui que commandait M. Wallas. Le même hasard qui nous a fait découvrir cette île, y a conduit les Anglais pendant que nous étions à la rivière de la Plata. Ils y ont séjourné un mois, et, à l'exception d'une attaque que leur ont faite les insulaires qui se flattaient d'enlever le vaisseau, tout s'est passé à l'amiable. Voilà, sans doute, d'où proviennent et la connaissance du fer que nous avons trouvée aux Taïtiens, et le nom d'*aouri* qu'ils lui donnent, nom assez semblable pour le son au mot anglais *iron, fer*, qui se prononce *aïron*.

Les Anglais ont fait depuis un second voyage à Taïti, qu'ils nomment *Otahitee*. Ils y ont observé le passage de Vénus le 4 juin 1769, et leur séjour dans cette île a été de trois mois. Comme ils ont déjà publié une relation de ce voyage, relation qu'on traduit actuellement en français pour la rendre publique ici, je n'entrerai point dans le détail de ce qu'ils disent sur cette île et ses habitants. Je me contenterai d'observer que c'est faussement qu'ils avancent que nous y sommes toujours restés avec pavillon espagnol : nous n'avions aucune raison de cacher le nôtre.

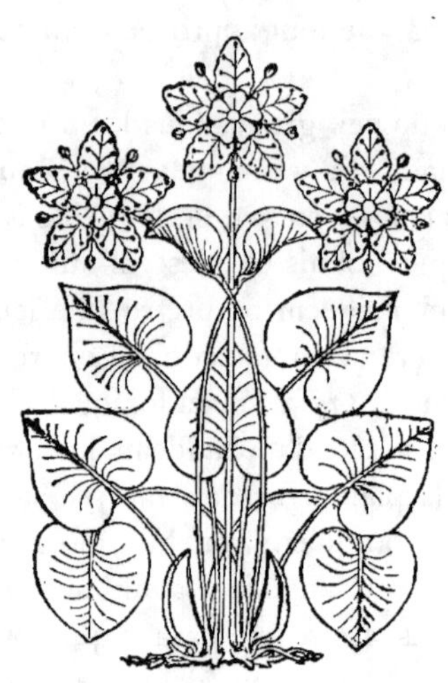

CHAPITRE IV.

Direction de la route au sortir de Taïti. — Vue de nouvelles îles. — Échanges faits avec les insulaires. — Description de ces insulaires. — Suite d'îles. — Situation critique où nous nous trouvons. — Rencontre de nouvelles terres. — Débarquement à une des îles. — Attaque des Français par les insulaires. — Description de ces insulaires. — Continuation de la route entre les terres. — Les grandes Cyclades.

N a vu combien la relâche à Taïti avait été mélangée de bien et de mal ; l'inquiétude et le danger y avaient accompagné nos pas jusqu'aux derniers instants, mais ce pays était pour nous un ami que nous aimions avec ses défauts. Le 16 avril, à huit heures du matin, nous étions environ à dix lieues dans le nord-est-quart-nord de sa pointe septentrionale, et je pris de là mon point de départ. A dix heures nous aperçûmes une terre sous le vent, qui paraissait former trois îles ; on voyait encore l'extrémité de Taïti. A midi nous reconnûmes parfaitement que ce que nous avions pris pour trois îles n'en était qu'une seule, dont les sommets nous avaient paru isolés dans l'éloignement. Par-dessus cette nouvelle terre, nous crûmes en voir une plus éloignée. Cette île est d'une hauteur médiocre et couverte d'arbres ; on peut l'apercevoir en mer de huit ou dix lieues. Aotourou la nomme *Oumaitia*. Il nous a fait entendre, d'une manière non équivoque, qu'elle était habitée par une nation amie de la sienne, qu'il y avait été plusieurs fois, et que nous y trouverions le même accueil et les mêmes rafraîchissements qu'à Taïti.

Nous perdîmes Oumaitia de vue dans la journée, et je dirigeai ma route de manière à ne pas rencontrer *les îles pernicieuses*, que les désastres de l'amiral Roggewin nous avertissaient de fuir. Deux jours après, nous eûmes une preuve incontestable que les habitants des îles de l'océan Pacifique communiquent entre eux, même à des distances considérables. L'azur d'un ciel sans nuages laissait étinceler les étoiles ; Aotourou, après les avoir attentivement considérées, nous fit remarquer l'étoile brillante qui est dans l'épaule d'Orion, disant que c'était sur elle que nous devions diriger notre course, et que, dans deux jours, nous trouverions une terre abondante qu'il connaissait, et où il avait des amis ; nous crûmes même comprendre par ses gestes qu'il y avait un enfant. Comme je ne faisais pas déranger la route du vaisseau, il me répéta plusieurs fois qu'on y trouvait des cocos, des bananes, des cochons. Outré de voir que ces raisons ne me déterminaient pas, il courut saisir la roue du gouvernail, dont il avait déjà remarqué l'usage, et, malgré le timonier, il tâchait de la changer pour nous faire gouverner sur l'étoile qu'il indiquait. On eut assez de peine à le tranquilliser, et ce refus lui donna beaucoup de chagrin. Le lendemain, dès la pointe du jour, il monta au haut des mâts et y passa la matinée, regardant toujours du côté de cette terre où il voulait nous conduire, comme s'il eût eu l'espérance de l'apercevoir. Au reste, il nous avait nommé la veille en sa langue, sans hésiter, la plupart des étoiles brillantes que nous lui montrions ; nous avons eu depuis la certitude qu'il connaît parfaitement les phases de la lune, et les divers pronostics qui avertissent souvent en mer des changements qu'on doit avoir dans le temps. Une de leurs opinions qu'il nous a clairement énoncée, c'est qu'ils croient positivement que le soleil et la lune sont habités. Quel Fontenelle leur a enseigné la pluralité des mondes ?

Pendant le reste du mois d'avril, nous eûmes très beau temps, mais peu de frais, et le vent de l'est prenait plus du nord que du sud. La nuit du 26 au 27, notre Pratique de la côte de France mourut subitement d'une attaque d'apoplexie. Ces Pratiques se nomment *pilotes-côtiers*, et tous les vaisseaux du roi ont ainsi un pilote-pratique de la côte de France. Ils sont différents de ceux qu'on nomme dans l'équipage *pilotes*, *aides-pilotes* ou *pilotins*. On a dans le monde une idée peu exacte de l'emploi qu'exercent ces pilotes sur nos vaisseaux. On croit que ce sont eux qui en dirigent la route, et qu'ils servent ainsi comme de bâton à des aveugles. Je ne sais pas s'il est encore quelque nation chez laquelle on abandonne à ces hommes subalternes l'art du pilotage, cette partie essentielle de la navigation. Dans nos vaisseaux, la fonction des pilotes est de veiller à ce que les timoniers suivent exactement la route que le capitaine leur ordonne, à marquer tous les changements qu'y font faire ou la qualité des vents, ou les ordres du commandant, et à observer les signaux ; encore ne président-ils à ces détails que sous la direction de l'officier de quart. Assurément les officiers de la marine du roi sortent d'écoles beaucoup plus profondes en géométrie qu'il n'est nécessaire pour connaître parfaitement toutes les lois du pilotage. La classe des pilotes proprement dits est encore chargée du soin des compas de routes et d'observation, des lignes de lock et de sonde, des fanaux, des pavillons, etc., et on voit que ces divers détails ne demandent que de l'exactitude. Aussi mon premier pilote dans ce voyage était-il un jeune homme de vingt ans, le second était du même âge, et les aides-pilotes naviguaient pour la première fois.

Mon estime, comparée deux fois dans ce mois avec les observations astronomiques de M. Verron, diffère la première fois, et c'était à Taïti, de treize minutes dix secondes, dont j'étais plus ouest; la seconde fois, qui est le 27 à midi, de un degré treize minutes trente-sept secondes, dont j'étais plus est que l'observé. Au reste, les différentes îles découvertes dans ce mois forment la seconde division des îles de ce vaste océan. Je l'ai nommée *l'archipel de Bourbon*.

Le 3 mai, presque à la pointe du jour, nous découvrîmes une nouvelle terre dans le nord-ouest à dix ou douze lieues de distance. Les vents étaient de la partie du nord-est, et je fis gouverner au vent de la pointe septentrionale de cette terre, laquelle est fort élevée, dans l'intention de la reconnaître. Les connaissances nautiques d'Aotourou ne s'étendaient pas jusque-là, car sa première idée, en voyant cette terre, fut qu'elle était notre patrie. Dans la journée nous essuyâmes quelques grains, suivis de calme, de pluie et de brises du ouest, tels que dans cette mer on en éprouve aux approches des moindres terres. Avant le coucher du soleil, nous reconnûmes trois îles, dont une beaucoup plus considérable que les deux autres. Pendant la nuit, que la lune rendait claire, nous conservâmes la vue de terre ; nous courûmes dessus au jour, et nous prolongeâmes la côte orientale de la grande île depuis sa pointe du sud jusqu'à celle du nord ; c'est son plus grand côté, qui peut avoir trois lieues ; l'île en a deux de l'est à l'ouest. Ses côtes sont partout escarpées, et ce n'est, à proprement parler, qu'une montagne élevée, couverte d'arbres jusqu'au sommet, sans vallées ni plage. La mer brisait fortement le long de la rive. Nous y vîmes des feux, quelques cabanes couvertes de joncs et terminées en pointe, construites à l'ombre des cocotiers, et une trentaine d'hommes qui couraient sur le bord de la mer. Les deux petites îles sont à une lieue de la grande dans l'ouest-nord-ouest du monde, situation qu'elles ont aussi entre elles. Un bras de mer peu large les sépare, et à la pointe du ouest de la plus occidentale il y a un îlot. Elles n'ont pas plus d'une demi-lieue chacune, et leur côte est également haute et escarpée. Le milieu de ces îles est par quatorze degrés onze minutes de latitude australe, cent soixante-dix degrés cinquante-neuf minutes de longitude à l'ouest de Paris.

A midi je faisais route pour passer entre ces petites îles et la grande, lorsque la vue d'une pirogue qui venait à nous me fit mettre en panne pour l'attendre. Elle s'approcha à une portée de pistolet du vaisseau sans vouloir l'accoster, malgré tous les signes d'amitié dont nous pouvions nous aviser vis-à-vis des cinq hommes qui la conduisaient. Ils étaient nus et nous montraient du coco et des racines. Notre Taïtien leur parla sa langue, mais ils ne l'entendirent pas ; ce n'est plus ici la même nation. Lassé de voir que, malgré l'envie qu'ils témoignaient de diverses bagatelles qu'on leur montrait, ils n'osaient approcher, je fis mettre à la mer le petit canot. Aussitôt qu'ils l'aperçurent, ils forcèrent de nage pour s'enfuir, et je ne voulus pas qu'on les poursuivît. Peu après, on vit venir plusieurs autres pirogues, quelques-unes à la voile. Elles témoignèrent moins de méfiance que la première, et s'approchèrent assez pour rendre les échanges praticables, mais aucun insulaire ne voulut monter à bord. Nous eûmes d'eux des ignames, des noix de cocos, une poule d'eau d'un superbe plumage et quelques morceaux d'une fort belle écaille. L'un d'eux avait un coq qu'il ne voulut jamais troquer. Ils échangèrent aussi des étoffes du même tissu, mais beaucoup moins belles que celles de Taïti et teintes de vilaines couleurs rouges, brunes et noires ; des hameçons mal faits avec des arêtes de poissons, quelques nattes et des lances longues de six pieds, d'un bois durci au feu. Ils ne voulurent point de fer ; ils préféraient de petits morceaux d'étoffe rouge aux clous,

Vue de Taïti.

aux couteaux et aux pendants d'oreilles qui avaient eu un succès si décidé à Taïti. Je ne crois pas ces hommes aussi doux que les Taïtiens : leur physionomie était plus sauvage, et il fallait être toujours en garde contre les ruses qu'ils employaient pour tromper dans les échanges.

Ces insulaires nous ont paru de stature médiocre, mais agiles et dispos. Ils ont la poitrine et les cuisses jusqu'au-dessus du genou peintes d'un bleu foncé, leur couleur est bronzée ; nous en avons remarqué un beaucoup plus blanc que les autres. Ils se coupent ou s'arrachent la barbe, un seul la portait un peu longue ; tous en général avaient les cheveux noirs relevés sur la tête. Leurs pirogues, faites avec assez d'art, sont munies d'un balancier ; elles n'ont point l'avant ni l'arrière relevés, mais pontés l'un et l'autre, et sur le milieu de ces ponts il y a une rangée de chevilles terminées en forme de gros clous, mais dont les têtes sont recouvertes de beaux limas d'une blancheur éclatante. La voile de leurs pirogues est composée de plusieurs nattes et triangulaire ; deux de ses côtés sont envergués sur des bâtons, dont l'un sert à l'assujettir le long du mât et l'autre, établi sur la ralingue de dehors, fait l'effet d'une livarde. Ces pirogues nous ont suivis assez au large lorsque nous avons éventé nos voiles ; il en est même venu quelques-unes des deux petites îles, et dans l'une il y avait une femme vieille et laide. Aotourou a témoigné le plus grand mépris pour ces insulaires.

Nous trouvâmes un peu de calme lorsque nous fûmes sous le vent de la grosse île, ce qui me fit renoncer à passer entre elle et les deux petites. Le canal est d'une lieue et demie, et il paraît qu'il y aurait quelque mouillage. A six heures du soir, on découvrit du haut des mâts, dans le ouest-sud-ouest, une nouvelle terre qui se présentait sous l'aspect de trois mondrains isolés. Nous courûmes dans le sud-ouest, et à deux heures après minuit nous revîmes cette terre dans l'ouest deux degrés sud ; les premières îles que nous apercevions encore à la faveur d'un beau clair de lune, nous restaient alors au nord-est.

Le 5 au matin, nous reconnûmes que cette nouvelle terre était une belle île dont nous n'avions la veille aperçu que les sommets. Elle est entrecoupée de montagnes et de vastes plaines couvertes de cocotiers et d'une infinité d'autres arbres. Nous prolongeâmes sa côte méridionale à une ou deux lieues de distance sans y voir aucune apparence de mouillage ; la mer s'y développait avec fureur. Il y a même une bâture dans l'ouest de sa pointe occidentale, laquelle met environ deux lieues au large. Plusieurs relèvements nous ont donné avec exactitude le gisement de cette côte. Un grand nombre de pirogues à la voile, semblables à celles des dernières îles, vinrent autour des navires, mais sans vouloir s'approcher; une seule accosta *l'Étoile.* Les Indiens semblaient nous inviter par leurs signes à aller à terre ; mais les brisants nous le défendaient. Quoique nous fissions alors sept et huit milles par heure, ces pirogues à la voile tournaient autour de nous avec la même aisance que si nous eussions été à l'ancre. On en aperçut du haut des mâts plusieurs qui voguaient dans le sud.

Dès six heures du matin, nous avions eu la connaissance d'une autre terre dans l'ouest ; des nuages ensuite nous en avaient dérobé la vue ; elle se remontra vers dix heures. Sa côte courait au sud-ouest et nous parut avoir au moins autant d'élévation et d'étendue que la première, avec laquelle elle gît à peu près est et ouest du monde, à la distance d'environ douze lieues. Une brume épaisse, qui s'éleva dans l'après-midi et dura toute la nuit et le jour suivant, ne nous permit pas de la reconnaître. Nous distinguâmes seulement à sa pointe du nord-est deux petites îles de grandeur inégale.

La longitude de ces îles est à peu près la même par laquelle s'estimait être Abel Tasman, lorsqu'il découvrit les îles d'*Amsterdam* et de *Rotterdam*, des *Pilstaars*, du *Prince Guillaume*, et les bas-fonds de *Fleemskerk*. C'est aussi celle qu'on assigne à peu de chose près aux *îles de Salomon*. D'ailleurs les pirogues que nous avons vues voguer au large et dans le sud, semblent indiquer d'autres îles dans cette partie. Ainsi ces terres paraissent former une chaîne étendue sous le même méridien ; ce sera la troisième division, que nous avons nommée *l'archipel des Navigateurs*. Les îles qui le composent gisent sous le quatorzième parallèle austral, entre cent soixante-et-onze et cent soixante-douze degrés de longitude à l'ouest de Paris.

Le 11 au matin, après avoir gouverné à ouest-quart-sud-ouest depuis la vue des dernières îles, on découvrit la terre dans l'ouest-sud-ouest à sept ou huit lieues de distance. On crut d'abord que c'étaient deux îles séparées, et le calme nous en tint éloignés tout le jour. Le 12, on reconnut que ce n'était qu'une seule île, dont les deux parties élevées étaient jointes par une terre basse, qui paraissait se courber en arc et former une baie ouverte au nord-est. Les grosses terres courent au nord-nord-ouest. Le vent de bout nous a empêchés d'approcher de plus de six à sept lieues cette ile que j'ai appelée *l'Enfant perdu.*

Les mauvais temps, qui avaient commencé dès le 6 de ce mois, continuèrent presque sans interruption jusqu'au 20, et, pendant cet intervalle, nous fûmes persécutés par les calmes, la pluie, les vents d'ouest. En général, dans cet océan nommé *Pacifique*, l'approche des terres procure des orages, plus fréquents encore dans les décours de la lune. Lorsque le temps est par grains avec de gros nuages fixes à l'horizon, c'est un indice presque sûr de quelques îles et un avis de s'en méfier. On ne se figure pas avec quels soins et quelles inquiétudes on navigue dans ces mers inconnues, menacé de toutes parts de la rencontre inopinée de terres et d'écueils, inquiétudes plus vives encore dans les longues nuits de la zone torride. Il nous fallait cheminer à tâtons, changeant de route, lorsque l'horizon était trop noir devant nous. La disette d'eau, le défaut de vivres, la nécessité de profiter du vent, quand il daignait souffler, ne nous permettaient pas de suivre les lenteurs d'une navigation prudente et de passer en panne ou *sur les bords* le temps des ténèbres.

Cependant le scorbut commençait à reparaître. Une grande partie des équipages et presque tous les officiers en avaient les gencives atteintes et la bouche échauffée. Il ne restait plus de rafraîchissements que pour les malades, et l'on s'accoutume difficilement à ne vivre que de mauvaises salaisons et de légumes desséchés.

Le 22 à l'aube du jour, comme nous courions à ouest, on aperçut de l'avant à nous une longue et haute terre. Lorsque le soleil fut levé, nous reconnûmes deux îles. La plus méridionale nous restait depuis le sud-quart-sud-est jusqu'au sud-ouest-quart-sud ; elle paraissait courir au nord-nord-ouest corrigé et avoir environ douze lieues de longueur sur ce gisement. Elle reçut le nom du jour, *île de la Pentecôte.* La seconde nous restait depuis le sud-ouest cinq degrés sud jusqu'à l'ouest-nord-ouest; l'instant où elle s'est montrée à nous l'a fait appeler *l'île Aurore.* Nous tînmes d'abord le plus près, bâbord amures, pour tâcher de passer entre les deux îles. Les vents nous refusèrent, et il fallut arriver pour passer sous le vent de l'île Aurore. En avançant dans le nord le long de sa côte orientale, on aperçut dans le nord-quart-nord-ouest une petite île élevée en pain de sucre, qui fut nommée *le pic de l'Étoile*. Nous continuâmes à ranger l'île Aurore à une lieue et demie de distance. Elle gît nord et sud corrigés, depuis sa pointe méridionale jusqu'à la moitié environ de sa longueur, qui est de dix lieues ; ensuite elle décline vers le nord-nord-ouest ; elle a très peu de largeur, deux lieues tout au plus. Ses côtes sont escarpées et couvertes de bois. A deux heures après-midi, nous aperçûmes par-dessus cette île des cimes de hautes montagnes à dix lieues environ au-delà. Elles appartenaient à une terre dont, à trois heures et demie, nous vîmes au sud-sud-ouest du compas la pointe du sud-ouest par-dessus l'extrémité septentrionale de l'île Aurore. Après avoir doublé cette dernière, nous faisions route au sud-sud-ouest, lorsqu'au coucher du soleil une nouvelle côte élevée et très étendue s'offrit encore à nos regards. Elle se prolongeait depuis l'ouest-sud-ouest jusqu'au nord-ouest-quart-nord, à la distance de quinze à seize lieues.

Nous courûmes plusieurs bords dans la nuit pour nous élever dans le sud-est, afin de reconnaître si la terre que nous avions au sud-sud-ouest tenait à l'île de la Pentecôte, ou si elle en formait une troisième. C'est ce que nous vérifiâmes le 23 à la pointe du jour. Nous découvrîmes la séparation des trois îles. Celle de la Pentecôte et l'île Aurore sont à peu près sous le même méridien, à deux lieues de distance l'une de l'autre. La troisième est dans le sud-ouest de l'île Aurore, et leur moindre éloignement est de trois ou quatre lieues. Sa côte du nord-ouest a au moins douze lieues d'étendue, terre haute, escarpée, partout couverte de bois. Nous l'avons côtoyée une partie de la matinée du 23. Plusieurs pirogues se montraient le long de la terre, sans qu'aucune cherchât à nous approcher. Il ne paraissait point de cases ; on voyait seulement un grand nombre de fumées s'élever du milieu des bois, depuis les bords de la mer jusqu'au sommet des montagnes ; fort près du rivage, nous sondâmes plusieurs fois sans trouver de fond avec cinquante brasses de ligne.

Sur les neuf heures, la vue d'une côte où l'abordage paraissait commode me détermina à envoyer à terre pour y faire du bois, dont nous avions le plus grand besoin, prendre des connaissances du pays, et tâcher d'en tirer des rafraîchissements pour nos malades. Je fis partir trois bateaux armés sous les ordres du chevalier de Kerué, enseigne de la marine, et nous nous tînmes prêts à leur envoyer du secours et à les soutenir de l'artillerie des vaisseaux, s'il était nécessaire. Nous les vîmes prendre terre sans que les insulaires parussent s'être opposés à leur débarquement. A une heure après-midi, je m'embarquai avec quelques autres personnes dans une yole pour aller les rejoindre. Nous trouvâmes nos gens occupés à couper du bois, et ceux du pays les aidaient à le porter dans les bateaux. L'officier qui commandait la descente me dit qu'à son arrivée, une troupe nombreuse d'insulaires était venue le recevoir sur la plage, l'arc et la flèche à la main, faisant signe qu'on n'abordât pas ; mais que quand, malgré leurs menaces, il avait ordonné de mettre à terre, ils s'étaient reculés à quelques pas ; qu'à mesure que nos gens avançaient, les sauvages se retiraient dans l'attitude de faire partir leurs flèches sans vouloir se laisser approcher ; qu'ayant alors fait arrêter la troupe, et le prince de Nassau ayant demandé à s'avancer vers eux, ils avaient cessé de reculer lorsqu'ils avaient vu un homme seul ; des morceaux d'étoffes rouges qu'on leur distribua achevèrent d'établir une espèce de confiance. Le chevalier de Kerué prit aussitôt poste à l'entrée du bois, mit ses travailleurs à abattre des arbres sous la protection de la troupe, et envoya un détachement chercher des fruits. Insensiblement les insulaires se rapprochèrent plus amiablement en apparence ; on eut même d'eux quelques fruits ; ils ne voulaient ni du fer ni des clous. Ils refusèrent aussi constamment de troquer leurs arcs et leurs massues, seulement ils cédèrent quelques flèches. Au reste, ils étaient toujours restés en grand nombre autour de nos gens sans jamais quitter leurs armes ; ceux mêmes qui n'avaient point d'arcs tenaient des pierres prêtes à lancer. Ils avaient fait entendre qu'ils étaient en guerre avec les habitants d'un canton voisin du leur.

Effectivement, il s'en montra une troupe armée qui venait de la partie occidentale de l'île, s'avançant en bon ordre, et ceux-ci paraissaient disposés à les bien recevoir ; mais il n'y avait point eu d'attaque.

Nous trouvâmes les choses en cet état à notre arrivée à terre. Nous y restâmes jusqu'à ce que nos bateaux fussent chargés de fruits et de bois. Je fis aussi enterrer au pied d'un arbre l'acte de prise de possession de ces îles, gravé sur une planche de chêne, et ensuite nous nous rembarquâmes. Ce départ dérangea sans doute le projet des insulaires, qui n'avaient pas encore tout disposé pour nous attaquer. C'est là du moins ce que nous dûmes juger en les voyant s'avancer au bord de la mer, et nous lancer une grêle de pierres et de flèches. Quelques coups de fusils tirés en l'air ne suffirent pas pour nous en débarrasser; plusieurs même s'avançaient dans l'eau pour nous ajuster de plus près ; une décharge mieux nourrie ralentit aussitôt leur attaque; ils s'enfuirent dans le bois avec de grands cris. Un matelot fut légèrement blessé d'une pierre.

Ces insulaires sont de deux couleurs, noirs et mulâtres. Leurs lèvres sont épaisses, leurs cheveux cotonnés, quelques-uns même ont la laine jaune. Ils sont petits, vilains, mal faits, et la plupart rongés de lèpre, circonstance qui nous a fait nommer leur île *l'île des Lépreux*. Il parut peu de femmes, et elles n'étaient pas moins dégoûtantes que les hommes ; ils sont nus ; les femmes ont des écharpes pour porter leurs enfants sur le dos ; nous avons vu quelques-uns des tissus qui les composent, sur lesquels étaient de fort jolis dessins faits avec une belle teinture cramoisie. J'ai remarqué qu'aucun d'eux n'avait de barbe ; ils se percent les narines pour y pendre quelques ornements ; ils portent aux bras en forme de bracelets une dent de *babiroussa*, ou un grand anneau d'une matière que je crois de l'ivoire, et au cou des plaques d'écaille de tortue, qu'ils nous ont fait entendre être commune sur leur rivage.

Leurs armes sont l'arc et la flèche, des massues de bois de fer et des pierres qu'ils lancent sans fronde. Les flèches sont des roseaux armés d'une longue pointe d'os très aiguë. Quelques-unes de ces pointes sont carrées et garnies sur les arêtes de petites pointes couchées en arrière, qui empêchent de pouvoir retirer la flèche de la plaie. Ils ont encore des sabres de bois de fer. Leurs pirogues ne nous ont pas approchés. Elles nous ont paru de loin faites et voilées comme celles des îles des Navigateurs.

La plage où nous avons abordé présentait une très petite étendue. A vingt pas du bord de la mer, on trouve le pied d'une montagne dont la pente, quoique très rapide, est couverte de bois. Le terrain est très léger et a peu de profondeur : aussi les fruits, quoique de la même espèce qu'à Taïti, sont-ils moins beaux ici et d'une moins bonne qualité. Nous y avons trouvé une espèce de figue particulière. On rencontre beaucoup de routes tracées dans le bois, et des espaces enclos par des palissades de trois pieds de haut. Sont-ce des retranchements ou simplement des limites de possessions différentes ? Nous n'avons vu d'autres cases que cinq ou six petites huttes, dans lesquelles on ne pouvait entrer qu'en se traînant sur le ventre. Nous étions cependant environnés d'un peuple nombreux ; je le crois fort misérable : cette guerre intestine, dont nous avons été les témoins, est un cruel fléau. Nous entendîmes, à plusieurs reprises, le son rauque d'une espèce de tambour sortir de la profondeur du bois vers le sommet de la montagne. C'est sans doute leur signal de ralliement; car, dès l'instant où nos coups de fusils les ont dispersés, il a recommencé à battre. Il redoublait aussi son lugubre bruit lorsque cette troupe ennemie que nous avons vue plusieurs fois venait à paraître. Notre Taïtien, qui avait désiré être de la descente, nous a paru trouver cette espèce d'hommes fort vilaine ; il n'entendait absolument aucun mot de leur langue.

A notre arrivée à bord, nous rembarquâmes nos bateaux, et je fis *servir* courant au sud-ouest sur une très longue côte que nous découvrîmes à toute vue depuis le sud-ouest jusqu'à l'ouest-nord-ouest. Pendant la nuit il y eut peu de vent, et il ne cessa de varier, de sorte que nous restâmes au pouvoir des courants, qui nous entraînèrent dans le nord-est. Ce temps continua la journée du 24 et la nuit suivante, et nous pûmes à peine nous élever à trois lieues de l'île des Lépreux. Le 25 à cinq heures du matin, nous eûmes une assez jolie brise d'est-sud-est ; mais *l'Étoile*, qui se trouvait encore sous la terre, ne la ressentit pas et demeura en calme. Je fis route néanmoins toutes voiles dehors pour reconnaître la terre d'ouest. A huit heures nous découvrions des terres dans tous les points de l'horizon, et nous paraissions enfermés dans un grand golfe. L'île de la Pentecôte venait rechercher au sud la nouvelle côte que nous avions découverte, et nous ne pouvions être assurés si elle en était détachée, ou si ce qui nous semblait former la séparation n'était pas une grande baie. Plusieurs endroits sur le reste de la côte nous offraient aussi l'apparence ou de passages ou de grands enfoncements ; un entre autres présentait dans l'ouest une ouverture considérable. Quelques pirogues traversaient d'une terre à l'autre. A dix heures, nous fûmes obligés de revirer sur l'île aux Lépreux. *L'Étoile*, qu'on n'apercevait plus, même du haut des mâts, y était toujours en calme, quoique la brise d'est-sud-est se soutînt au large. Nous courûmes sur cette flûte jusqu'à quatre heures du soir ; ce ne fut qu'alors qu'elle ressentit la brise. Il était trop tard, quand elle fut ralliée, pour songer à des reconnaissances. Ainsi la journée du 25 fut perdue ; nous passâmes la nuit sur les bords.

Les relèvements que nous fîmes le 26, au lever du soleil, nous apprirent que les courants nous avaient entraînés dans le sud, plusieurs milles au-delà de notre estime. L'île de la Pentecôte se montrait toujours séparée des terres du sud-ouest, mais la séparation était plus étroite. Nous découvrions plusieurs autres coupures à cette côte, mais sans pouvoir distinguer le nombre des îles de l'archipel qui nous environnait. La terre s'étendait à nos yeux depuis l'est-sud-est, en passant par le sud, jusqu'à l'ouest-nord-ouest du compas, et nous ne la voyions pas terminée. Je fis courir depuis le nord-ouest-quart-ouest en rondissant jusqu'à l'ouest, le long d'une belle côte couverte d'arbres sur laquelle il paraissait de grands espaces de terrain cultivés, soit qu'ils le fussent en effet, soit que ce fût un jeu de la nature. Le coup d'œil annonçait un pays riche ; les croupes de quelques montagnes pelées, et de couleur rouge en de certains endroits, semblaient même indiquer que leurs entrailles renfermaient des minéraux. La route que nous suivions nous conduisait à ce grand enfoncement aperçu la veille dans l'ouest. A midi, nous étions au milieu, et nous y observâmes la latitude australe de quinze degrés quarante minutes. L'ouverture en est de cinq à six lieues ; elle court est-quart-sud-est et ouest-quart-nord-ouest du monde. Quelques hommes se montrèrent à la côte du sud, et d'autres approchèrent du navire dans une pirogue ; mais dès qu'ils en furent à une portée de mousquet, ils cessèrent de s'avancer malgré nos invitations ; ces hommes étaient noirs.

Nous rangeâmes la côte septentrionale à trois quarts de lieue de distance ; elle est peu élevée et couverte d'arbres. Une multitude de nègres se faisaient voir sur le rivage ; il s'en détacha même quelques pirogues, qui n'eurent pas plus de confiance que celle qui avait vogué sur la côte opposée. Après avoir longé celle-ci l'espace de deux à trois lieues, nous vîmes un grand enfoncement qui nous parut former une belle baie à l'ouvert de laquelle étaient deux gros îlots. J'envoyai sur-le-champ nos bateaux armés pour le reconnaître, et pendant ce temps nous restâmes sur les bords à une et deux lieues de terre, sondant souvent sans trouver de fond avec une ligne de deux cents brasses.

Sur les cinq heures, nous entendîmes une salve de mousqueterie qui nous causa beaucoup d'inquiétude ; elle sortait d'un de nos canots qui, malgré mes ordres, s'était séparé des autres, et se trouvait mal à propos dans le cas d'être attaqué par les insulaires, ayant vogué tout à fait à terre. Deux flèches qui lui furent tirées servirent de prétexte à la première décharge. Ensuite il longea la côte, faisant un feu très vif de sa mousqueterie et de ses espingoles, tant à terre que sur trois pirogues qui passèrent à portée et lui décochèrent aussi quelques flèches. Une pointe avancée nous dérobait alors la vue du canot, et son feu continuel me donnait lieu d'appréhender qu'il ne fût attaqué par une armée de pirogues. J'allais envoyer notre chaloupe à son secours, lorsque nous le vîmes doubler seul cette pointe qui nous l'avait caché. Les nègres poussaient des cris affreux dans le bois où ils s'étaient tous jetés et dans lequel on entendait battre leur tambour. Je fis aussitôt à ce canot le signal de ralliement, et je pris des mesures pour que nous ne fussions plus déshonorés par un pareil abus de la supériorité de nos forces.

Les canots de *la Boudeuse* reconnurent que cette côte, que nous avions cru continue, est un amas d'îles qui se croisent, en sorte que la baie n'est que la rencontre de plusieurs des canaux qui les séparent. Cependant ils y trouvèrent un assez bon fond de sable sur quarante, trente et vingt brasses d'eau ; mais son inégalité continuelle rendait ce mouillage peu sûr, pour nous surtout qui n'avions plus d'ancres à hasarder. Il fallait d'ailleurs y ancrer à une grande demi-lieue de la côte ; plus près, le fond était de roches. Ainsi les vaisseaux n'auraient pu protéger les bateaux, et le pays est si couvert qu'il eût toujours fallu avoir les armes à la main, pour mettre les travailleurs à l'abri des surprises. On ne devait pas se flatter que les naturels oubliassent le mal qu'on venait de leur faire, et consentissent à échanger des rafraîchissements. On remarqua ici les mêmes productions qu'à l'île des Lépreux. Les habitants y étaient aussi de la même espèce, presque tous noirs, nus, portant les mêmes ornements en colliers et en bracelets, et se servant des mêmes armes.

Nous passâmes la nuit à courir des bordées. Le 27 au matin, nous *arrivâmes* et prolongeâmes la côte environ à une lieue de distance. Vers dix heures, on distingua sur une pointe basse une plantation d'arbres disposés en allées de jardin. Le terrain sous les arbres était battu et paraissait sablé; un assez grand nombre d'habitants se montraient dans cette partie ; de l'autre côté de la pointe, il y avait une apparence d'enfoncement, et je fis mettre les bateaux dehors. Ce fut en vain ; ce n'était qu'un coude que formait la côte, et nous la suivîmes jusqu'à la pointe du nord-ouest sans trouver de mouillage. Au-delà de cette pointe, les terres revenaient au nord-nord-ouest et s'étendaient à perte de vue, terres d'une élévation extraordinaire, et qui présentaient au-dessus des nuages une chaîne suivie de montagnes. Au reste, le temps fut sombre et par grains, avec de la pluie par intervalles. Plusieurs fois dans le jour, nous crûmes voir la terre devant nous, terre de brume, qui s'évanouissait dans les éclaircies.

Nous passâmes toute la nuit, qui fut très orageuse, à louvoyer à petits bords, et les marées nous portèrent dans le sud beaucoup au-delà de notre estime. Nous eûmes la vue des hautes montagnes toute la journée du 28 jusqu'au soleil couchant, que nous les relevâmes de l'est au nord-nord-est, à vingt ou vingt-cinq lieues de distance.

Le 29 au matin, nous ne vîmes plus de terres ; nous avions gouverné sur l'ouest-nord-est. Je nommai ces terres que nous venions de découvrir, *l'archipel des grandes Cyclades*. Je croirais volontiers que c'est son extrémité septentrionale que Roggewin a vue sous le onzième parallèle, et qu'il a nommée *Thienhoven* et *Groningue*. Pour nous, quand nous y atterrâmes, tout devait nous dire que nous étions à *la terre australe du Saint-Esprit*. Les apparences semblaient se conformer au récit de Quiros, et ce que nous découvrions chaque jour encourageait nos recherches. Il est bien singulier que précisément par la même latitude et la même longitude où Quiros place sa *grande baie de Saint-Jacques et de Saint-Philippe*, sur une côte qui paraissait, au premier coup d'œil, celle d'un continent, nous ayons trouvé un passage de largeur égale à celle qu'il donne à l'ouverture de sa baie. Le navigateur espagnol a-t-il mal vu ? A-t-il voulu masquer ses découvertes ? Les géographes avaient-ils deviné en faisant de la terre du Saint-Esprit un même continent avec *la nouvelle Guinée* ? Pour résoudre ce problème, il fallait suivre encore le même parallèle pendant plus de trois cent cinquante lieues. Je m'y déterminai, quoique l'état et la quantité de nos vivres nous avertissent d'aller promptement chercher quelque établissement européen. On verra qu'il s'en est peu fallu que nous n'ayons été les victimes de notre constance.

M. Verron fit plusieurs observations pendant le mois de mai, et leurs résultats nous prouvaient que, depuis l'île de Taïti, les courants nous avaient beaucoup entraînés dans l'ouest. On expliquerait par là comment tous les navigateurs, qui ont traversé l'océan Pacifique, ont rencontré la Nouvelle-Guinée beaucoup plus tôt qu'ils ne l'auraient dû. Aussi ont-ils donné à cet océan une étendue de l'est à l'ouest beaucoup moindre que celle qu'il a véritablement.

CHAPITRE V.

EPUIS le 29 mai que nous cessâmes de voir la terre, je fis route à l'ouest avec un vent d'est et de sud-ouest très frais. *L'Etoile* retardait considérablement notre marche. Nous sondâmes toutes les vingt-quatre heures sans trouver le fond, avec une ligne de deux cent quarante brasses. Le jour nous forcions de voiles, nous courions la nuit sous les huniers risés, virant de bord lorsque le temps était trop obscur. La nuit du 4 au 5 juin, nous faisions route à l'ouest sous nos huniers, à la faveur de la lune qui nous éclairait, lorsqu'à onze heures du soir on aperçut, à une demi-lieue de nous dans le sud, des brisants et une côte de sable très basse. Nous prîmes aussitôt les amures à l'autre bord, signalant en même temps le danger à *l'Etoile*. Nous courûmes ainsi jusqu'à cinq heures du matin, et alors nous reprîmes notre route dans l'ouest-sud-ouest, pour aller reconnaître cette terre. Nous la revîmes à huit heures à une lieue et demie de distance. C'est un petit îlot de sable qui s'élève à peine au-dessus de l'eau, et que ce peu de hauteur rend un écueil fort dangereux pour les vaisseaux qui font route de nuit ou par un temps de brume. Il est si ras, qu'à deux lieues de distance, avec un horizon fort net, on ne le voit que du haut des mâts. Il est couvert d'oiseaux. Je l'ai nommé *la bâture de Diane*. Son gisement est par quinze degrés quarante-et-une minutes de latitude australe, cent qua-

rante-huit degrés cinquante-neuf minutes de longitude à l'est de Paris.

Dans la journée du cinq, on crut, à quatre heures après-midi, apercevoir la terre et des brisants dans l'ouest ; on se trompait, et nous continuâmes à y courir jusqu'à dix heures du soir. Nous passâmes le reste de la nuit, partie en panne, partie à courir de petits bords ; et au point du jour nous reprîmes notre route toutes voiles dehors. Depuis vingt-quatre heures, il passait devant les navires beaucoup de morceaux de bois et des fruits que nous ne connaissions pas ; la mer était aussi entièrement tombée, malgré le grand vent du sud-est ; et ces circonstances réunies me faisaient penser que nous avions de la terre dans le sud-est assez près de nous. Nous vîmes aussi dans ces parages une espèce de poissons volants singulière. Ils sont noirs, à ailes rouges ; ils paraissent avoir quatre ailes au ieu de deux, et leur grosseur est un peu au-dessus de la grosseur commune de ces poissons.

Le 6, à une heure et demie de l'après-midi, une bâture, qui se montra environ à trois quarts de lieue de l'avant à nous, m'avertit qu'il était temps de changer la route que je poursuivais toujours à l'ouest. Elle avait au moins une demi-lieue d'étendue depuis le ouest-quart-sud-ouest jusqu'au ouest-nord-ouest, quelques-uns même crurent apercevoir une terre basse dans le sud-ouest des brisants. Je fis gouverner au nord jusqu'à quatre heures, et alors je remis encore le cap à ouest. Ce ne devait pas être pour longtemps ; à cinq heures et demie les vigies aperçurent du haut des mâts de nouveaux brisants dans le nord-ouest et le nord-ouest-quart-ouest, à peu près à une lieue et demie de nous. Nous les approchâmes davantage, afin de les mieux reconnaître. On les vit s'étendre du nord-nord-est au sud-sud-ouest plus de deux milles, et on n'en apercevait pas la fin. Peut-être allaient-ils rejoindre ceux qu'on avait découverts trois heures auparavant. La mer brisait avec fureur sur ces écueils, et quelques têtes de roches s'élevaient sur l'eau de distance en distance. Cette dernière rencontre était la voix de DIEU, et nous y fûmes dociles. La prudence ne permettant pas de suivre pendant la nuit une route incertaine au milieu de ces parages funestes, nous la passâmes à courir des bords dans l'espace que nous avions reconnu le jour, et le 7 au matin, je fis gouverner au nord-est-quart-nord, abandonnant le projet de pousser plus loin à l'ouest sous le parallèle de quinze degrés.

Nous étions assurément bien fondés à croire que la terre australe du Saint-Esprit n'était autre que l'archipel des grandes Cyclades, que Quiros avait pris pour un continent et représenté sous un point de vue romanesque. Quand je persévérais à courir sous le parallèle de quinze degrés, c'est que je voulais que la vue des côtes orientales de *la nouvelle Hollande* portât nos conjectures à l'évidence. Or, en suivant les observations astronomiques, dont l'accord depuis plus d'un mois assurait la justesse, nous étions déjà le 6 à midi par cent quarante-six degrés de longitude orientale, c'est-à-dire un degré plus à l'ouest que ne l'est la terre du Saint-Esprit selon M. Bellin. D'ailleurs la rencontre consécutive de ces brisants vus depuis trois jours, ces troncs d'arbres, ces fruits, ces goémons que nous trouvions à chaque instant, la tranquillité de la mer, la direction des courants, tout nous a suffisamment indiqué les approches d'une grande terre, et que même elle nous environnait déjà dans le sud-est. Cette terre n'est autre que la côte orientale de la nouvelle Hollande. En effet, ces écueils multipliés et étendus au large annoncent une terre basse ; et, quand je vois Dampierre abandonner par notre même latitude de quinze degrés trente-cinq minutes la côte occidentale de cette région ingrate où il ne trouve pas même d'eau douce, j'en conclus que la côte orientale ne vaut pas mieux. Je penserais volontiers comme lui que cette terre n'est qu'un amas d'îles, dont les approches sont défendues par une mer dangereuse, semée d'écueils et de bas-fonds. Après de pareils éclaircissements, il y aurait eu de la témérité à risquer de s'affaler sur une côte dont on ne devait espérer aucun avantage, et de laquelle on ne pouvait se relever qu'en luttant contre les vents régnants. Nous n'avions plus de pain que pour deux mois, des légumes pour quarante jours ; la viande salée était en plus grande quantité, mais elle infectait. Nous lui préférions les rats qu'on pouvait prendre. Ainsi de toute façon il était temps de s'élever dans le nord, en faisant même prendre de l'est à notre route.

Malheureusement les vents de sud-est nous abandonnèrent ici, et quand ensuite ils revinrent, ce fut pour nous mettre dans la situation la plus critique où nous nous fussions encore trouvés. Depuis le 7, la route ne nous avait valu que le nord-quart-nord-est, lorsque, le 10 au point du jour, on découvrit la terre depuis l'est jusqu'au nord-ouest. Longtemps avant le lever de l'aurore, une odeur délicieuse nous avait annoncé le voisinage de cette terre qui formait un grand golfe ouvert au sud-est. J'ai peu vu de pays dont le coup d'œil fût plus beau. Un terrain bas, partagé en plaines et en bosquets, régnait sur le bord de la mer, et s'élevait ensuite en amphithéâtre jusqu'aux montagnes, dont la cime se perdait dans les nues. On en distinguait trois étages, et la chaîne la plus élevée était à plus de vingt-cinq lieues dans l'intérieur du pays. Le triste état où nous étions réduits ne nous permettait, ni de sacrifier quelque temps à la visite de ce magnifique pays que tout annonçait être fertile et riche, ni de chercher, en faisant route à ouest, un passage au sudd e la nouvelle Guinée, qui nous frayât, par *le golfe de la Carpentarie*, une route nouvelle et courte aux îles Moluques. Rien n'était à la vérité plus problématique que l'existence de ce passage ; on croyait même avoir vu la terre s'étendre jusqu'au ouest-quart-sud-ouest. Il fallait tâcher de sortir au plus tôt, et par le chemin qui semblait ouvert, de ce golfe dans lequel nous étions engagés beaucoup plus même que nous ne le croyions d'abord. C'est où nous attendait le vent de sud-est pour mettre notre patience aux dernières épreuves.

Toute la journée du 10, le calme nous laissa à la merci d'une grosse lame du sud-est qui nous jetait à terre. A quatre heures du soir, nous n'étions pas à plus de trois quarts de lieue d'une petite île basse, à la pointe orientale de laquelle est attachée une bâture qui se prolonge à deux ou trois lieues dans l'est. Nous parvînmes, vers cinq heures, à mettre le cap au large, et la nuit se passa dans cette inquiétante situation, faisant tous nos efforts pour nous élever à l'aide des moindres brises. Le 11 après-midi, nous étions écartés de la côte environ de quatre lieues ; à deux lieues, la mer y est sans fond. Plusieurs pirogues voguaient le long de la terre, sur laquelle il y eut toujours de grands feux allumés. Il y a ici de la tortue ; nous en trouvâmes les débris d'une dans le ventre d'un requin.

Le 11, nous relevâmes au soleil couchant les terres les plus est à l'est-quart-nord-est deux degrés est du compas, et les plus ouest, à ouest-nord-ouest, les unes et les autres environ à quinze lieues de distance. Les jours suivants furent affreux, tout fut contre nous : le vent constamment de l'est-sud-est au sud-est très grand frais, de la pluie, une brume si épaisse que nous étions forcés de tirer des coups de canon pour nous conserver avec *l'Étoile*, qui contenait encore une partie de nos vivres, enfin une mer très grosse qui nous affalait sur la côte. A peine nous soutenions-nous en louvoyant, forcés de virer vent arrière, et ne pouvant faire que très peu de voiles. Nous courions ainsi nos bords à tâtons au milieu d'une mer semée d'écueils, étant obligés de fermer les yeux sur tous les indices des dangers. La nuit du 11 au 12, sept ou huit de ces poissons qu'on nomme *cornets*, poissons qui se tiennent toujours sur le fond, sautèrent sur les passavants. Il vint aussi sur le gaillard d'avant du sable et des goémons de fond que les vagues y déposaient en le couvrant. Je ne voulus pas faire sonder ; la certitude du péril ne l'eût pas diminué, et il était le même quelque autre parti que nous eussions pris. Au reste, nous devons le salut à la connaissance que nous eûmes de la terre le 10 au matin, immédiatement avant cette suite de gros temps et de brume. En effet, les vents étant de l'est-sud-est au sud-est, j'aurais pensé qu'en gouvernant au nord-est, c'eût été un excès de prudence accordé à l'obscurité du temps. Toutefois cette route nous mettait dans le risque évident de nous perdre, puisque nous avions la terre jusque dans l'est-sud-est.

Le temps se remit au beau le 16, le vent demeurant également contraire, mais au moins le jour nous était rendu. A six heures du matin nous vîmes la terre jusqu'au nord-est-quart-est du compas, et nous louvoyâmes pour la doubler. Le 17 au matin, nous ne vîmes point de terre au lever du soleil; mais, à neuf heures et demie, nous aperçûmes une petite île dans le nord-nord-est du compas, à cinq ou six lieues de distance, et une autre terre dans le nord-nord-ouest, environ à neuf lieues. Peu après, nous découvrîmes dans nord-est cinq degrés, est à quatre ou cinq lieues, une autre petite île que sa ressemblance avec *Ouessant* nous fit appeler du même nom. Nous continuions notre bordée au nord-est-quart-est, espérant doubler toutes les terres, lorsqu'à onze heures on en découvrit une nouvelle dans l'est-nord-est cinq degrés nord, et des brisants dans l'est-nord-est, qui paraissaient venir joindre Ouessant. Dans le nord-ouest de cet îlot, on voyait une autre chaîne de brisants qui s'allongeait à une demi-lieue. La première île nous semblait être aussi entre deux chaînes de brisants.

Tous les navigateurs qui sont venus dans ces parages avaient toujours redouté de tomber dans le sud de la nouvelle Guinée, et d'y trouver un golfe correspondant à celui de la Carpentarie, d'où il leur eut été ensuite difficile dese relever. En conséquence, ils ont tous gagné de bonne heure la latitude de la nouvelle Bretagne, sur laquelle ils allaient atterrer. Tous ont suivi les mêmes traces ; nous en ouvrions de nouvelles, et il fallait payer l'honneur d'une première découverte. Malheureusement le plus cruel de nos ennemis était à bord, la faim. Je fus obligé de faire une déduction considérable sur la ration de pain et de légumes. Il fallut aussi défendre de manger le cuir dont on enveloppe les vergues, et les autres vieux cuirs, cet aliment pouvant donner de funestes indigestions. Il nous restait une chèvre, compagne fidèle de nos aventures depuis notre sortie des îles Malouines, où nous l'avions prise. Chaque jour elle nous donnait un peu de lait. Les estomacs affamés, dans un instant d'humeur, la condamnèrent à mourir ; je n'ai pu que la plaindre, et le boucher qui la nourrissait depuis si longtemps a arrosé de ses larmes la victime qu'il immolait à notre faim. Un jeune chien pris dans le détroit de Magellan eut le même sort peu de temps après.

Le 17 après-midi, les courants nous avaient été si favorables, que nous avions repris la bordée du nord-nord-est, portant fort au vent d'Ouessant et de ses bâtures ; mais à quatre heures, nous eûmes la conviction que ces brisants s'étendaient beaucoup plus loin que nous n'avions pensé ; on en découvrait jusque dans l'est-nord-est, sans que ce fût encore leur fin. Il fallut reprendre pour la nuit la bordée du sud-sud-ouest, et au jour, celle de l'est. Pendant toute la matinée du 18, nous ne vîmes point de terres, et déjà nous nous livrions à l'espoir d'avoir doublé îlots et brisants. Notre joie fut courte. A une heure après-midi une île se fit voir dans le nord-est-quart-nord du compas, et bientôt elle fut suivie de neuf ou dix autres. Il y en avait jusque dans l'est-nord-est, et, derrière ces îles, une terre plus élevée s'étendait dans le nord-est, environ à dix lieues de distance. Nous louvoyâmes toute la nuit ; le jour suivant nous donna le même spectacle d'une double chaîne de terres courant à peu près est et ouest, savoir, au sud, une suite d'îlots joints par des récifs à fleur d'eau, dans le nord desquels s'étendaient des terres plus élevées. Les terres que nous découvrîmes le 20 nous parurent prendre moins du sud, et ne plus courir que sur l'est-sud-est ; c'était un amendement à notre position. Je pris le parti de courir des bords de vingt-quatre heures ; nous perdions trop à virer plus souvent, la mer étant extrêmement grosse, le vent violent et constamment le même ; d'ailleurs nous étions contraints à faire peu de voiles, pour ménager une mâture caduque et des manœuvres endommagées, et nos navires marchaient très mal, n'étant plus en assiette et n'ayant pas été carénés depuis si lontemps.

Nous vîmes la terre le 25 au lever du soleil, depuis le nord jusqu'au nord-nord-est ; mais ce n'était plus une terre basse ; on apercevait au contraire une terre extrêmement haute et qui paraissait se terminer par un gros cap. Il était vraisemblable qu'ensuite sa direction était au nord. Nous gouvernâmes tout le jour au nord-est-quart-est et à l'est-nord-est, sans voir de terres plus est que le cap que nous doublions avec une satisfaction que je ne saurais dépeindre. Le 26 au matin, le cap étant beaucoup sous le vent à nous, et ne voyant plus de terres au vent, il fut enfin permis de mettre la route au nord-nord-est. Nous appelâmes ce cap, après lequel nous avions si longtemps aspiré, *le cap de la Délivrance*, et le golfe dont il fait la pointe orientale, *le golfe de la Louisiade.* C'est une terre que nous avons bien acquis le droit de nommer. Tant que nous avons été enfoncés dans ce golfe, les courants nous ont assez régulièrement portés dans l'est. Le 26 et le 27, le vent fut très grand frais, la mer affreuse, le temps par grains et fort obscur. Il ne fut pas possible de faire du chemin pendant la nuit.

Nous avons imaginé plusieurs fois, pendant les jours de tribulation passés dans le golfe de la Louisiade, qu'il pouvait y avoir au fond de ce golfe un détroit qui nous aurait ouvert un passage fort court dans la mer des Moluques ; mais dans la situation où nous nous trouvions relativement aux vivres et à la santé des équipages, nous ne pouvions courir les hasards de la recherche. En effet, s'il n'eût pas existé, nous étions presque sans ressources. Cependant le passage existe, et les Anglais, en côtoyant la nouvelle Hollande, ont trouvé par dix degrés trente-six minutes de latitude australe, cent-quarante-et-un degrés quarante-quatre minutes à l'est de Londres, ce détroit qui sépare la nouvelle Hollande de la nouvelle Guinée ; mais ils ont éprouvé comme nous que la navigation dans ces parages est hérissée de difficultés, et ils ont été au moment d'y perdre leur vaisseau *l'Endeavour.* Nous avons été environ à quarante lieues de l'embouchure orientale de ce détroit.

Nous nous étions élevés d'environ soixante lieues dans le nord depuis le cap de la Délivrance, lorsque le 28 au matin on découvrit la terre dans le nord-ouest à neuf ou dix lieues de distance. C'étaient deux îles, dont la plus méridionale restait, à huit heures, dans le nord-ouest-quart-ouest du compas. Une autre côte longue et élevée se fit apercevoir en même temps depuis l'est-sud-est jusqu'à l'est-nord-est. Celle-ci courait au nord, et à mesure que nous avancions dans le nord-est, on la voyait se prolonger davantage et tourner au nord-nord-ouest. On découvrit cependant un espace où la côte était interrompue, soit que ce fût un canal, ou l'ouverture d'une grande baie, car on crut distinguer des terres dans le fond. Le 29 au matin, la côte que nous avions à l'est continuait à s'étendre sur le nord-ouest, sans que de ce côté notre horizon fût borné. Je voulus la rallier pour la prolonger ensuite et chercher un mouillage. A trois heures après-midi, étant à près de trois lieues de terre, nous avions trouvé fond par quarante-huit brasses, sable blanc et morceaux de coquilles brisées ; nous portâmes alors sur une anse qui paraissait commode, mais le calme survint et nous consomma inutilement le reste de la journée. La nuit se passa à courir de petits bords, et le 30, dès la pointe du jour, j'envoyai les bateaux avec un détachement aux ordres du chevalier de Bournand, pour visiter le long de la côte plusieurs anses qui semblaient promettre un mouillage, le fond trouvé au large étant d'un augure favorable. Je le suivis à petites voiles, prêt à le joindre au premier signal qu'il nous en ferait.

Vers les dix heures, une douzaine de pirogues de différentes grandeurs vinrent assez près des navires, sans toutefois vouloir les accoster. Il y avait vingt-deux hommes dans la plus grande, dans les moyennes huit ou dix, deux ou trois dans les plus petites. Ces pirogues paraissaient bien faites : elles ont l'avant et l'arrière fort relevés ; ce sont les premières que nous ayons vues sans balancier, dans ces mers. Ces insulaires sont aussi noirs que les nègres d'Afrique, ils ont les cheveux crépus, mais longs, quelques-uns de couleur rousse. Ils portent des bracelets et des plaques au front et sur le cou ; j'ignore de quelle matière : elle m'a paru être blanche. Ils sont armés d'arcs et de zagaies ; ils poussaient de grands cris, et il parut que leurs dispositions n'étaient pas pacifiques. Je rappelai nos bateaux à trois heures. Le chevalier de Bournand me rapporta qu'il avait trouvé presque partout bon fond pour mouiller par trente, vingt-cinq, vingt, quinze, jusqu'à onze brasses, sable vaseux, mais en pleine côte et sans rivière qu'il n'avait vu qu'un seul ruisseau dans toute cette étendue. La côte ouverte est presque inabordable ; la vague y brise partout, les montagnes viennent s'y terminer au bord de la mer, et le sol est entièrement couvert de bois. Dans de petites anses il y a quelques cabanes, mais en petit nombre ; les insulaires habitent dans la montagne. Notre petit canot fut suivi quelque temps par trois ou quatre pirogues qui semblaient vouloir l'attaquer : un insulaire même se leva plusieurs fois pour lancer une zagaie ; mais il ne le fit pas, et le canot revint à bord sans guerroyer.

Notre situation, au reste, était assez critique. Nous avions, d'une part, des terres inconnues jusqu'à ce jour depuis le sud jusqu'au nord-nord-ouest par l'est et le nord ; de l'autre, depuis l'ouest-quart-sud-ouest jusqu'au nord-ouest. Malheureusement l'horizon était tellement embrumé depuis le nord-ouest jusqu'au nord-nord-ouest,qu'on n'y voyait pas de ce côté à la distance de deux lieues. C'était toutefois dans cet intervalle que je comptais chercher un passage ; nous étions trop avancés pour reculer. Il est vrai qu'une forte marée qui venait du nord et portait dans le sud-est, nous faisait espérer d'y trouver un débouché. Le fort de la marée se fit sentir depuis quatre heures jusqu'à cinq heures et demie du soir ; les vaisseaux, quoique poussés d'un vent très frais, gouvernaient avec peine. La marée mollit à six heures.Pendant la nuit, nous louvoyâmes du sud au sud-sud-ouest sur un bord, de l'est-nord-est au nord-est sur l'autre. Le temps fut à grains avec beaucoup de pluie.

Le 1er juillet, à six heures du matin, nous nous retrouvâmes au même point où nous étions la veille à l'entrée de la nuit, preuve qu'il y avait eu flux et reflux. Nous gouvernâmes au nord-ouest et nord-ouest-quart-nord.A dix heures,nous donnâmes dans un passage large environ de quatre à cinq lieues entre la côte prolongée jusqu'ici à l'est et les terres occidentales. Une marée très forte qui porte sud-est et nord-ouest, forme au milieu de ce passage un ras qui le traverse, et où la mer s'élève et brise comme s'il y avait des roches à fleur d'eau. Je le nommai *ras Denis*, du nom de mon maître d'équipage, bon et ancien serviteur du Roi. *L'Étoile*, qui le passa deux heures après nous et plus dans l'ouest, s'y trouva sur cinq brasses d'eau, fond de roches. La mer y était alors si mauvaise qu'ils furent contraints de fermer les écoutilles. A bord de la frégate, nous y sondâmes par quarante-quatre brasses, fond de sable, gravier, coquilles et corail. La côte de l'est commençait ici à s'abaisser et à tourner au nord. Nous y aperçûmes, étant à peu près au milieu du passage, une jolie baie dont l'apparence promettait un bon mouillage. Il faisait presque calme et la marée, dont le cours était alors au nord-ouest, nous la fit dépasser en un instant. Nous tînmes aussitôt le vent dans l'intention de la visiter. Un déluge de pluie survenu à onze heures et demie nous déroba la vue de la terre et du soleil, et nous força de différer nos recherches. _

A une heure après-midi, j'envoyai les bateaux armés aux ordres du chevalier d'Oraison, enseigne de vaisseau, pour sonder et reconnaître la baie ; et pendant le temps de cette opération, nous tâchâmes de nous maintenir à portée de suivre ses signaux. Le temps était beau, mais presque calme. A trois heures, nous vîmes le fond sous nous par dix et huit brasses, fond de roches. A quatre heures, nos bateaux firent signal de bon mouillage, et nous manœuvrâmes aussitôt, toutes voiles hautes, pour le gagner. Il ventait peu et la marée nous était contraire. A cinq heures, nous repassâmes sur le banc de roches par dix, neuf, huit, sept et six brasses : nous vîmes même dans le sud-sud-est, environ à une encâblure, un remous qui semblait indiquer qu'en cet endroit il n'y avait pas plus de deux ou trois brasses d'eau. En gouvernant au nord-ouest et nord-ouest-quart-nord, nous augmentâmes d'eau. Je fis à *l'Étoile* le signal d'*arriver*, afin qu'elle évitât ce banc, et je lui envoyai son bateau, pour la guider au mouillage. Cependant nous n'avancions point, le vent étant trop faible pour nous aider à refouler la marée, et la nuit approchait à pas précipités. En deux heures entières nous ne gagnâmes pas une demi-lieue, et il fallut renoncer à ce mouillage, car il était impraticable d'aller le chercher à tâtons, environnés comme nous l'étions de basses, de récifs, et livrés à des courants rapides et irréguliers. Je fis donc gouverner à ouest-quart-nord-ouest et ouest-nord-ouest pour nous remettre au large, sondant souvent. Lorque nous eûmes amené la pointe septentrionale de la terre au nord-est, nous *arrivâmes* au nord-ouest, puis au nord-nord-ouest et au nord. Je reprends le détail de l'expédition de nos bateaux.

Avant que d'entrer dans la baie, ils en avaient d'abord rangé la pointe du nord, qui est formée par une presqu'île le long de laquelle ils trouvèrent fond depuis neuf jusqu'à treize brasses, sable et corail. Ils s'enfoncèrent ensuite dans la baie, et ils y trouvèrent à un quart de lieue en dedans un très bon mouillage sur neuf et douze brasses, fond de sable gris et gravier, à l'abri depuis le sud-est jusqu'au sud-ouest en passant par l'est et le nord. Comme ils étaient occupés à sonder, ils virent tout d'un coup paraître à l'entrée de la baie dix pirogues, sur lesquelles il y avait environ cent cinquante hommes armés d'arcs, de lances et de boucliers. Elles sortaient d'une anse qui renferme une petite rivière, dont les bords sont couverts de cabanes. Ces pirogues s'avancèrent en bon ordre, voguant sur nos bateaux à forces de rames, et lorsqu'elles s'en jugèrent assez près, elles se séparèrent fort lestement en deux bandes pour les envelopper. Les Indiens alors poussèrent des cris affreux, et, saisissant leurs arcs et leurs lances, ils commencèrent une attaque qui devait leur paraître un jeu contre une poignée d'hommes. On fit sur eux une première décharge, qui ne les arrêta point ; ils continuèrent à lancer leurs flèches et leurs sagaies, se couvrant de boucliers, qu'ils croyaient une arme défensive. Une seconde décharge les mit en fuite ; plusieurs se jetèrent à la mer pour gagner la terre à la nage. On leur prit deux pirogues. Elles sont fort longues et bien travaillées ; l'avant et l'arrière sont extrêmement relevés, ce qui sert d'abri contre les flèches, en présentant le bout. Sur le devant d'une de ces pirogues il y avait une tête d'homme sculptée, les yeux étaient de nacre, les oreilles d'écaille de tortue, et la figure ressemblait à un masque garni d'une longue barbe ; les lèvres étaient teintes d'un rouge éclatant. On trouva dans leurs pirogues des arcs, des flèches en grand nombre, des lances, des boucliers, des cocos, et plusieurs autres fruits dont nous ne connaissons pas l'espèce ; de l'arec, divers petits meubles à l'usage de ces Indiens, des filets à mailles très fines, artistement tissus, et une mâchoire d'homme à demi-grillée. Ces insulaires sont noirs et ont les cheveux crépus, qu'ils teignent en blanc, en jaune et en rouge. Leur audace à nous attaquer, l'usage de porter des armes offensives et défensives, leur adresse à s'en servir, prouvent qu'ils sont presque toujours en état de guerre. Au reste, nous avons observé dans le cours de ce voyage, qu'en général, les hommes nègres sont beaucoup plus méchants que ceux dont la couleur approche de la blanche. Ceux-ci sont nus, à l'exception d'une bande de natte qui leur sert de ceinture. Leurs boucliers sont d'une forme ovale, faits de joncs tournés les uns au-dessus des autres et parfaitement bien liés. Ils doivent être impénétrables aux flèches. Nous avons nommé la rivière et l'anse d'où sont sortis les braves insulaires, *la rivière des Guerriers ;* l'île entière et la baie, *île et baie Choiseul.* La presqu'île du nord est toute couverte de cocotiers.

Il venta peu les deux jours suivants. Après être sortis du passage, nous découvrîmes dans l'ouest une côte longue et montueuse, dont les sommets se perdaient dans les nues. Le 2 au soir, nous voyions encore les terres de l'île Choiseul. Le 3 au matin, nous ne voyions plus que la nouvelle côte, qui est d'une hauteur surprenante, et qui court au nord-ouest-quart-ouest. Sa partie septentrionale nous parut alors terminée par une pointe qui s'abaisse insensiblement et forme un cap remarquable. Je lui ai donné le nom de *cap l'Averdi.* Il nous restait, le 3 à midi, environ à douze lieues dans l'ouest cinq degrés nord du compas, et la hauteur méridienne que nous observâmes nous donna le moyen de déterminer avec justesse sa position en latitude. Les nuages qui couvraient les sommets des terres se dissipèrent au coucher du soleil, et nous laissèrent apercevoir des cimes de montagnes d'une hauteur prodigieuse. Le 4, les premiers rayons du jour nous firent voir des terres plus occidentales que la cap l'Averdi. C'était une nouvelle côte moins élevée que l'autre, et courant au nord-nord-ouest. Entre la pointe du sud-sud-est de cette terre et le cap l'Averdi, il restait un vaste espace formant ou un passage, ou un golfe considérable, Dans un grand éloignement on y apercevait quelques mondrains. Derrière cette nouvelle côte nous en aperçûmes une plus haute, qui suivait le même gisement. Nous tînmes le plus près toute la matinée, pour accorder la terre basse. Nous en étions à midi environ à cinq lieues de distance, et nous relevâmes sa pointe du nord-nord-ouest au sud-ouest-quart-ouest. L'après-midi trois pirogues, dans chacune desquelles étaient cinq à six nègres, se détachèrent de la côte et vinrent reconnaître les vaisseaux. Elles s'arrêtèrent à une portée de fusil , et ce ne fut qu'après y avoir passé près d'une heure que nos invitations réitérées les déterminèrent enfin à s'approcher davantage. Quelques bagatelles qu'on leur jeta attachées sur des morceaux de planches achevèrent de leur donner un peu de confiance. Ils accostèrent le navire en montrant des noix de cocos, et criant *bouca, bouca, onellé.* Ils répétaient sans cesse ces mots, que nous criâmes ensuite comme eux, ce qui parut leur faire plaisir. Ils ne restèrent pas longtemps le long du vaisseau. Ils nous firent signe qu'ils allaient nous chercher des noix de cocos. On applaudit à leur dessein ; mais à peine furent-ils éloignés à vingt pas, qu'un de ces hommes perfides tira une flèche, qui n'atteignit heureusement personne. Ils fuirent ensuite à force de rames : nous étions trop forts pour les punir.

Ces nègres sont entièrement nus. Ils ont les cheveux crépus et courts, les oreilles percées et fort allongées. Plusieurs avaient la laine peinte en rouge, et des taches blanches en différents endroits du corps. Il paraît qu'ils mâchent du bétel , puisque leurs dents sont rouges. Nous avons vu que les habitants de l'île Choiseul en font aussi usage, car on trouva dans leurs pirogues de petits sacs où il y en avait des feuilles, avec de l'arec et de la chaux. On a eu de ceux-ci des arcs longs de six pieds et des flèches armées d'un bois fort dur. Leurs pirogues sont plus petites que celles de l'anse des Guerriers, et nous fûmes surpris de ne trouver aucune ressemblance dans leur construction. Ces dernières ont l'avant et l'arrière peu relevés ; elles sont sans balancier, mais assez larges pour que deux hommes y nagent en couple. Cette île,que nous avons appelée *Bouka,*paraît être extrêmement peuplée, si l'on en juge par la quantité de cases dont elle est couverte, et par les apparences de culture que nous y avons aperçues. Une belle plaine à mi-côte , toute plantée de cocotiers et d'autres arbres, nous offrait la plus agréable perspective, et je désirais fort trouver un mouillage sur cette côte ; mais le vent contraire et un courant rapide qui portait dans le nord-ouest nous en éloignaient visiblement. Pendant la nuit nous tînmes le plus près, gouvernant au sud-quart-sud-ouest et sud-sud-ouest, et le lendemain matin l'île Bouka était déjà bien loin de nous dans l'est et le sud-est. La veille au soir on avait aperçu du haut des mâts une petite île qui fut relevée depuis le nord-ouest jusqu'au nord-ouest-quart-ouest du compas. Au reste, nous ne pouvions être loin de la Nouvelle-Bretagne, et c'était là que nous comptions trouver une relâche.

Nous eûmes connaissance le 5 après-midi de deux petites îles dans le nord et le nord-nord-ouest, à dix ou douze lieues de distance, et, presqu'au même instant, d'une autre plus considérable entre le nord-ouest et l'ouest ; les terres de cette dernière les plus voisines de nous à cinq heures et demie du soir, nous restaient au nord-ouest-quart-ouest environ à sept lieues. La côte était élevée et paraissait renfermer plusieurs baies. Comme nous n'avions plus ni eau ni bois, et que nos malades empiraient, je résolus de m'arrêter ici, et nous courûmes toute la nuit les bords les plus avantageux pour nous conserver cette terre sous le vent. Le 6, au point du jour, nous en étions à cinq ou six lieues, et nous portâmes dessus dans le même moment où nous découvrions une nouvelle terre haute et de belle apparence dans le ouest-sud-ouest de celle-ci, depuis dix-huit jusqu'à douze et dix lieues de distance. Sur les huit heures, étant environ à trois lieues de la première, j'envoyai le chevalier du Bouchage, avec deux bateaux armés, pour la reconnaître et y chercher un mouillage. A une heure après-midi il nous signala qu'il en avait trouvé un, et aussitôt je fis servir et gouverner sur un canot qu'il détacha au-devant de nous ; à trois heures nous mouillâmes par trente-trois brasses d'eau, fond de sable blanc, fin et vaseux. L'Étoile mouilla plus à terre que nous, par vingt-et-une brasses, même fond.

En entrant on laisse à bâbord dans l'ouest une petite île et un îlot qui sont à une demi-lieue de la côte. Une pointe qui s'avance vis-à-vis l'îlot forme en dedans un véritable port à l'abri de tous les vents, où le fond est partout d'un beau sable blanc, depuis trente-cinq jusqu'à quinze brasses. Sur la pointe de l'est, il y a une bâture, mais visible, et qui ne s'étend pas au large. On voit aussi au nord de la baie deux petites bâtures qui découvrent à basse mer. A l'accore des récifs, il y a douze brasses d'eau. L'entrée de ce port est très aisée ; la seule attention qu'on doive avoir, c'est de ranger la pointe de l'est de près et avec beaucoup de voiles, parce que dès qu'elle est doublée on se trouve en calme, et qu'alors il faut entrer sur l'air du vaisseau. Notre mouillage était par les marques suivantes : *l'îlot de l'entrée* restait à l'ouest-quart-sud-ouest un degré trente minutes ouest ; *la pointe est de l'entrée*, à ouest-quart-sud-ouest un degré sud ; *la pointe ouest*, à l'ouest-quart-nord-ouest ; *le fond du port*, au sud-est-quart-ouest. Nous affourchâmes est et ouest. Nous passâmes le reste de la journée à nous amarrer, à amener vergues et mâts de hune, à mettre les chaloupes dehors et à visiter tout le tour du port.

Il plut toute la nuit suivante et presque toute la journée du 7. Nous envoyâmes à terre nos pièces à l'eau ; nous y dressâmes quelques tentes, et on commença à faire l'eau, le bois et les lessives, toutes choses de première nécessité. Le débarquement était magnifique, sur un sable fin, sans aucune roche ni vague ; l'intérieur du port, dans un espace de quatre cents pas, contenait quatre ruisseaux. Nous en prîmes trois pour notre usage, un destiné à faire l'eau de *la Boudeuse*, un second pour celle de *l'Étoile*, le troisième pour laver. Le bois se trouvait au bord de la mer, et il y en avait de plusieurs espèces, toutes très bonnes pour brûler, quelques-unes superbes pour les ouvrages de charpente, de menuiserie, et même de tabletterie. Les deux vaisseaux étaient à portée de la voix l'un de l'autre et de la rive. D'ailleurs le port et ses environs fort au loin étaient inhabités, ce qui nous procurait une paix et une liberté précieuses. Ainsi nous ne pouvions désirer un ancrage plus sûr, un lieu plus commode pour faire l'eau, le bois, et les diverses réparations dont les navires avaient le plus urgent besoin, et pour laisser errer à leur fantaisie nos scorbutiques dans les bois.

Tels étaient les avantages de cette relâche ; elle avait aussi ses inconvénients. Malgré les recherches que l'on en fit, on n'y découvrit ni cocos ni bananes, ni aucune des ressources qu'on aurait pu, de gré ou de force, tirer d'un pays habité. Si la pêche n'était pas abondante, on ne devait attendre ici que la sûreté et le strict nécessaire. Il y avait alors tout lieu de craindre que nos malades ne s'y rétablis·sent pas. A la vérité nous n'en avions pas qui fussent attaqués fortement, mais plusieurs étaient atteints, et s'ils n'amendaient point ici, le progrès du mal ne pouvait plus être que rapide.

Le premier jour, sur les bords d'une petite rivière éloignée de notre camp d'environ un tiers de lieue, on trouva une pirogue comme en dépôt, et deux cabanes. La pirogue était à balancier, fort légère et en bon état. Il y avait à côté les débris de plusieurs feux, de gros coquillages calcinés et des carcasses de têtes d'animaux, que M. de Commerçon nous dit être de sangliers. Il n'y avait pas longtemps que les sauvages étaient venus dans cet endroit, car on trouva dans les cabanes des figues bananes encore fraîches. On crut même entendre des cris d'hommes dans les montagnes ; mais on a depuis vérifié qu'on avait pris pour tels des gémissements de gros ramiers hupés, d'un plumage azur, et qu'on nomme dans les Moluques *l'oiseau couronné*. Nous fîmes au bord de cette rivière une rencontre plus extraordinaire. Un matelot de mon canot, cherchant des coquilles, y trouva enterré dans le sable un morceau d'une plaque de plomb, sur lequel on lisait ce reste de mots anglais :

HOR'D HERE
ICK MAJESTY'S.

On y voyait encore les traces des clous qui avaient servi à attacher l'inscription, laquelle paraissait être peu ancienne. Les sauvages avaient sans doute arraché la plaque et l'avaient mise en morceaux.

Cette rencontre nous engageait à reconnaître soigneusement tous les environs de notre mouillage. Aussi courûmes-nous la côte en dedans de l'île qui couvre la baie ; nous la suivîmes environ deux lieues, et nous aboutîmes à une baie profonde mais peu large, ouverte au sud-ouest, au fond de laquelle nous abordâmes près d'une belle rivière. Quelques arbres sciés ou abattus à coups de hache frappèrent aussitôt nos regards, et nous apprirent que c'était là que les Anglais avaient relâché. Puis il nous en coûta peu de recherches pour retrouver le lieu où avait été placée l'inscription. C'était à un très gros arbre, fort apparent, sur la rive droite de la rivière, au milieu d'un grand espace où nous jugeâmes que les Anglais avaient dressé des tentes, car on voyait encore aux arbres plusieurs amarrages de bitord. Les clous étaient à l'arbre, et la plaque n'avait été arrachée que depuis peu de jours, car sa trace était fraîche. Dans l'arbre même il y avait des gradins pratiqués par les Anglais ou par les insulaires. Des rejetons qui s'élevaient sur la coupe d'un des arbres abattus, nous fournirent un moyen de conclure qu'il n'y avait pas plus de quatre mois que les Anglais avaient mouillé dans cette baie. Le bitord trouvé l'indiquait suffisamment ; car, quoique dans un lieu fort humide, il n'était point pourri. Je ne doute pas que le vaisseau venu ici de relâche ne soit le *Swallow*, bâtiment de quatorze canons, commandé par M. Carteret et sorti d'Europe au mois d'août 1766 avec le *Delfin*, que commandait M. Walas. Nous avons eu depuis des nouvelles de ce bâtiment à Batavia, où nous en parlerons, et d'où on verra que nous avons suivi sa trace jusqu'en Europe. C'est un hasard bien singulier que celui qui, au milieu de tant de terres, nous ramène à un point où une nation rivale venait de laisser un monument d'une entreprise semblable à la nôtre.

La pluie fut presque continuelle jusqu'au 11. Il y avait apparence de grand vent dehors, mais le port est abrité de tous côtés par les hautes montagnes qui l'environnent. Nous accélérâmes nos travaux autant que le mauvais temps le permettait. Je fis aussi paumoyer nos câbles et relever une ancre, pour mieux connaître la qualité du fond ; on n'en pouvait souhaiter un meilleur. Un de nos premiers soins avait été de chercher, assurément avec intérêt, si le pays pourrait fournir quelques rafraîchissements aux malades et quelque nourriture solide pour les sains. Nos recherches furent infructueuses. La pêche était absolument ingrate, et nous ne trouvâmes dans les bois que quelques lataniers et des choux palmistes en très petit nombre ; encore les fallait-il disputer à des fourmis énormes, dont les essaims innombrables ont forcé d'abandonner plusieurs pieds de ces arbres déjà abattus. On vit, il est vrai, cinq ou six sangliers ou cochons marrons, et, depuis ce temps, il y eut toujours des chasseurs occupés à en chercher sans que jamais on en ait tué. C'est le seul quadrupède que nous ayons rencontré ici.

Quelques personnes ont aussi cru y reconnaître les traces d'un chat-tigre. Nous avons tué quelques gros pigeons de la plus grande beauté. Leur plumage est vert-doré. Ils ont le cou et le ventre gris-blanc et une petite crête sur la tête. Il y a aussi des tourterelles, des veuves plus grosses que celles du Brésil, des perroquets, des oiseaux couronnés, et une espèce d'oiseau dont le cri ressemble si fort à l'aboiement d'un chien, qu'il n'y a personne qui n'y soit trompé la première fois qu'on l'entend. Nous avons aussi vu des tortues en différentes parties du canal, mais nous n'étions pas dans le temps de la ponte. Il y a dans cette baie de belles anses de sable, où je crois qu'alors on en pourrait prendre un assez bon nombre.

Tout le pays est montagneux ; le sol y est très léger ; à peine le rocher est-il recouvert. Cependant les arbres y sont de la plus grande élévation, et il y a plusieurs espèces de très beaux bois. On y trouve le bétel, l'areca, et le beau jonc des Indes que nous tirons des Malais. Il croît ici dans les lieux marécageux, mais soit qu'il exige une culture, soit que les arbres qui couvrent entièrement la terre nuisent à son accroissement et à sa qualité, soit enfin que nous ne fussions pas dans la saison de sa maturité, on n'en a point coupé de beaux. Le poivrier aussi est commun ici, mais ce n'était alors ni le temps des fruits, ni celui des fleurs. Le pays est en général peu riche en botanique. Au reste, il n'existe aucune trace qu'il ait jamais été habité à demeure. Il paraît certain que de temps en temps il y passe des Indiens : nous rencontrions fréquemment sur le bord de la mer des endroits où ils s'étaient arrêtés ; on les reconnaissait facilement aux débris de leurs repas.

Le 10, il mourut un matelot à bord de *l'Étoile*. Sa maladie était compliquée et ne tenait en rien du scorbut. Les trois jours suivants furent très beaux, et nous les employâmes utilement. Nous refîmes le pied de notre mât d'artimon, qui s'était rongé dans la carlingue, et *l'Étoile* recoupa le sien, dont la tête était consentie. Nous primes aussi à bord de cette flûte la farine et le biscuit qui lui restaient encore pour nous, proportionnellement à notre nombre. Il se trouva moins de légumes qu'on n'avait cru, et je fus obligé de retrancher plus d'un tiers des gourganes qui faisaient notre soupe. Je dis notre, car tout se distribuait également. États-majors et équipages étaient à la même nourriture ; notre situation égalisait les hommes comme la mort. Nous profitâmes aussi du beau temps pour faire des observations essentielles.

Le 11 au matin, M. Verron établit à terre son quart-de-cercle et une pendule à secondes ; il s'en servit le même jour pour observer la hauteur méridienne du soleil. Le mouvement de la pendule fut déterminé avec exactitude par des hauteurs correspondantes, prises deux jours de suite. Il y avait le 13 une éclipse de soleil visible pour nous, et il fallait être en état de l'observer si le temps le permettait. Il fut très beau, et on put voir le moment de l'immersion et celui de l'émersion. M. Verron observait avec une lunette de neuf pieds ; le chevalier du Bouchage avec une lunette acromatique de Dollond, longue de quatre pieds ; mon poste était à la pendule. Le commencement de l'éclipse fut pour nous le 13 à dix heures cinquante minutes quarante-cinq secondes du matin, la fin à zéro heure vingt-huit minutes seize secondes de temps vrai, et sa grandeur de trois minutes vingt-deux secondes. Nous avons enterré une inscription sous l'endroit même où était la pendule, et nommé ce port *le port Praslin*. Il est situé par quatre degrés quarante-neuf minutes vingt-sept secondes de latitude australe, et cent quarante-neuf degrés quarante-quatre minutes quinze secondes de longitude à l'est de Paris.

Cette observation est d'autant plus importante qu'on peut enfin, par son moyen et par celui des observations astronomiques faites à la côte du Pérou, déterminer d'une façon sûre l'étendue en longitude du vaste océan Pacifique, jusqu'à ce jour si incertaine. Nous fûmes d'autant plus heureux d'avoir eu beau temps pendant la durée de l'éclipse, que, depuis ce jour jusqu'à notre départ, il n'y a pas eu une seule journée qui ne fût affreuse. Le ciel n'eut jamais plus de trois aunes, et la pluie continuelle, jointe à une chaleur étouffante, nous rendait notre séjour ici pernicieux. Le 16 la frégate avait achevé son travail, et nous employâmes tous nos bateaux à finir celui de *l'Étoile*. Cette flûte était presque lége, et comme on ne trouve point ici des pierres propres à former du lest, il fallut lui en faire un avec du bois : travail long, pénible et malsain, au milieu de ces forêts où règne une éternelle humidité.

On y tuait journellement des serpents, des scorpions et une grande quantité d'insectes d'une espèce singulière. Ils sont longs comme le doigt, cuirassés sur le corps; ils ont six pattes, des pointes saillantes des côtés et une queue fort longue. On m'apporta aussi un animal qui nous parut extraordinaire. C'est un insecte d'environ trois pouces de long, de la famille des mantes ; presque toutes les parties de son corps sont composées d'un tissu que, même en y regardant de près, on prendrait pour des feuilles ; chacune de ses ailes est la moitié d'une feuille, laquelle est entière quand les ailes sont rapprochées ; le dessous de son corps est une feuille d'une couleur plus morte que le dessus. L'animal a des antennes et six pattes, dont les parties supérieures sont aussi des portions de feuilles. M. de Commerçon a décrit cet insecte particulier, et, l'ayant conservé dans de l'esprit-de-vin, je l'ai remis au cabinet du roi.

On trouvait ici un grand nombre de coquilles, dont plusieurs fort belles. Les bâtures offraient des trésors pour la conchyliologie. On récolta dans un même endroit dix marteaux, espèce, dit-on, fort rare (1). Aussi le zèle des curieux était-il fort vif. Il fut ralenti par l'accident arrivé à un de nos matelots, lequel, en échouant la senne, fut piqué dans l'eau par une espèce de serpent. L'effet du venin se manifesta une demi-heure après. Le matelot ressentit des douleurs violentes dans tout le corps. L'endroit de la morsure, qui était au côté gauche, devint livide et enfla à vue d'œil. Quatre ou cinq scarifi-

---

1. Ils furent trouvés dans une anse de la grande île qui forme cette baie, et que, pour cette raison, on a nommée *l'île aux Marteaux*.

cations en tirèrent beaucoup de sang déjà dissous. Aussitôt qu'on cessait de faire promener par force le malade, les convulsions le prenaient. Il souffrit horriblement pendant cinq ou six heures. Enfin la thériaque et l'eau de lusse qu'on lui avait administrées dès la première demi-heure, provoquèrent une sueur abondante et le tirèrent d'affaire.

Cette aventure rendit tout le monde plus circonspect à se mettre dans l'eau. Notre Taïtien suivit avec curiosité le malade pendant tout le traitement. Il nous fit entendre que dans son pays il y avait le long de la côte des serpents qui mordaient les hommes à la mer, et que tous ceux qui étaient mordus en mouraient. Ils ont une médecine, mais je la crois fort peu avancée. Il fut émerveillé de voir le matelot, quatre ou cinq jours après son accident, revenir au travail. Fort souvent, en examinant les productions de nos arts et les moyens divers par lesquels ils augmentent nos facultés et multiplient nos forces, cet insulaire tombait dans l'admiration de ce qu'il voyait, et rougissait pour son pays : *Aouaou ; Taïti, fi de Taïti !* nous disait-il avec douleur. Cependant il n'aimait pas à marquer qu'il sentait notre supériorité sur sa nation. On ne saurait croire à quel point il est haut. Nous avons remarqué qu'il est aussi souple que fier, et ce caractère prouve qu'il vit dans un pays où les rangs sont inégaux.

Le 19 au soir, nous fûmes enfin en état de partir, mais il sembla que le temps ne fît qu'empirer : grand vent de sud, déluge de pluie, tonnerre, grains en tourmente. La mer était très grosse dehors, et les oiseaux pêcheurs se réfugiaient dans la baie. Le 22, nous ressentîmes, vers dix heures et demie du matin, plusieurs secousses de tremblement de terre. Elles furent très sensibles sur nos vaisseaux, et durèrent environ deux minutes. Pendant ce temps la mer haussa et baissa plusieurs fois de suite, ce qui effraya beaucoup ceux qui pêchaient sur les récifs, et leur fit chercher un asile dans les bateaux. Au reste, il semble que dans cette saison les pluies soient ici sans interruption. Un orage n'attend pas l'autre ; le tonnerre gronde presque continuellement et la nuit donne l'idée des ténèbres du chaos. Cependant nous allions tous les jours dans les bois chercher des lataniers et des palmistes, et tâcher de tuer quelques tourterelles. Nous nous partagions en plusieurs bandes, et le résultat ordinaire de ces caravanes pénibles était de revenir trempés jusqu'aux os et les mains vides. On découvrit cependant les derniers jours quelques pommes de mangles et des prunes monbin ; c'eût été un secours utile si on en eût eu connaissance plus tôt. On trouva aussi une espèce de lierre aromatique, auquel les chirurgiens crurent reconnaître une vertu antiscorbutique ; du moins, les malades qui en firent des infusions et s'en lavèrent ont-ils éprouvé quelque soulagement.

Nous avons tous été voir une cascade merveilleuse qui fournissait les eaux du ruisseau de *l'Étoile*. L'art s'efforcerait en vain de produire dans le palais des rois ce que la nature a jeté ici dans un coin inhabité. Nous en admirâmes les groupes saillants, dont les gradations presque régulières précipitent et diversifient la chute des eaux ; nous suivions avec surprise tous ces massifs variés pour la figure et qui forment cent bassins inégaux, où sont reçues les nappes de cristal coloriées par des arbres immenses, dont quelques-uns ont le pied dans les bassins mêmes. C'est bien assez qu'il existe des hommes privilégiés, dont le pinceau hardi peut nous tracer l'image de ces beautés inimitables. Cette cascade mériterait le plus grand peintre.

Cependant notre situation empirait à chaque instant que nous demeurions ici et que nous perdions sans faire de chemin. Le nombre et les maux de nos scorbutiques augmentaient. L'équipage de *l'Étoile* était encore dans un état plus triste que le nôtre. Chaque jour j'envoyais des canots dehors reconnaître le temps. C'était constamment le vent du sud presque en tourmente et une mer affreuse. Avec ces circonstances l'appareillage était impossible, d'autant plus qu'on ne saurait appareiller de ce port qu'en prenant une croupière sur une ancre, qu'il faut sortir tout de suite, et qu'on n'eût pu embarquer au large la chaloupe qui serait restée pour lever l'ancre, que nous n'étions pas dans le cas de perdre. Ces obstacles me déterminèrent à aller le 23 reconnaître une passe entre *l'île des Marteaux* et la grande terre. J'en trouvai une, par laquelle nous pouvions sortir avec le vent du sud en embarquant nos bateaux dans le canal. Elle avait, il est vrai, d'assez grands inconvénients, et nous ne fûmes pas heureusement dans le cas de nous en servir.

Il avait plu sans interruption toute la nuit du 23 au 24 ; l'aurore amena le beau temps et le calme. Nous levâmes aussitôt notre ancre d'affourche ; nous envoyâmes établir une amarre à des arbres, une haussière sur une ancre à jet, et nous virâmes à pic sur l'ancre de dehors. Pendant la journée entière nous attendîmes le moment d'appareiller ; déjà nous en désespérions et l'approche de la nuit nous forçait à nous réamarrer, lorsqu'à cinq heures et demie il se leva une brise du fond du port. Aussitôt nous larguâmes notre amarre de terre, filâmes le grelin de l'ancre à jet sur laquelle *l'Étoile* devait appareiller après nous, et en une demi-heure nous fûmes sous voiles. Les canots nous remorquèrent jusqu'au milieu de la passe, où nous ressentîmes assez de vent pour nous passer de leur secours. Nous les envoyâmes aussitôt à *l'Étoile* pour la mettre dehors. A deux lieues au large, nous mîmes en travers pour l'attendre, embarquant notre chaloupe et nos petits canots. A huit heures nous commençâmes à apercevoir la flûte qui était sortie du port ; mais le calme ne lui permit de nous joindre qu'à deux heures après minuit. Notre grand canot revint en même temps, et nous l'embarquâmes.

Dans la nuit il y eut des grains et de la pluie. Le beau temps revint avec le jour. Les vents étaient au sud-ouest, et nous gouvernâmes depuis l'est-quart-sud-est jusqu'au nord-nord-est, rondissant comme la terre. Il n'eût pas été prudent de chercher à en passer au vent : nous soupçonnions que c'était la nouvelle Bretagne, et toutes les apparences nous le confirmaient. En effet, les terres que nous avions découvertes plus à l'ouest se rapprochaient beaucoup de celles-ci, et on apercevait, au milieu de ce qu'on aurait pu prendre pour un passage, des mondrains isolés, qui tenaient sans doute au reste par des terres plus basses. Telle est la peinture que fait Dampierre de la grande baie qu'il nomma *baie Saint-Georges ;* et c'est à sa pointe du nord-est que nous venions de mouiller, comme nous le vérifiâmes dès les premiers jours de notre sortie. Dampierre fut plus heureux que nous. Il trouva pour relâche un canton habité qui lui procura des rafraîchissements, et dont les productions lui firent concevoir de grandes espérances sur ce pays ; et nous, qui étions tout aussi intelligents que lui, nous sommes tombés dans un désert qui n'a fourni à nos besoins que du bois et de l'eau.

En sortant du port Praslin, je corrigeai ma longitude sur celle que donna le calcul de l'éclipse du soleil qu'on y avait observée ; ma différence pouvait être d'environ trois degrés, dont j'étais plus est. Le thermomètre, pendant le séjour que nous y fîmes, fut constamment de vingt-deux à vingt-trois degrés ; mais la chaleur y était plus grande qu'il ne semblait l'annoncer. J'en attribue la cause au défaut d'air dont on manque ici, ce bassin étant enfermé de toutes parts dans la partie surtout des vents régnants.

CHAPITRE VI.

Ous avions repris la mer après une relâche de huit jours, pendant lesquels, comme on l'a vu, le temps avait été constamment mauvais, et les vents presque toujours au sud. Le 25, ils revinrent au sud-est, variant jusqu'à l'est, et nous suivîmes la côte environ à trois lieues d'éloignement. Elle rondissait insensiblement, et bientôt nous aperçûmes au large des îles qui se succédaient de distance en distance. Nous passâmes entre elles et la grande terre, et je leur donnai le nom des officiers des états-majors. Il n'était plus douteux que nous côtoyions la nouvelle Bretagne. Cette terre est très élevée et paraît entrecoupée de belles baies, dans lesquelles nous apercevions des feux et d'autres traces d'habitations.

Le troisième jour de notre sortie, je fis couper nos tentes de campagne pour distribuer de grandes culottes aux gens des deux équipages. Nous avions déjà fait, en différentes occasions, de semblables distributions de hardes de toute espèce. Sans cela, comment eût-il été possible que ces pauvres gens fussent vêtus pendant une aussi longue campagne, où il leur avait fallu plusieurs fois passer alternativement du froid au chaud, et essuyer maintes reprises du déluge ? Au reste, je n'avais plus rien à leur donner, tout était épuisé. Je fus même forcé de retrancher encore une once de pain sur la ration. Le peu qui nous restait de vivres était en partie gâté, et dans tout autre cas on eût jeté à la mer toutes nos salaisons, mais il fallait manger le mauvais comme le bon. Qui pouvait savoir quand cela finirait ? Telle était notre situation, de souffrir en même temps du passé qui nous avait affaiblis, du présent dont les tristes détails se répétaient à chaque instant, et de l'avenir dont le terme indéterminé était presque le plus cruel de nos maux. Mes peines personnelles se multipliaient par celles des autres. Je dois cependant publier qu'aucun ne s'est laissé abattre, et que la patience à souffrir a été supérieure aux positions les plus critiques. Les officiers donnaient l'exemple, et jamais les matelots n'ont cessé de danser le soir, dans la disette comme dans les temps de la plus grande abondance. Il n'avait pas été nécessaire de doubler leur paie.

Nous eûmes constamment la vue de la nouvelle Bretagne jusqu'au 3 août. Pendant ce temps, il venta peu, il plut souvent, les courants nous furent contraires, et les navires marchaient moins que jamais. La côte prenait de plus en plus du ouest. Le 29 au matin, nous nous en trouvâmes plus près que nous n'avions encore été. Ce voisinage nous valut la visite de quelques pirogues ; deux vinrent à la portée de la voix de la frégate, cinq autres furent à *l'Étoile*. Elles étaient montées chacune par cinq ou six hommes noirs, à cheveux crépus et laineux ; quelques-uns les avaient poudrés de blanc. Ils portent la barbe assez longue et des ornements blancs aux bras en forme de bracelets. Des feuilles d'arbre couvrent tant bien que mal leur nudité. Ils sont grands et paraissent agiles et robustes. Ils nous montraient une espèce de pain et nous invitaient par signes à venir à terre ; nous les invitions à venir à bord ; mais nos invitations, le don même de quelques morceaux d'étoffe jetés à la mer, ne leur inspirèrent pas la confiance de nous accoster. Ils ramassèrent ce qu'on avait jeté, et, pour remerciement, l'un d'eux, avec une fronde, nous lança une pierre qui ne vint pas jusqu'à bord ; nous ne voulûmes pas leur rendre le mal pour le mal, et ils se retirèrent en frappant tous ensemble sur leurs canots avec de grands cris. Ils poussèrent sans doute les hostilités plus loin à bord de *l'Étoile*, car nous en vîmes tirer plusieurs coups de fusils qui les mirent en fuite. Leurs pirogues sont longues, étroites et à balancier. Toutes ont l'avant et l'arrière plus ou moins ornés de sculptures peintes en rouge, qui font honneur à leur adresse.

Le lendemain, il en vint un beaucoup plus grand nombre, qui ne firent aucune difficulté d'accoster le navire. Celui de leurs conducteurs qui paraissait être le chef portait un bâton long de deux ou trois pieds, peint en rouge, avec une pomme à chaque bout. Il l'éleva sur sa tête avec ses deux mains en nous approchant, et il demeura quelque temps dans cette attitude. Tous ces nègres paraissaient avoir fait une grande toilette ; les uns avaient la laine peinte en rouge ; d'autres portaient des aigrettes de plumes sur la tête ; d'autres des pendants de certaines graines, ou de grandes plaques blanches et rondes pendues au col ; quelques-uns avaient des anneaux passés dans les cartilages du nez ; mais une parure assez générale à tous était des bracelets faits avec la bouche d'une grosse coquille sciée. Nous voulûmes lier commerce avec eux pour les engager à nous rapporter quelques rafraîchissements. Leur mauvaise foi nous fit bientôt voir que nous n'y réussirions pas. Ils tâchaient de saisir ce qu'on leur proposait, et ne voulaient rien rendre en échange. A peine put-on tirer d'eux quelques racines d'ignames ; on se lassa de leur donner et ils se retirèrent. Deux canots voguaient vers la frégate à l'entrée de la nuit ; une fusée que l'on tira pour quelque signal les fit fuir précipitamment.

Au reste, il sembla que les visites qu'ils nous avaient rendues ces deux derniers jours, n'avaient été que pour nous reconnaître et concerter un plan d'attaque. Le 31, on vit, dès la pointe du jour, un essaim de pirogues sortir de terre ; une partie passa par notre travers sans s'arrêter, et toutes dirigèrent leur marche sur *l'Etoile*, que sans doute ils avaient observée être le plus petit des bâtiments et se tenir derrière. Les nègres firent leur attaque à coups de pierres et de flèches. Le combat fut court. Une fusillade déconcerta leurs projets ; plusieurs se jetèrent à la mer, et quelques pirogues furent abandonnées : depuis ce moment nous cessâmes d'en voir.

Les terres de la nouvelle Bretagne ne couraient maintenant que sur le ouest-quart-nord-ouest et l'ouest, et dans cette partie elles s'abaissaient considérablement. Ce n'était plus cette côte élevée et garnie de plusieurs rangs de montagnes ; la pointe septentrionale que nous découvrions était une terre presque noyée, et couverte d'arbres de distance en distance. Les cinq premiers jours du mois d'août furent pluvieux ; le temps fut à l'orage et le vent souffla par grains. Nous n'aperçûmes la côte que par lambeaux, dans les éclaircies, et sans pouvoir en distinguer les détails. Toutefois nous en vîmes assez pour être convaincus que les marées continuaient à nous enlever une partie du médiocre chemin que nous faisions chaque jour. Je fis alors gouverner au nord-ouest, puis au nord-ouest-quart-ouest, pour éviter un labyrinthe d'îles qui sont semées à l'extrémité septentrionale de la nouvelle Bretagne. Le 4 après-midi, nous reconnûmes distinctement deux îles, que je crois être celles que Dampierre nomme *île Matthias* et *île Orageuse*. L'île Matthias, haute et montagneuse, s'étend sur le nord-ouest, huit à neuf lieues. L'autre n'en a pas plus de trois ou quatre, et entre les deux est un îlot. Une île que l'on crut apercevoir le 5 à deux heures du matin dans l'ouest, nous fit reprendre du nord. On ne se trompait pas, et à dix heures la brume, qui jusqu'alors avait été épaisse, s'étant dissipée, nous aperçûmes dans le sud-est-quart-sud cette île, qui est petite et basse. Les marées cessèrent alors de porter sur le sud et sur l'est, ce qui semblait venir de ce que nous avions dépassé la pointe septentrionale de la nouvelle Bretagne, que les Hollandais nomment cap *Solomaswer*. Nous n'étions plus alors que par zéro degré quarante-et-une minutes de latitude méridionale. Nous avions sondé presque tous les jours sans trouver de fond.

Nous courûmes à ouest jusqu'au 7, avec un assez joli frais et beau temps, sans voir de terre. Le 7 au soir, l'horizon fort embrumé ; m'ayant paru, au coucher du soleil, être un horizon de terre depuis l'ouest jusqu'au ouest-sud-ouest, je me déterminai à tenir pour la nuit la route du sud-ouest-quart-ouest ; nous reprîmes au jour celle du ouest. Nous vîmes dans la matinée, environ à cinq ou six lieues devant nous, une terre basse. Nous gouvernâmes à ouest-quart-sud-ouest et ouest-sud-ouest pour en passer au sud. Nous la rangeâmes environ à une lieue et demie. C'était une île plate, longue d'environ trois lieues, couverte d'arbres, et partagée en plusieurs divisions liées ensemble par des bâtures et des bancs de sable. Il y a sur cette île une grande quantité de cocotiers, et le bord de la mer y est couvert d'un si grand nombre de cases, qu'on peut juger de là qu'elle est extrêmement peuplée. Ces cases sont hautes, presque carrées et bien couvertes. Elles nous parurent plus vastes et plus belles que ne sont ordinairement des cabanes de roseaux, et nous crûmes revoir les maisons de Taïti. On découvrait un grand nombre de pirogues occupées à la pêche tout autour de l'île : aucune ne parut se déranger pour nous voir passer ; et nous jugeâmes que ces habitants, qui n'étaient pas curieux, étaient contents de leur sort. Nous nommâmes cette île *l'île des Anachorètes.* A onze lieues dans l'ouest de celle-ci, on voit du haut des mâts une autre île basse.

La nuit fut très obscure, et quelques nuages fixes dans le sud nous y firent soupçonner de la terre. En effet, au jour, nous découvrîmes deux petites îles dans le sud-est-quart-sud trois degrés sud à huit ou neuf lieues de distance. On ne les avait pas encore perdues de vue à huit heures et demie, lorsqu'on eut connaissance d'une autre île basse dans l'ouest-quart-sud-ouest, et peu après, d'une infinité de petites îles qui s'étendaient dans le ouest-nord-ouest et le sud-ouest de cette dernière, laquelle peut avoir deux lieues de long ; toutes les autres ne sont, à proprement parler, qu'une chaîne d'îlots ras et couverts de bois, rencontre désastreuse. Il y avait cependant un îlot séparé des autres et plus au sud, lequel nous parut être le plus considérable. Nous dirigeâmes notre route entre celui-là et l'archipel d'îlots, que je nommai *l'Echiquier*, et que je voulais laisser au nord. Nous n'étions pas près d'en être dehors. Cette chaîne, aperçue dès le matin, se prolongeait beaucoup plus loin dans le sud-ouest que nous ne l'avions pu juger alors.

Nous cherchions, comme je viens de le dire, à la doubler dans le sud, mais à l'entrée de la nuit nous y étions encore engagés, sans savoir précisément jusqu'où elle s'étendait. Le temps, incessamment chargé de grains, ne nous avait jamais montré dans un même instant tout ce que nous devions craindre ; pour surcroît d'embarras, le calme vint aussitôt que la nuit et ne finit presque qu'avec elle. Nous la passâmes dans la continuelle appréhension d'être jetés sur la côte des courants. Je fis mettre deux ancres en mouillage et allonger leur biture sur le pont, précaution presque inutile, car on sonda plusieurs fois sans trouver le fond. Tel est un des plus grands dangers de ces terres ; presque à deux longueurs de navire des récifs qui les bordent, on n'a point la ressource de mouiller. Heureusement le temps se maintint sans orages ; même, vers minuit, il se leva une fraîcheur du nord qui nous servit à nous élever un peu dans le sud-est. Le vent fraîchit à mesure que le soleil montait, et il nous retira de ces îles basses, que je crois inhabitées ; au moins, pendant le temps qu'on s'est trouvé à portée de les voir, on n'y a distingué ni feux, ni cabanes, ni pirogues. *L'Étoile* avait été dans cette nuit encore plus en danger que nous, car elle fut très longtemps sans gouverner, et la marée l'entraînait visiblement à la côte, lorsque le vent vint à son aide. A deux heures après-midi, nous doublâmes l'îlot le plus occidental, et nous gouvernâmes à ouest-sud-ouest.

Le 11 à midi, étant par deux degrés dix-sept minutes de latitude australe, nous aperçûmes dans le sud une côte élevée, qui nous parut être celle de la nouvelle Guinée. Quelques heures après, on la vit plus clairement. C'est une terre haute et montueuse, qui dans cette partie s'étend sur l'ouest-nord-ouest. Le 12 à midi, nous étions environ à dix lieues des terres les plus voisines de nous. Il était impossible de détailler la côte à cette distance ; il nous apparut seulement une grande baie vers deux degrés vingt-cinq minutes de latitude sud, et des terres basses dans le fond, qu'on ne découvrait que du haut des mâts. Nous jugeâmes aussi, par la vitesse avec laquelle nous doublions les terres, que les courants nous étaient devenus favorables ; mais, pour apprécier avec quelque justesse la différence qu'ils occasionnaient dans l'estime de notre route, il eût fallu cingler moins loin de la côte. Nous continuâmes à la prolonger de dix ou douze lieues de distance. Son gisement était toujours sur l'ouest-nord-ouest et sa hauteur prodigieuse. Nous y remarquâmes surtout deux pics très élevés, voisins l'un de l'autre, et qui surpassent en hauteur toutes les autres montagnes. Nous les avons nommés *les deux Cyclopes*. Nous eûmes occasion de remarquer que les marées portaient sur le nord-ouest. Effectivement nous nous trouvâmes le jour suivant plus éloignés de la côte de la nouvelle Guinée, qui revient ici sur l'ouest. Le 14 au point du jour, nous découvrîmes deux îles, et un îlot qui paraissait entre les deux, mais plus au sud. Elles gisent entre elles est-sud-est et ouest-nord-ouest corrigés ; elles sont à deux lieues de distance l'une de l'autre, de médiocre hauteur, et n'ont pas plus d'une lieue et demie d'étendue chacune.

Nous avancions peu chaque journée. Depuis que nous étions sur la côte de la nouvelle Guinée, nous avions assez régulièrement une faible brise d'est ou de nord-est, qui commençait vers deux ou trois heures après-midi, et durait environ jusque vers minuit ; à cette brise succédait un intervalle plus ou moins long de calme, qui était suivi de la brise de terre variable du sud-ouest au sud-sud-ouest, laquelle se terminait aussi vers midi par deux ou trois heures de calme. Nous revîmes, le 15 au matin, la plus occidentale des deux îles que nous avions reconnues la veille. Nous découvrîmes en même temps d'autres terres, qui nous parurent îles, depuis le sud-est-quart-sud jusqu'à l'ouest-sud-ouest, terres fort basses, par-dessus lesquelles nous apercevions dans une perspective éloignée les hautes montagnes du continent. La plus élevée, que nous relevâmes à huit heures du matin au sud-sud-est du compas, se détachait des autres, et nous la nommâmes *le géant Moulineau*. Nous donnâmes le nom de *la nymphe Alie* à la plus occidentale des îles basses dans le nord-ouest de Moulineau. A dix heures du matin, nous tombâmes dans un ras de marée, où les courants paraissaient porter avec violence sur le nord et nord-nord-est. Ils étaient si vifs, que jusqu'à midi ils nous empêchèrent de gouverner ; et comme ils nous entraînèrent fort au large, il nous devint impossible d'asseoir un jugement précis sur leur véritable direction. L'eau, dans le lit de marée, était couverte de troncs d'arbres flottants, de divers fruits et de goémons : elle y était en même temps si trouble, que nous craignîmes d'être sur un banc ; mais la sonde ne nous donna point de fond à cent brasses. Ce ras de marée semblait indiquer ici ou une grande rivière dans le continent, ou un passage qui couperait les terres de la nouvelle Guinée, passage dont l'ouverture serait presque nord et sud. Suivant deux distances des bords du soleil et de la lune, observées à l'octant par le chevalier du Bouchage et M. Verron, notre longitude, le 15 à midi, était de cent trente-six degrés seize minutes trente secondes à l'est de Paris. Mon estime, suivie depuis la longitude déterminée au port Praslin, en différait de deux degrés quarante-sept minutes. Nous observâmes le même jour un degré dix-sept minutes de latitude australe.

Le 16 et le 17 il fit presque calme ; le peu de vent qui souffla fut variable. Le 16, on ne vit la terre qu'à sept heures du matin, encore ne la vit-on que du haut des mâts, terre extrêmement haute et coupée. Nous perdîmes toute cette journée à attendre *l'Etoile*, qui, maîtrisée par le courant, ne pouvait pas mettre le cap en route ; et le 17, comme elle était fort éloignée de nous, je fus obligé de virer sur elle pour la rallier ; ce que nous ne fîmes qu'aux approches de la nuit. Elle fut très orageuse, avec un déluge de pluie et des ton-

nerres épouvantables. Les six jours suivants nous furent tout aussi
malheureux : de la pluie, du calme, et le peu qui venta, ce fut du
vent debout. Il faut s'être trouvé dans la position où nous étions
alors pour être en état de s'en former l'idée. Le 17 après-midi, on
avait aperçu depuis le sud-sud-ouest cinq degrés sud du compas jusqu'au sud-ouest cinq degrés ouest, à seize lieues environ de distance,

Vue de la nouvelle Guinée.

une côte élevée qu'on ne perdit de vue qu'à la nuit. Le 18 à neuf
heures du matin, on découvrit une île haute dans le sud-ouest-quart-
ouest, distante à peu près de douze lieues ; nous la revîmes le lendemain, et elle nous restait à midi depuis le sud-sud-ouest jusqu'au
sud-ouest dans un éloignement de quinze à vingt lieues. Les courants nous donnèrent pendant ces trois derniers jours dix lieues de

différence nord ; nous ne pûmes savoir quelle était celle qu'ils nous donnaient en longitude.

Le 20, nous passâmes la ligne pour la seconde fois de la campagne. Les courants continuaient à nous éloigner des terres. Nous n'en vîmes point le 20 ni le 21, quoique nous eussions tenu les bordées qui nous en rapprochaient le plus. Il nous devenait cependant essentiel de rallier la côte et de la ranger d'assez près, pour ne pas commettre quelque erreur dangereuse, qui nous fît manquer le débouquement dans la mer des Indes et nous engageât dans l'un des golfes de *Gilolo*. Le 22 au point du jour, nous eûmes connaissance d'une côte plus élevée qu'aucune autre partie de la nouvelle Guinée que nous eussions encore vue. Nous gouvernâmes dessus, et à midi on la releva depuis le sud-sud-est cinq degrés sud jusqu'au sud-ouest, où elle ne paraissait pas terminée. Nous venions de passer la ligne pour la troisième fois. La terre courait sur l'ouest-nord-ouest, et nous l'accostâmes, déterminés à ne la plus quitter jusqu'à être parvenus à son extrémité, que les géographes nomment *le cap Mabo*. Dans la nuit, nous doublâmes une pointe, de l'autre côté de laquelle la terre, toujours fort élevée, ne courait plus que sur l'ouest-quart-sud-ouest et l'ouest-sud-ouest. Le 23 à midi, nous voyions une étendue de côte d'environ vingt lieues, dont la partie la plus occidentale nous restait presque au sud-ouest à treize ou quatorze lieues. Nous étions beaucoup plus près de deux iles basses et couvertes d'arbres, éloignées l'une de l'autre d'environ quatre lieues. Nous en approchâmes à une demi-lieue, et tandis que nous attendions *l'Etoile*, écartée de nous à une grande distance, j'envoyai le chevalier de Suzannet, avec deux de nos bateaux armés, à la plus septentrionale des deux îles. Nous pensions y voir des habitations, et nous espérions en tirer quelques rafraîchissements. Un banc qui règne le long de l'île et s'étend même assez loin dans l'est, força les bateaux de faire un grand tour pour le doubler. Le chevalier de Suzannet ne trouva ni cases, ni habitants, ni rafraîchissements. Ce qui de loin nous avait semblé former un village n'était qu'un amas de roches minées par la mer et creusées en cavernes. Les arbres qui couvraient l'île ne portaient aucun fruit propre à la nourriture des hommes. On y enterra une inscription. Les bateaux ne revinrent à bord qu'à dix heures du soir. *L'Etoile* venait de nous rejoindre. La vue continuelle de la côte nous avait appris que les courants portaient ici sur le nord-ouest.

Après avoir embarqué nos bateaux, nous tâchâmes de prolonger la terre autant que les vents constants au sud et au sud-sud-ouest voulurent nous le permettre. Nous fûmes obligés de courir plusieurs bords, dans l'intention de passer au vent d'une grande île que nous avions aperçue, au coucher du soleil, dans l'ouest et l'ouest-quart-nord-ouest. L'aube du jour nous surprit encore sous le vent de cette île. Sa côte orientale, qui peut avoir cinq lieues de longueur, court à peu près nord et sud, et à sa pointe méridionale on voit un îlot bas et de peu d'étendue. Entre elle et la terre de la nouvelle Guinée, qui se prolonge ici presque sur le sud-ouest-quart-ouest, il se présentait un vaste passage dont l'ouverture, d'environ huit lieues, gît nord-est et sud-ouest. Le vent en venait, et la marée portait dans le nord-ouest : comment gagner en louvoyant ainsi contre vent et marée ? Je l'essayai jusqu'à neuf heures du matin. Je vis avec douleur que c'était infructueusement, et je pris le parti d'*arriver*, pour ranger la côte septentrionale de l'île, abandonnant à regret un débouché que je crois très beau, pour se tirer de cette chaîne éternelle d'îles.

Nous eûmes dans cette matinée deux alertes consécutives. La première fois on cria d'en haut qu'on voyait devant nous une longue suite de brisants, et l'on prit aussitôt les amures à l'autre bord. Ces brisants, examinés ensuite plus attentivement, se trouvèrent être des ras d'une marée violente, et nous reprîmes notre route. Une heure après, plusieurs personnes crièrent du gaillard d'avant qu'on voyait le fond sous nous ; l'affaire pressait, mais l'alarme fut heureusement aussi courte qu'elle avait été vive. Nous l'eussions même crue fausse si l'*Étoile*, qui était dans nos eaux, n'eût aperçu ce même haut fond pendant près de deux minutes. Il lui parut un banc de corail. Presque nord et sud de ce banc, qui peut avoir encore moins d'eau dans quelque partie, il y a une anse de sable sur le bord de laquelle sont quelques cases environnées de cocotiers. La remarque peut d'autant plus servir de point de reconnaissance, que jusque-là nous n'avons vu aucune trace d'habitations sur cette côte. A une heure après-midi, nous doublâmes la pointe du nord-est de la grande île, qui s'étend ensuite sur l'ouest et l'ouest-quart-sud-ouest, près de vingt lieues. Il fallut serrer le vent pour la prolonger, et nous ne tardâmes pas à apercevoir d'autres îles dans l'ouest et l'ouest-quart-nord-ouest. On en vit même une, au soleil couchant, qui fut relevée dans le nord-est-quart-nord, à laquelle se joignait une bâture qui parut s'étendre jusqu'au nord-quart-nord-ouest : ainsi nous étions encore une fois enclavés.

Nous perdîmes dans cette journée notre premier maître d'équipage, nommé *Denys,* qui mourut du scorbut. Il était Malouin et âgé d'environ cinquante ans, passés presque tous au service du roi. Les sentiments d'honneur et les connaissances qui le distinguaient dans son état important, nous l'ont fait regretter universellement. Quarante-cinq autres personnes étaient atteintes du scorbut ; la limonade et le vin en suspendaient seuls les funestes progrès.

Nous passâmes la nuit sur les bords, et le 25, au lever du jour, nous nous trouvâmes environnés de terres. Il s'offrait à nous trois passages, l'un ouvert au sud-ouest, le second à ouest-sud-ouest, et le troisième presque est et ouest. Le vent ne nous accordait que ce dernier, et je n'en voulais point. Je ne doutais pas que nous ne fussions au milieu des îles des Papous. Il fallait éviter de tomber plus loin dans le nord, de crainte, comme je l'ai déjà dit, de nous enfoncer dans quelqu'un des golfes de la côte orientale de Gilolo. L'essentiel, pour sortir de ces parages critiques, était donc de nous élever en latitude australe : or, au-delà du passage du sud-ouest, on apercevait dans le sud la mer ouverte autant que la vue pouvait s'étendre : ainsi je me décidai à louvoyer pour gagner ce débouché. Toutes ces îles et tous ces îlots qui nous enfermaient sont fort escarpés, de hauteur médiocre, et couverts d'arbres. Nous n'y avons aperçu aucun indice qu'ils soient habités.

A onze heures du matin, nous eûmes fond de sable sur quarante-cinq brasses ; c'était une ressource. A midi, nous observâmes zéro degré cinq minutes de latitude boréale; ainsi nous venions de passer la ligne pour la quatrième fois. A six heures du soir, nous étions à même de donner dans le passage du ouest-sud-ouest. C'était avoir gagné environ trois lieues par le travail de la journée entière. La nuit nous fut plus favorable, grâce à la lune, dont la lumière nous permit de louvoyer entre les pierres et les îles. D'ailleurs le courant, qui nous avait été contraire tant que nous fûmes par le travers des deux premières passes, nous devint favorable dès que nous vînmes à ouvrir le passage du sud-ouest.

Le canal par lequel nous débouquâmes enfin dans cette nuit peut avoir de deux à trois lieues de large. Il est borné à l'ouest par un amas d'îles et d'îlots assez élevés. Sa côte de l'est, que nous avions prise au premier coup d'œil pour la pointe la plus occidentale de la

Types de la Nouvelle-Guinée.

grande île, n'est aussi qu'un amas de petites îles et de rochers qui de loin semblent former une seule masse, et les séparations entre ces îles présentent d'abord l'aspect de belles baies ; c'est ce que nous reconnaissions à chaque bordée que nous rapportions sur ces terres. Ce ne fut qu'à quatre heures et demie du matin que nous parvînmes à doubler les îlots les plus sud du nouveau passage, que nous nommâmes *le passage des Français*. Le fond paraît augmenter au milieu de cet archipel en avançant vers le sud. Nos sondes ont été de cinquante-cinq à soixante-quinze et quatre-vingts brasses, fond de sable gris, vase et coquilles pourries. Lorsque nous fûmes entièrement hors du canal, nous sondâmes sans trouver de fond. Je fis alors gouverner au sud-ouest. Le passage des Français gît par zéro degré quinze minutes de latitude sud, entre le cent vingt-huitième et le cent vingt-neuvième degré de longitude à l'est de Paris.

Le 26 à la pointe du jour, nous découvrîmes une nouvelle île dans le sud-sud-ouest, et peu après une autre dans l'ouest-nord-ouest. A midi, on ne voyait plus le labyrinthe d'où nous sortions, et la hauteur méridienne nous donna zéro degré vingt-trois minutes de latitude australe. C'était pour la cinquième fois que nous avions passé la ligne. Nous continuâmes de tenir le plus près bâbord amure, et l'après-midi nous eûmes connaissance d'une petite île dans le sud-est. Le lendemain au lever du soleil, nous en vîmes une peu élevée à neuf ou dix lieues dans le sud-sud-est. Elle parut s'étendre nord-est et sud-ouest environ deux lieues. Un gros mondrain fort escarpé et d'une hauteur remarquable, que nous nommâmes *le gros Thomas*, se fit voir à dix heures du matin. A sa pointe méridionale il y a un petit îlot, il y en a deux à sa pointe septentrionale. Les courants avaient cessé de nous porter au nord, nous eûmes au contraire de la différence sud. Cette circonstance me donna l'entière conviction que nous entrions enfin dans l'archipel des Moluques.

Le 27 après midi, nous découvrîmes cinq à six îles, depuis l'ouest-quart-sud-ouest cinq degrés sud jusque dans l'ouest-nord-ouest du compas. Pendant la nuit nous tînmes la bordée du sud-sud-est, de sorte qu'on ne les revit plus le 28 au matin. Nous aperçûmes alors cinq autres petites îles sur lesquelles nous courûmes. Elles nous restaient à midi depuis le sud-sud-ouest un degré ouest jusqu'au ouest-quart-sud-ouest un degré sud, à la distance de deux, trois, quatre et cinq lieues. On voyait encore le gros Thomas à l'est-nord-est cinq degrés nord environ cinq lieues. On aperçut aussi alors une nouvelle île dans l'ouest-sud-ouest à sept ou huit lieues. Nous ressentîmes, pendant ces vingt-quatre heures, plusieurs fortes marées qui paraissaient venir de l'ouest. Cependant la différence de notre estime à l'observation méridienne et aux relèvements nous donna dix à onze milles sur le sud-ouest-quart-sud et sud-sud-ouest. A neuf heures du matin, j'ordonnai à *l'Étoile* de monter ses canons et d'envoyer son canot aux îles du sud-ouest, pour reconnaître s'il y avait quelque mouillage et si ces îles fournissaient quelques productions intéressantes.

Il fit presque calme dans l'après-midi, et le canot ne revint qu'à neuf heures du soir. Il avait abordé à deux de ces îles, où on n'avait trouvé aucune trace d'habitation ni de culture, ni aucune espèce de fruit. Les gens du canot étaient prêts à se retirer, lorsqu'ils virent avec surprise un nègre s'approcher seul dans une pirogue à deux balanciers. Il avait à une oreille un anneau d'or, et pour armes deux zagaies. Il aborda le canot sans crainte ni surprise. On lui demanda à boire et à manger, et il offrit de l'eau et quelque peu d'une espèce de farine qui paraissait faire sa nourriture. On lui donna un mouchoir, un miroir et quelques bagatelles pareilles. Il riait en recevant ces présents et ne les admirait pas. Il semblait connaître les Européens, et on pensa que ce pouvait être un nègre fugitif de quelqu'une des îles voisines où les Hollandais ont des postes, ou que peut-être y avait-il été envoyé pour la pêche. Les Hollandais nomment ces îles *les cinq Îles*, et de temps en temps ils les font visiter. Ils nous ont dit qu'autrefois elles étaient au nombre de sept, mais que deux ont été abîmées dans un tremblement de terre, révolution assez fréquente dans ces parages. Il y a entre ces îles un prodigieux courant sans aucun mouillage. Les arbres et les plantes y sont à peu près les mêmes qu'à la nouvelle Bretagne. Nos gens y prirent une tortue du poids environ de deux cents livres.

Depuis ce temps, nous continuâmes à éprouver de fortes marées qui portaient sur le sud, et nous tînmes la route qui en approchait le plus. Nous sondâmes plusieurs fois sans trouver de fond, et nous n'eûmes connaissance que d'une seule île dans l'ouest et à dix ou douze lieues de nous, jusqu'au 30 après-midi que nous aperçûmes dans le sud, et à un grand éloignement, une terre considérable. Le courant, qui nous servait mieux que le vent, nous en approcha dans la nuit ; et le 31 au point du jour, nous nous en trouvâmes à sept ou huit lieues. C'était *l'île Ceram*. Sa côte, en partie boisée, défrichée

en partie, courait à peu près est et ouest, sans que nous la vissions
terminée. C'est une ile très haute : des montagnes énormes s'élèvent
sur le terrain de distance en distance, et le grand nombre de feux
que nous y vîmes de tous les côtés annonce qu'elle est fort peuplée. Nous passâmes la journée et la nuit suivante à naviguer le
long de la côte septentrionale de cette ile, courant des bordées pour
nous élever dans l'ouest et gagner sa pointe occidentale. Le courant
nous était favorable, mais le vent était court.

Je remarquerai, à l'occasion de la contrariété que nous éprouvions
depuis longtemps de la part des vents, que dans les Moluques on

Batavia.

appelle mousson du nord celle de l'ouest, et mousson du sud celle
de l'est ; parce que, pendant la première, les vents soufflent plus
ordinairement du nord-nord-ouest que de l'ouest, et que pendant
la seconde ils viennent le plus souvent du sud-sud-est. Ces vents
règnent alors de même dans les iles des Papous et sur la côte de la
nouvelle Guinée ; nous le savions par une triste expérience, ayant
employé trente-six jours à faire quatre cent cinquante lieues.

Le premier septembre, la lumière du jour naissant nous montra
que nous étions à l'entrée d'une baie dans laquelle il y avait plusieurs

feux. Bientôt après, nous aperçûmes deux embarcations à la voile, de la forme des bateaux malais. Je fis arborer pavillon et flamme hollandaise, et tirer un coup de canon, et je fis une faute sans le savoir. Nous avons appris depuis que les habitants de Céram sont en guerre avec les Hollandais, qu'ils ont chassés de presque toutes les parties de leur île. Aussi courûmes-nous inutilement un bord dans la baie ; les bateaux se réfugièrent à terre, et nous profitâmes du vent frais pour continuer notre route. Le terrain du fond de la baie est bas et uni, entouré de hautes montagnes, et la baie est semée de plusieurs îles. Il nous fallut gouverner à ouest-nord-ouest pour en doubler une assez grande, sur la pointe de laquelle on voit un îlot et un banc de sable, avec une bâture qui paraît s'allonger une lieue au large. Cette île se nomme *Bonao*, laquelle est coupée en deux par un canal fort étroit. Quand nous l'eûmes doublée, nous gouvernâmes jusqu'à midi à ouest-quart-sud-ouest.

Il venta grand frais du sud-sud-ouest au sud-sud-est, et nous louvoyâmes le reste du jour entre *Bonao*, *Kelang* et *Manipa*, cherchant à faire du chemin dans le sud-ouest. A dix heures du soir, nous eûmes connaissance des terres de l'île *Boëro* par des feux qui étaient allumés, et comme mon projet était de m'y arrêter, nous passâmes la nuit sur les bords, pour nous en tenir à portée et au vent si nous pouvions. Je savais que les Hollandais avaient sur cette île un comptoir faible, quoiqu'assez riche en rafraîchissements. Dans l'ignorance profonde où nous étions de la situation des affaires en Europe, il ne nous convenait pas d'en venir hasarder les premières nouvelles chez les étrangers, sauf en un lieu où nous aurions été à peu près les plus forts.

Ce ne fut pas sans d'excessifs mouvements de joie que nous découvrîmes, à la pointe du jour, l'entrée du *golfe de Cajeli*. C'est où les Hollandais ont leur établissement ; c'était le terme où devaient finir nos grandes misères. Le scorbut avait fait parmi nous de cruels ravages depuis notre départ du port Praslin ; personne ne pouvait s'en dire entièrement exempt, et la moitié de nos équipages était hors d'état de faire aucun travail. Huit jours de plus passés à la mer eussent assurément coûté la vie à un grand nombre, et la santé à presque tous. Les vivres qui nous restaient étaient si pourris et d'une odeur si cadavéreuse, que les moments les plus durs de nos tristes journées étaient ceux où la cloche avertissait de prendre ces aliments dégoûtants et malsains. Combien cette situation embellissait encore à nos yeux le charmant aspect des côtes de *Boëro !* Dès le milieu de la nuit, une odeur agréable, exhalée des plantes aromatiques dont les îles Moluques sont couvertes, s'était fait sentir plusieurs lieues en mer, et avait semblé l'avant-coureur qui nous annonçait la fin de nos maux. L'aspect d'un bourg assez grand situé au fond du golfe, celui de vaisseaux à l'ancre, la vue de bestiaux errants dans les prairies qui environnent le bourg, causèrent des transports que j'ai partagés sans doute, et que je ne saurais dépeindre.

Il nous avait fallu courir plusieurs bords avant que de pouvoir entrer dans le golfe, dont la pointe septentrionale se nomme *pointe de Lissatetto*, et celle du sud-est *pointe Rouba.* Ce ne fut qu'à dix heures que nous pûmes mettre le cap sur le bourg. Plusieurs bateaux naviguaient dans la baie ; je fis arborer pavillon hollandais et tirer un coup de canon, aucun ne vint à bord ; j'envoyai alors mon canot sonder en avant du navire. Je craignais un banc qui se trouve à la côte du sud-est du golfe. A midi et demi une pirogue, conduite par des Indiens, s'approcha enfin du vaisseau ; le chef nous demanda en hollandais qui nous étions, et refusa toujours de monter à bord. Cependant nous avancions à pleines voiles, suivant les signaux du canot qui sondait. Bientôt nous vîmes le banc dont nous avions redouté l'approche ; la mer était basse et le danger paraissait à découvert. C'est une chaîne de roches mêlées de corail, laquelle part de la côte du sud-est du golfe, à une lieue environ en dedans de la pointe Rouba, et s'étend du sud-est au nord-ouest, l'espace d'une demi-lieue. A quatre longueurs de canot de son extrémité, on est sur cinq ou six brasses d'eau, mauvais fond de corail, et on passe tout de suite à dix-sept brasses, fond de sable et vase. Notre route fut à peu près le sud-ouest trois lieues, depuis dix heures jusqu'à une heure trente minutes que nous mouillâmes vis-à-vis la loge auprès de plusieurs petits bâtiments hollandais, à moins d'un quart de lieue de terre. Nous étions par dix-sept brasses d'eau fond de sable et vase, et nous fîmes les relèvements suivants :

La pointe Lissatetto au nord quatre degrés est, deux lieues.

La pointe Rouba au nord-est deux degrés est, une demi-lieue.

Une presqu'île à ouest-quart-nord-ouest un degré ouest, trois quarts de lieue.

La pointe d'une bâture qui s'allonge plus d'une demi-lieue au large de la presqu'île, au nord-ouest-quart-ouest.

Le pavillon de la loge hollandaise au sud-quart-sud-ouest cinq degrés ouest.

L'Étoile mouilla près de nous, plus dans l'ouest-nord-ouest.

A peine avions-nous jeté l'ancre, que deux soldats hollandais sans armes, dont l'un parlait français, vinrent à bord me demander de la part du Résident du comptoir quels motifs nous arrêtaient dans ce port, lorsque nous ne devions pas ignorer que l'entrée n'en était permise qu'aux seuls vaisseaux de la Compagnie hollandaise. Je renvoyai avec eux un officier pour déclarer au Résident que la nécessité de prendre des vivres nous forçait à entrer dans le premier port que nous avions rencontré, sans nous permettre d'avoir égard aux traités qui interdisaient aux navires étrangers la relâche dans les ports des Moluques, et que nous sortirions aussitôt qu'il nous aurait fourni les secours dont nous avions le plus urgent besoin. Les deux soldats revinrent peu de temps après pour me communiquer un ordre signé du gouverneur d'Amboine, duquel le Résident de Boëro dépend directement, par lequel il est expressément défendu à celui-ci de recevoir dans son port aucun vaisseau étranger. Le Résident me priait en même temps de lui donner en écrit une déclaration des motifs de ma relâche, afin qu'elle pût justifier auprès de son supérieur, auquel il l'enverrait, la conduite qu'il était obligé de tenir en nous recevant ici. Sa demande était juste, et j'y satisfis en lui donnant une déposition signée, dans laquelle je déclarais qu'étant parti des îles Malouines et voulant aller dans l'Inde en passant par la mer du sud, la mousson contraire et le défaut de vivres nous avaient empêchés de gagner les îles Philippines et forcés de venir chercher au premier port des Moluques des secours indispensables, secours que je le sommais de me donner en vertu du titre le plus respectable de l'humanité.

Dès ce moment il n'y eut plus de difficulté ; le Résident, en règle vis-à-vis de la Compagnie, fit contre fortune bon cœur, et il nous offrit ce qu'il avait d'un air aussi libre que s'il eût été le maître chez lui. Vers les cinq heures, je descendis à terre avec plusieurs officiers pour lui faire une visite. Malgré le trouble que devait lui causer notre arrivée, il nous reçut à merveille. Il nous offrit même à souper, et certes nous l'acceptâmes. Le spectacle du plaisir et de l'avidité avec lequel nous le dévorions, lui prouva mieux que nos paroles que ce n'était pas sans raison que nous criions à la faim. Tous les Hollandais en étaient en extase; ils n'osaient manger dans la crainte de nous faire tort. Il faut avoir été marin et réduit aux extrémités que nous éprouvions depuis plusieurs mois, pour se faire une idée de la sensation que produit la vue des salades et d'un bon souper sur des gens en pareil état. Ce souper fut pour moi un des plus délicieux instants de mes jours, d'autant que j'avais envoyé à bord des vaisseaux de quoi y faire souper tout le monde aussi bien que nous.

Il fut réglé que nous aurions journellement du cerf pour entretenir nos équipages à la viande fraîche pendant le séjour, qu'on nous donnerait en partant dix-huit bœufs, quelques moutons et à peu près autant de volailles que nous en demanderions. Il fallut suppléer au pain par du riz; c'est la nourriture des Hollandais. Les insulaires vivent de pain de sagou, qu'ils tirent du cœur d'un palmier auquel ils donnent ce nom ; ce pain ressemble à la cassave. Nous ne pûmes avoir cette abondance de légumes qui nous eût été si salutaire ; les gens du pays n'en cultivent point. Le Résident voulut bien en fournir pour les malades du jardin de la Compagnie.

Au reste, tout ici appartient à la Compagnie directement ou indirectement, gros et menu bétail, grains et denrées de toute espèce. Elle seule vend et achète. Les Maures à la vérité nous ont vendu des volailles, des chèvres, du poisson, des œufs et quelques fruits ; mais l'argent de cette vente ne leur restera pas longtemps : les Hollandais sauront bien le retirer pour des hardes fort simples, mais qui n'en sont pas moins chères. La chasse même du cerf n'est pas libre, le Résident seul en a le droit. Il donne à ses chasseurs trois coups de poudre et de plomb, pour lesquels ils doivent apporter deux animaux, qu'on leur paye alors six sols pièce. S'ils n'en rapportent qu'un, on retient sur ce qui leur est dû le prix d'un coup de poudre et de plomb.

Dès le 3 au matin, nous établîmes nos malades à terre pour y coucher pendant notre séjour. Nous envoyions aussi journellement

la plus grande partie des équipages se promener et se divertir. Je
fis faire l'eau des navires et les divers transports par des esclaves
de la Compagnie, que le Résident nous loua à la journée. *L'Étoile*
profita de ce temps pour garnir les chouquets de ses mâts majeurs,
lesquels avaient un jeu dangereux. Nous avions affourché en arrivant; mais sur ce que les Hollandais nous dirent de la bonté du fond
et de la régularité des brises de terre et du large, nous relevâmes
notre ancre d'affourche. Effectivement, nous y vîmes les bâtiments
hollandais sur une seule ancre.

Nous eûmes pendant notre relâche ici le plus beau temps du monde.
Le thermomètre y montait ordinairement à vingt-trois degrés dans la
plus grande chaleur du jour ; la brise, du nord-est au sud-est le jour,
changeait sur le soir ; elle venait alors de terre, et les nuits étaient
fort fraîches. Nous eûmes occasion de connaître l'intérieur de l'île ;
on nous permit d'y faire plusieurs chasses de cerfs, par battues, auxquelles nous prîmes un grand plaisir. Le pays est charmant, entre-
coupé de bosquets, de plaines, et de coteaux dont les vallons sont
arrosés par de jolies rivières. Les Hollandais y ont apporté les premiers cerfs, qui s'y sont prodigieusement multipliés et dont la chair
est excellente. Il y a aussi un grand nombre de sangliers et quelques
espèces de gibier à plumes.

On donne à l'île de Boëro ou Burro environ dix-huit lieues de l'est
à l'ouest, et treize du nord au sud. Elle était autrefois soumise au roi
de Ternate, lequel en tirait tribut. Le lieu principal est *Cajeli*, situé
au fond du golfe de ce nom, dans une plaine marécageuse qui s'étend
près de quatre milles entre les rivières *Soweill* et *Abbo*. Cette
dernière est la plus grande de l'île, et toutefois ses eaux sont fort
troubles. Le débarquement est ici fort incommode, surtout de basse
mer, pendant laquelle il faut que les bateaux s'arrêtent fort loin de
la plage. La loge hollandaise et quatorze habitations d'Indiens, autrefois dispersées en divers endroits de l'île, mais aujourd'hui réunies
autour du comptoir, forment le bourg de Cajeli. On y avait d'abord
construit un fort en pierres: un accident le fit sauter en 1689, et depuis
ce temps on s'y contente d'une enceinte de faibles palissades, garnie
de six canons de petit calibre, tant bien que mal en batterie ; c'est
ce qu'on appelle *le fort de la Défense*, et j'ai pris ce nom pour un
sobriquet. La garnison, aux ordres du Résident, est composée d'un

sergent et vingt-cinq hommes ; sur toute l'île il n'y a pas cinquante blancs. Quelques autres nègreries y sont répandues, où l'on cultive du riz. Dans le temps où nous y étions, les forces des Hollandais y étaient augmentées par trois navires, dont le plus grand était *le Draak*, sénau de quatorze canons commandé par un Saxon nommé *Kop-le-Clerc*. Son équipage est de cinquante Européens, et sa destination de croiser dans les Moluques, surtout contre les Papous et les Céramois.

Les naturels du pays se divisent en deux classes : *les Maures* et *les Alfouriens*. Les premiers sont réunis sous la loge et soumis entièrement aux Hollandais, qui leur inspirent une grande crainte des nations étrangères. Ils sont observateurs zélés de la loi de Mahomet, c'est-à-dire qu'ils se lavent souvent, ne mangent point de porc, et prennent autant de femmes qu'ils en peuvent nourrir. Ajoutez à cela qu'ils en paraissent fort jaloux et les tiennent renfermées. Leur nourriture est le sagou, quelques fruits et du poisson. Les jours de fêtes, ils se régalent avec du riz que la Compagnie leur vend. Leurs chefs ou *orencaïes* se tiennent auprès du Résident, qui paraît avoir pour eux quelques égards, et contient le peuple par leur moyen. La Compagnie a su semer parmi ces chefs des habitants un levain de jalousie réciproque qui assure l'esclavage général, et la politique qu'elle observe ici relativement aux naturels est la même dans tous ses autres comptoirs. Si un chef forme quelque complot, un autre le découvre et en avertit aussitôt les Hollandais.

Ces Maures au reste sont vilains, paresseux et peu guerriers. Ils ont une extrême frayeur des Papous, qui viennent quelquefois au nombre de deux ou trois cents brûler les habitations, enlever ce qu'ils peuvent et surtout des esclaves. La mémoire de leur dernière visite, faite il y a trois ans, était encore récente. Les Hollandais ne font point faire le service d'esclaves aux naturels de Boëro. La Compagnie tire ceux dont elle se sert ou de Célèbes ou de Céram, les habitants de ces deux îles se vendant réciproquement.

Les *Alfouriens* sont libres sans être ennemis de la Compagnie. Satisfaits d'être indépendants, ils ne veulent point de ces babioles que les Européens donnent ou vendent en échange de la liberté. Ils habitent épars çà et là les montagnes inaccessibles dont est rempli l'intérieur de l'île. Ils y vivent de sagou, de fruits et de la chasse.

On ignore quelle est leur religion ; seulement on dit qu'ils ne sont point Mahométans, car ils élèvent et mangent des cochons. De temps en temps les chefs des Alfouriens viennent visiter le Résident ; ils feraient aussi bien de rester chez eux.

Je ne sais s'il y a eu autrefois des épiceries sur cette île ; en tout cas, il est certain qu'il n'y en a plus aujourd'hui. La Compagnie ne tire de ce poste que des bois d'ébène noirs et blancs, et quelques autres espèces de bois très recherchées pour la menuiserie. Il y a aussi une belle poivrière dont la vue nous a confirmé que le poivrier est commun à la nouvelle Bretagne. Les fruits y sont rares ; des cocos, des bananes, des pamplemousses, quelques limons et citrons, des oranges amères et fort peu d'ananas. Il y croît une fort bonne espèce d'orge, nommée *ottong*, et le *sago borneo*, dont on fait une bouillie qui nous a paru détestable. Les bois sont habités par un grand nombre d'oiseaux d'espèces très variées, et dont le plumage est charmant, entre autres des perroquets de la plus grande beauté. On y trouve cette espèce de chat sauvage qui porte ses petits dans une poche placée au bas de son ventre, cette chauve-souris dont les ailes ont une énorme envergure, des serpents monstrueux qui peuvent avaler un mouton, et cet autre serpent, plus dangereux cent fois, qui se tient sur les arbres et se darde dans les yeux des passants qui regardent en l'air. On ne connaît point de remèdes contre la piqûre de ce dernier ; nous en tuâmes deux dans une chasse au cerf. La rivière de Abbo, dont les bords sont presque partout couverts d'arbres touffus, est infestée de crocodiles énormes, qui dévorent bêtes et gens. C'est la nuit qu'ils sortent, et il y a des exemples d'hommes enlevés par eux dans les pirogues. On les empêche d'approcher en portant des torches allumées. Le rivage de Boëro fournit peu de belles coquilles. Ces coquilles précieuses, objet de commerce pour les Hollandais, se trouvent sur la côte de Céram, à Amblaw et à Banda, d'où on les envoie à Batavia. C'est aussi à Amblaw que se trouve le catacoua de la plus belle espèce.

Henri Ouman, Résident de Boëro, y vit en souverain. Il a cent esclaves pour le service de sa maison, et il possède en abondance le nécessaire et l'agréable. Il est sous-marchand, et ce grade est le troisième au service de la Compagnie. C'est un homme né à Batavia, lequel a épousé une créole d'Amboine. Je ne saurais trop me louer de ses bons procédés à notre égard. Ce fut sans doute pour lui un moment de crise que celui où nous entrâmes ici; mais il se conduisit en homme d'esprit. Après s'être mis en règle vis-à-vis de ses chefs, il fit de bonne grâce ce dont il ne pouvait se dispenser, et il y joignit les façons d'un homme franc et généreux. Sa maison était la nôtre ; à toute heure on y trouvait à boire et à manger, et ce genre de politesse en vaut bien un autre, pour qui surtout se ressentait encore de la famine. Il nous donna deux repas de cérémonie, dont la propreté, l'élégance et la bonne chère nous surprirent dans un endroit si peu considérable. La maison de cet honnête Hollandais est jolie, élégamment meublée et entièrement à la chinoise. Tout y est disposé pour y procurer du frais ; elle est entourée de jardins et traversée par une rivière. Du bord de la mer, on y arrive par une avenue de grands arbres. Sa femme et ses filles, habillées à la chinoise, font très bien les honneurs du logis. Elles passent le temps à apprêter des fleurs pour des distillations, à nouer des bouquets et préparer du bétel. L'air qu'on respire dans cette maison agréable est délicieusement parfumé, et nous y eussions fait tous bien volontiers un long séjour. Quel contraste entre cette existence douce et tranquille avec la vie dénaturée que nous menions depuis dix mois!

Je dois dire un mot de l'impression qu'a faite sur Aotourou la vue de cet établissement européen. On conçoit que sa surprise a dû être grande à l'aspect d'hommes vêtus comme nous, de maisons, de jardins, d'animaux domestiques en grand nombre et si variés. Il ne pouvait se lasser de regarder tous ces objets nouveaux pour lui. Surtout il prisait beaucoup cette hospitalité exercée d'un air franc et de connaissance. Comme il ne voyait pas faire d'échange, il ne croyait pas que nous payassions, il pensait qu'on nous donnait. Au reste, il se conduisit avec esprit vis-à-vis des Hollandais. Il commença par leur faire entendre qu'il était chef dans son pays et qu'il voyageait pour son plaisir avec ses amis. Dans les visites, à table, à la promenade, il s'étudiait à nous copier exactement. Comme je ne l'avais pas mené à la première visite que nous fîmes, il s'imagina que c'était parce que ses genoux sont cagneux, et il voulait absolument faire monter dessus des matelots pour les redresser. Il nous demandait souvent si Paris était aussi beau que ce comptoir.

Cependant nous avions embarqué, le 6 après-midi, le riz, les bestiaux et tous les autres rafraîchissements. Le mémoire du bon Résident était fort cher, mais on nous assura que les prix étaient réglés par la Compagnie, et qu'on ne pouvait s'écarter de son tarif. Du reste, les vivres y étaient d'une excellente qualité ; le bœuf et le mouton ne sont pas à beaucoup près aussi bons dans aucun pays chaud de ma connaissance, et les volailles y sont de la plus grande délicatesse. Le beurre de Boëro a dans ce pays une réputation que les Bretons ne trouvèrent pas légitimement acquise. Le 7 au matin, je fis embarquer les malades, et on disposa tout pour appareiller le soir avec la brise de terre. Les vivres frais et l'air sain de Boëro avaient procuré à nos scorbutiques un amendement sensible. Ce séjour à terre, quoiqu'il n'eût été que de six jours, les mettait dans le cas de se guérir à bord, ou du moins de ne pas empirer, surtout avec l'usage des rafraîchissements que nous étions désormais en état de leur donner.

Il eût sans doute été à souhaiter, pour eux et même pour les gens sains, de prolonger la relâche, mais la fin de la mousson de l'est nous pressait de partir pour Batavia. Si une fois elle changeait, il nous devenait impossible de nous y rendre, parce qu'alors, outre le vent contraire à combattre, les courants suivent encore la loi de la mousson régnante. Il est vrai qu'ils conservent près d'un mois le cours de celle qui a précédé ; mais le changement de mousson, qui arrive ordinairement en octobre, peut primer comme il peut retarder d'un mois. Septembre est peu venteux, octobre et novembre le sont encore moins. C'est la saison des calmes, et celle que choisit le gouverneur d'Amboine pour faire sa tournée dans les îles dépendantes de son gouvernement. Juin, juillet et août sont très pluvieux. La mousson de l'est, au nord de Céram et de Boëro, souffle ordinairement du sud-sud-est au sud-sud-ouest ; dans les îles d'Amboine et de Banda, elle est de l'est au sud-est. Celle de l'ouest souffle de l'ouest-sud-ouest au nord-ouest. Le mois d'avril est le terme où finissent communément les vents d'ouest ; c'est la mousson orageuse, comme celle de l'est est la mousson pluvieuse. Le capitaine Clerk nous dit qu'il avait en vain croisé devant Amboine pour y entrer pendant tout le mois de juillet ; il y avait essuyé des pluies continuelles qui avaient mis tout son équipage sur les cadres. C'est dans ce même temps que nous étions si bien arrosés au port Praslin.

Il y avait eu cette année à Boëro trois tremblements de terre presque consécutifs, le 7 juin, le 12 et le 27 juillet. C'est le 22 de ce mois que nous en avions ressenti un à la nouvelle Bretagne. Ces tremblements de terre ont, dans cette partie du monde, de terribles conséquences pour la navigation. Quelquefois ils anéantissent des îles et des bancs de sable connus ; quelquefois aussi ils en créent où ils n'y en avait pas, et il n'y a rien à gagner à ce marché. Il serait bien moins dangereux aux navigateurs que les choses restassent comme elles sont.

Le 7 après-midi, tout était à bord, et nous n'attendions que la brise de terre pour mettre à la voile. Elle ne fut sensible qu'à huit heures du soir. J'envoyai aussitôt un canot, avec un feu, se mouiller sur la pointe du banc qui est à la côte du sud-est, et nous travaillâmes à appareiller. On ne nous avait pas trompés en nous assurant que la tenue était forte dans ce mouillage. Nous fûmes très longtemps à faire avec le cabestan des efforts inutiles ; le tournevire même cassa, et nous ne parvînmes qu'à l'aide de poulies de franc funin à retirer notre ancre de la vase collante où elle était enfoncée. Nous ne fûmes sous voiles qu'à onze heures. La pointe du banc une fois doublée, nous embarquâmes nos bateaux et *l'Étoile* les siens, et nous gouvernâmes successivement au nord-est, au nord-est-quart-nord et nord-nord-est, pour sortir du golfe de Cajeli.

Pendant notre séjour à Boëro, M. Verron fit à bord plusieurs observations de distances, dont le résultat moyen lui servit à déterminer la longitude de ce golfe, et le place deux degrés cinquante-trois minutes plus à l'ouest que nos estimes suivies depuis la longitude observée à la nouvelle Bretagne. Au reste, quoique nous ayons trouvé établie comme de raison aux Moluques la vraie date d'Europe, sur laquelle nous perdions un jour en suivant autour du monde le cours du soleil, je continuerai à marquer la date de nos journaux, en prévenant qu'au lieu du mercredi 7 on comptait dans l'Inde le jeudi 8. Je ne corrigerai ma date qu'à l'Ile de France.

UOIQUE je fusse convaincu que les Hollandais représentent la navigation dans les Moluques comme beaucoup plus dangereuse encore qu'elle ne l'est effectivement, je n'ignorais cependant pas qu'elle fût semée d'écueils et de difficultés. La plus grande était pour nous de n'avoir aucune carte fidèle de ces parages, les cartes françaises de cette partie de l'Inde étant plus propres à faire perdre les navires qu'à les guider. Je n'avais pu tirer des Hollandais de Boëro que des connaissances vagues et des lumières fort imparfaites. Lorsque nous y arrivâmes, *le Draak* devait en partir sous peu de jours, pour conduire un ingénieur à Macassar, et j'avais bien compté le suivre jusque-là ; mais le Résident donna ordre au commandant de ce sénau de rester à Cajeli jusqu'à ce que nous fussions sortis. Ainsi nous appareillâmes seuls, et je dirigeai ma route pour passer au nord de Boëro et aller chercher le détroit de Button, que les Hollandais nomment *Button's strat*.

Nous rangeâmes la côte de Boëro environ à une lieue et demie de distance, et les courants ne nous firent éprouver aucune différence sensible jusqu'à midi. Nous avions aperçu le 8 au matin les îles de Kelang et de Manipa. Depuis la terre basse que l'on prit à la sortie du golfe de Cajeli, la côte est fort élevée et court sur l'ouest-nord-ouest et ouest-quart-nord-ouest. Le 9, nous eûmes connaissance dans la matinée de *l'île de Xullabessie*. Elle est peu considérable, et les Hollandais y ont un comptoir dans une redoute nommée *Claverblad* ou *le Trèfle*. La garnison est d'un sergent et vingt-cinq hommes aux ordres du sieur Arnoldus Holtman, qui n'est que teneur de livres. Cette île dépendait autrefois du gouvernement d'Amboine ; elle relève aujourd'hui de celui de Ternate. Tant que nous courûmes le long de Boëro, nous eûmes peu de vent, et les brises réglées à peu près comme dans la baie ; les courants dans ces deux jours nous portèrent dans l'ouest près de huit lieues. Nous évaluâmes avec assez de précision cette différence par les fréquents relèvements que nous faisions. La dernière journée, ils nous portèrent aussi un peu dans le sud, ce que vérifia la hauteur méridienne observée le 10.

Nous avions vu les dernières terres de Boëro le 9 au coucher du soleil. Nous trouvâmes au large des vents assez frais du sud au sud-sud-est, et nous passâmes dans des ras de marées sensibles. Je fis gouverner au sud-ouest quand les vents le permirent, afin d'atterrir entre *Wawoni* et *Button*, voulant passer par le détroit de ce nom. On prétend que, dans cette saison, il est dangereux de passer dans l'est de Button, que l'on y court risque d'être affalés sur la côte par les courants et le vent, et qu'alors il faut, pour s'en relever, attendre que la mousson du ouest soit bien établie. Voilà ce que m'a dit un marin hollandais, et je n'en suis pas garant. Ce que je puis attester avec connaissance de cause, c'est que le passage du détroit est infiniment préférable à l'autre route, soit au nord, soit au sud de l'écueil nommé *Toukanbessie*, cette dernière route étant semée de dangers tant visibles que cachés, redoutables même aux pratiques.

Le 10 au matin, le nommé Julien Launai, tailleur, mourut à bord du scorbut. Il commençait à entrer en convalescence, deux débauches d'eau-de-vie l'ont tué.

Le 11 à huit heures du matin, on vit la terre depuis l'ouest-quart-sud-ouest jusqu'au sud-ouest-quart-sud cinq degrés ouest. A neuf heures, nous reconnûmes que c'était l'île de Wawoni, île haute, surtout dans son milieu ; à onze heures, on découvrit la partie septentrionale de Button. A midi, nous observâmes quatre degrés six minutes de latitude australe. La pointe septentrionale de Wawoni nous restait alors à ouest cinq degrés nord, sa pointe méridionale au sud-ouest-quart-ouest quatre degrés ouest, huit à neuf lieues, et la pointe du nord-est de Button au sud-ouest-quart-ouest quatre degrés sud, environ à neuf lieues. L'après-midi, nous courûmes jusqu'à deux lieues de Wawoni ; ensuite nous revirâmes au large et nous louvoyâmes toute la nuit pour nous mettre au vent de l'entrée du détroit de Button, et être à même d'y donner à la pointe du jour. En effet, elle nous restait le 12, à six heures du matin, entre le nord-ouest-quart-ouest et l'ouest-nord-ouest, et je fis porter sur la pointe septentrionale de Button. En même temps je fis mettre les canots dehors, et je les gardai à la remorque. A neuf heures, nous embouquâmes le détroit avec une jolie brise, qui dura jusqu'à dix heures et demie et reprit un peu avant midi.

Il convient, en entrant dans ce détroit, de ranger la terre de Button, dont la pointe septentrionale est d'une moyenne hauteur et hachée en plusieurs mondrains. Le cap, qui fait l'entrée de bâbord, est taillé en falaise. Il a en avant de lui quelques pierres blanches assez élevées au-dessus de l'eau, et dans l'est, une jolie baie dans laquelle nous vîmes une petite embarcation à la voile. La pointe correspondante de Wawoni est basse, assez unie, et elle se prolonge dans l'ouest. La terre de *Célèbes* se présente alors devant nous ; on voit un passage ouvert dans le nord entre cette grande île et Wawoni, passage faux ; celui du sud, qui est le vrai, paraît presque fermé ; on y aperçoit dans l'éloignement une terre basse hachée en espèces d'îlots. A mesure qu'on entre, on découvre sur la côte de Button de gros caps ronds et de jolies anses. Au large d'un de ces caps sont deux roches, qu'il est impossible de ne pas prendre de loin pour deux navires à la voile, l'un assez grand, l'autre plus petit. Environ à une lieue dans l'est d'elles, et à un quart de lieue de la côte, la sonde nous donna quarante-cinq brasses fond de sable et de vase. Le détroit depuis l'entrée gît successivement du sud-ouest au sud.

A midi, nous observâmes quatre degrés vingt-neuf minutes de latitude australe ; nous avions alors un peu dépassé les deux roches. Elles sont au large d'un îlot, derrière lequel il paraît un joli enfoncement. Nous y vîmes une embarcation faite en forme de coffre carré, avec une pirogue à la remorque. Elle cheminait à la voile et à la rame en côtoyant la terre. Un matelot français repris à Boëro, qui depuis quatre ans naviguait avec les Hollandais dans les Moluques, nous dit que c'était un bateau d'Indiens forbans qui cherchent à faire des prisonniers pour les vendre. Notre rencontre parut les gêner. Ils amenèrent leur voile et se halèrent à la perche tout à fait terre à terre, derrière l'ilot.

Nous continuâmes notre route dans le détroit, les vents rondissant comme le canal, et nous ayant permis de venir par degrés du sud-ouest au sud. Nous crûmes vers deux heures après-midi que la marée commençait à nous être contraire ; la mer alors baignait le pied des arbres sur la côte, ce qui prouverait que le flot y vient du nord, au moins dans cette saison. A deux heures et demie, nous passâmes devant un superbe port qui est à la côte de Célèbes. Cette terre offre un coup d'œil charmant par la variété des terrains bas, des coteaux et des montagnes. La verdure y embellit le paysage, et tout annonce une contrée riche. Bientôt après *l'île de Pangasini* et les îlots qui en sont au nord se détachèrent, et nous distinguâmes les divers canaux qu'ils présentent. Les hautes montagnes de Célèbes paraissaient au-dessus et dans le nord de ces terres. C'est par cette longue ile de Pangasini et par celle de Button qu'est ensuite formé le détroit. A cinq heures et demie, nous étions enclavés de manière qu'on n'apercevait ni entrée ni sortie, et la sonde nous donna vingt-sept brasses d'eau et un excellent fond de vase.

La brise, qui vint alors de l'est-sud-est, nous força de tenir le plus près pour ne pas nous écarter de la côte de Button. A six heures et demie, les vents refusant de plus en plus et la marée contraire étant assez forte, nous mouillâmes une ancre à jet à peu près à mi-canal, par la même sonde que nous avions déjà eue, vingt-sept brasses vase molle, ce qui dénote un fond égal dans toute cette partie. La largeur du détroit, depuis l'entrée jusqu'à ce premier mouillage, varie de sept, huit, neuf, jusqu'à dix milles. La nuit fut très belle. Nous pensâmes qu'il y avait des habitations sur cette partie de Button, parce que nous y vimes plusieurs feux. Pangasini nous parut beaucoup plus peuplé, à en juger par la grande quantité de feux qui brillaient de toutes parts. Cette île dans cette partie est basse, unie, couverte de beaux arbres, et je ne serais pas surpris qu'elle contînt des épiceries.

Le 13 au matin, il vint autour des navires un grand nombre de pirogues à balancier. Les Indiens nous apportèrent des poules, des œufs, des bananes, des perruches et des cacatois. Ils demandaient de l'argent de Hollande, surtout des pièces argentées qui valent deux sous et demi. Ils prenaient aussi volontiers des couteaux à manches rouges. Ces insulaires venaient d'une peuplade considérable située sur les hauteurs de Button vis-à-vis notre mouillage, laquelle occupe cinq ou six croupes de montagnes. Le terrain y est partout défriché, séparé par des fossés et bien planté. Les habitations y sont, les unes ramassées en villages, les autres au milieu d'un champ entouré de haies. Ils cultivent le riz, le maïs, des patates, des ignames et d'autres racines. Nulle part nous n'avons mangé de bananes d'un goût aussi délicat. Ils ont aussi en abondance des cocos, des citrons, des pommes de mangles et des ananas. Tout ce peuple est fort basané, petit et laid. Leur langue, de même que celle des habitants des Moluques, est le malais, et leur religion celle de Mahomet. Ils paraissaient fins négociants, mais ils sont doux et de bonne foi. Ils nous proposèrent d'acheter des pièces de coton coloriées et fort grossières. Je leur montrai de la muscade et du clou, et je leur en demandai. Ils me répondirent qu'ils en avaient de secs dans leurs maisons et que, lorsqu'ils en voulaient, ils allaient en chercher à Céram ou aux environs de Banda, où ce n'est assurément pas les Hollandais qui les en fournissent. Ils me dirent qu'un grand navire de la Compagnie avait passé dans le détroit, il y avait environ dix jours.

Depuis le lever du soleil, le vent était faible et contraire, variant du sud au sud-ouest ; j'appareillai à dix heures et demie au prime flot, et nous louvoyâmes bord sur bord sans faire beaucoup de chemin. A quatre heures après-midi, nous donnâmes dans un passage qui n'a pas plus de quatre milles de large. Il est formé, du côté de Button, par une pointe basse qui est fort saillante, et laisse à son nord un grand enfoncement dans lequel il y a trois îles ; du côté de Pangasini, par sept ou huit petits îlots couverts de bois, qui en sont au plus à un demi-quart de lieue. Dans un de nos bords, nous rangeâmes presque à portée de pistolet ces îlots, tout près desquels nous filâmes quinze brasses sans trouver de fond. La sonde nous avait donné dans le canal trente-cinq, trente, vingt-sept brasses fond de vase. Nous avions passé en dehors, c'est-à-dire dans l'ouest des trois îles dépendantes de la côte de Button. Elles sont assez considérables et peuplées.

La côte de Pangasini est ici élevée en amphithéâtre avec une

terre basse au pied, que je crois être souvent noyée. Je le conclus
de ce que les insulaires ont leurs habitations sur la croupe des montagnes. Peut-être aussi, comme ils sont presque toujours en guerre
avec leurs voisins, veulent-ils laisser une lisière de bois entre leurs
foyers et les ennemis qui tenteraient des descentes. Il paraît même
qu'ils se font redouter des habitants de Button, qui les traitent
de forbans, auxquels on ne peut se fier. Aussi les uns et les autres
portent-ils toujours le cric à leur ceinte. A huit heures du soir, le
vent ayant manqué tout à fait, nous laissâmes tomber notre ancre à
jet par trente-six brasses, fond de vase molle ; *l'Étoile* mouilla dans
le nord et plus à terre. Nous venions ainsi de passer le premier
goulet étroit.

Le 14, nous appareillâmes à huit heures du matin sous toutes
voiles, la brise étant faible, et nous louvoyâmes jusqu'à midi, lorsqu'ayant vu un banc dans le sud-sud-ouest, je fis mouiller par vingt
brasses, sable et vase, et j'envoyai un canot sonder autour du
banc. Il vint dans la matinée plusieurs pirogues le long du bord, une
entre autres qui portait à poupe pavillon hollandais déferlé. A son
approche, toutes les autres se retirèrent pour lui faire place. C'était
la voiture d'un orencaie ou chef. La Compagnie leur accorde son
pavillon et le droit de le porter. A une heure après-midi, nous remi-
mes à la voile pour tâcher de gagner quelques lieues ; il n'y eut
pas moyen, le vent étant trop faible et trop court ; nous perdîmes
environ une demi-lieue, et à trois heures et demie nous remouil-
lâmes par treize brasses fond de sable, vase, coquillage et corail.

Cependant M. le Corre, que j'avais envoyé dans le canot pour
sonder entre le banc et la terre, revint et me fit le rapport suivant.
Près du banc, il y a huit et neuf brasses d'eau ; à mesure qu'on se
rapproche de la côte de Button, terre haute et escarpée par le travers
d'une superbe baie, l'eau va toujours en augmentant, jusqu'à ce qu'on
ne trouve plus de fond en filant quatre-vingts brasses de ligne, à peu
près à mi-canal entre le banc et la terre. Par conséquent, si le calme
prenait dans cette partie, il n'y a de mouillage que près du banc.
Le fond au reste, dans ses environs, est d'une bonne qualité. Plusieurs autres bancs s'étendent entre celui-ci et la côte de Pangasini.
On ne saurait donc trop recommander de hanter dans tout ce détroit
la terre de Button. C'est le long de cette côte que sont les bons mouil-

lages ; elle ne cache aucun danger, et d'ailleurs les vents en viennent le plus fréquemment. De là, presque jusqu'au débouquement, elle paraîtrait n'être qu'une chaîne d'îles successives ; mais c'est qu'elle est coupée de plusieurs baies, qui doivent former de superbes ports.

La nuit fut très belle et sans vent. Le 15 à cinq heures du matin, nous appareillâmes avec une faible brise de l'est-sud-est, et je fis gouverner pour rallier tout à fait la côte de Button. A sept heures et demie, nous avions doublé le banc et la brise nous manqua. Je mis chaloupe et canot dehors, et je signalai à *l'Étoile* d'en faire autant. La marée était favorable, et nos bateaux nous remorquèrent jusqu'à trois heures du soir. Nous passâmes devant deux magnifiques baies, où je pense bien que l'on trouverait à mouiller, mais le long et fort près des hautes terres il n'y a pas de fond. A trois heures et demie, le vent souffla de l'est-sud-est bon frais, et nous fîmes route pour aller chercher un mouillage à portée de la passe étroite par laquelle on débouque de ce détroit. Nous n'en découvrions encore aucune apparence. Au contraire, plus nous avancions, moins nous apercevions d'issue. Les terres des deux bords, qui se croisent en cet endroit, paraissent une côte continue et ne laissent pas même soupçonner aucune ouverture.

A quatre heures et demie, nous étions par le travers et dans l'ouest d'une baie fort ouverte, et l'on vit un bateau du pays qui paraissait s'y enfoncer vers le sud. J'envoyai mon canot à sa suite, avec ordre de me l'amener, dans l'intention de me procurer par ce moyen un pilote. Pendant ce temps nos autres bateaux furent employés à sonder. Un peu au large et presque par le travers de la pointe septentrionale de la baie, on trouva vingt-cinq brasses d'eau fond de sable et corail ; ensuite nous perdîmes le fond. Je fis mettre à l'autre bord, puis en travers sous les huniers, pour donner aux bateaux le temps de sonder. Après avoir dépassé l'ouverture de la baie, on retrouve fond le long de la terre qui tient à sa pointe méridionale. Nos canots signalèrent quarante-cinq, quarante, trente-cinq, vingt-neuf et vingt-huit brasses fond de vase, et nous manœuvrâmes pour gagner ce mouillage, aidés par les chaloupes. A cinq heures et demie, nous y laissâmes tomber une de nos ancres de bossoir par trente-cinq brasses d'eau fond de vase molle. *L'Étoile* mouilla dans le sud de nous.

Comme nous venions de mouiller, mon canot revint avec le bateau malais. On n'avait pas eu de peine à le déterminer à suivre, et nous y prîmes un Indien qui demanda quatre ducatons (environ quinze francs) pour nous conduire ; ce fut un marché bientôt conclu. Le pilote coucha à bord, et sa pirogue sut l'attendre de l'autre côté de la passe. Il nous dit qu'elle allait s'y rendre par le fond d'une baie voisine de celle près de laquelle nous étions, où il n'y avait qu'un portage fort court pour la pirogue. Au reste, nous eussions pu facilement nous passer du secours de ce pilote ; quelques instants avant que nous mouillassions, le soleil, donnant sur l'entrée du goulet dans un jour plus favorable, nous fit découvrir dans le sud-sud-ouest quatre degrés ouest la pointe de bâbord du débouquement ; mais il faut la deviner ; elle chevauche un rocher à double étage qui fait la pointe de stribord. Quelques-uns de nos messieurs profitèrent du reste du jour pour aller se promener. Ils ne trouvèrent point d'habitations à portée de notre mouillage. Ils fouillèrent aussi le bois dont cette partie est entièrement couverte, sans y trouver aucune production intéressante. Ils rencontrèrent seulement près du rivage un petit sac qui contenait quelques noix muscades sèches.

Le lendemain, je fis virer à deux heures et demie du matin ; il était quatre heures avant que nous fussions sous voiles. A peine ventait-il ; toutefois, remorqués par nos bateaux, nous gagnâmes l'embouchure du passage. La mer était alors toute basse sur les deux rives ; et, comme nous avions éprouvé jusqu'en cet endroit que le flot vient du nord, nous attendions à chaque instant le courant favorable, mais nous étions loin de compte. Le flot y vient du sud, du moins dans cette saison, et j'ignore où sont les limites des deux puissances. Le vent s'était considérablement renforcé et soufflait à poupe. Ce fut en vain qu'avec son secours nous luttâmes une heure et demie contre le courant ; l'*Étoile*, qu'il fit rétrograder la première, mouilla presque à l'embouchure de la passe à la côte de Button, dans une espèce de coude où la marée fait un retour et n'est pas aussi sensible. A l'aide du vent, je bataillai encore près d'une heure sans désavantage ; mais, le vent ayant abandonné la partie, j'eus bientôt perdu un grand mille, et je mouillai, à une heure après-midi, par trente brasses fond de sable et de corail. Je restai tout appareillé et gouvernant pour soulager mon ancre, qui n'était qu'une ancre à jet très faible.

Toute la journée les pirogues environnèrent les navires. Elles allaient et venaient comme à une foire, chargées de rafraîchissements, de curiosités et de pièces de coton. Le commerce se faisait sans nuire à la manœuvre. A quatre heures après-midi, le vent ayant rafraîchi et la mer étant presque étale, nous levâmes l'ancre, et avec tous nos bateaux devant la frégate nous donnâmes dans la passe, suivis de *l'Étoile* remorquée de même par les siens. A cinq heures et demie, le plus étroit était heureusement passé, et à six heures et demie nous mouillâmes en dehors dans la baie nommée *baie de Button*, sous le poste hollandais.

Reprenons la description de la passe. Quand on vient du nord, elle ne commence à s'ouvrir que lorsqu'on en est environ à un mille. Le premier objet qui frappe du côté de Button, est une roche détachée et minée par dessous, laquelle présente exactement l'image d'une galère tentée, dont la moitié de l'éperon serait emportée ; les arbustes qui la couvrent produisent l'effet de la tente ; de basse mer, la galère tient à la baie : lorsque la mer est haute, c'est un îlot. La terre de Button, médiocrement élevée dans cette partie, y est couverte de maisons et le rivage enclos de pêcheries. L'autre côté de la passe est coupé à pic. Sa pointe est reconnaissable par deux entailles qui forment deux étages dans le rocher. Lorsqu'on a dépassé la galère, les terres des deux bords sont entièrement escarpées, pendantes même en quelques endroits sur le canal. On croirait que le dieu de la mer, d'un coup de son trident, y ouvrit un passage à ses eaux amoncelées. Les côtes cependant offrent un aspect riant. Celle de Button est cultivée en amphithéâtre et garnie de cases dans tous les endroits qui ne sont point assez raides pour qu'un homme ne puisse pas y arriver. Celle de Pangasini, qui n'est qu'une roche presque vive, est toutefois couverte d'arbres ; mais on n'y voit que deux ou trois habitations.

A un mille et demi ou deux milles au nord de la passe, plus près de Button que de Pangasini, on trouve vingt, dix-huit, quinze, douze et dix brasses, fond de vase ; à mesure qu'on fait le sud, avançant en canal, le fond change, on trouve du sable et du corail par diverses profondeurs, depuis trente-cinq jusqu'à douze brasses, ensuite on perd le fond.

Le passage peut avoir une demi-lieue de longueur ; sa largeur varie depuis environ cent cinquante jusqu'à quatre cents toises, estime jugée au coup d'œil ; le canal va en serpentant et du côté de Pangasini, environ aux deux tiers de sa longueur, il y a une pêcherie qui avertit de *défendre* ce côté et de hanter celui de Button. En général, il faut, autant qu'il est possible, tenir le milieu du goulet. Il convient aussi, à moins d'un vent favorable assez frais, d'avoir ses bateaux devant soi, pour se tenir bien gouvernant dans les sinuosités du canal. Au reste, le courant y est assez fort pour qu'on puisse le franchir par un temps calme et même par un faible vent contraire ; il ne l'est pas assez pour vaincre un vent ennemi qui serait frais, et permettre alors de passer en cajolant sous les huniers. En débouquant de la passe, les terres de Button, plusieurs îles qui en sont dans le sud-ouest et les terres de Pangasini présentent l'aspect d'un grand golfe. Le meilleur mouillage y est vis-à-vis le comptoir hollandais, à environ un mille de terre.

Notre pilote buttonien nous avait aidés de ses lumières autant qu'un homme qui connaît le local et n'entend rien à la manœuvre de nos vaisseaux le pouvait faire. Il avait la plus grande attention à nous avertir des dangers, des bancs, des mouillages. Seulement, il voulait que nous missions toujours le cap droit où nous avions affaire, il ne tenait pas compte de notre manière des errer le vent, pour le ménager et s'en assurer. Il pensait aussi que nous tirions huit ou dix brasses d'eau. Dans la matinée, il nous était venu à bord un autre Indien, vieillard fort instruit, que nous crûmes le père du pilote. Ils restèrent avec nous jusqu'au soir et je les renvoyai dans un de mes canots. Leur habitation est voisine du comptoir hollandais. Ils ne voulurent absolument goûter à aucun de nos mets, pas même au pain ; quelques bananes et du bétel, voilà quelle fut leur nourriture. Ils ne furent pas si religieux sur la boisson. Le Pratique et son père burent largement de l'eau-de-vie, assurés sans doute que Mahomet n'avait défendu que le vin.

Le 17, à cinq heures du matin, nous fûmes sous voiles. Le vent était debout, faible d'abord, ensuite assez frais, et nous restâmes *sur les bords*. Dès les premiers rayons du jour, nous vîmes déboucher de toutes parts un essaim de pirogues, les navires en furent bientôt environnés et le commerce s'établit. Tout le monde s'en trouva bien. Les Indiens tirèrent assurément avec nous meilleur parti de leurs denrées qu'ils n'eussent fait avec les Hollandais ;

mais ils s'en défaisaient toujours à vil prix, et les matelots purent
tous se munir de poules, d'œufs et de fruits. On ne voyait que volailles
sur les vaisseaux, tout en était garni jusqu'aux hunes. Je conseille
toutefois à ceux qui reviendraient dans les Moluques, de faire emplette, s'ils le peuvent, de la monnaie dont les Hollandais s'y servent, surtout de ces pièces argentées qui valent deux sous et demi.
Comme les Indiens ne connaissaient pas les monnaies que nous
avions, ils ne donnaient aucune valeur ni aux réaux d'Espagne, ni à
nos pièces de douze et de vingt-quatre sous : fort souvent même ils ne
voulaient pas les prendre. Ceux-ci débitèrent aussi quelques coton-
nades plus fines et plus jolies que celles que nous avions encore
vues, et une énorme quantité de cacatois et de perruches du plus
beau plumage.

Vers neuf heures du matin, nous eûmes la visite de cinq orencaies
de Button. Ils vinrent dans un canot semblable à ceux des Européens, à cette différence près qu'on le voguait avec des pagaies au
lieu d'avirons. Ils portaient à poupe un grand pavillon hollandais.
Ces orencaies sont bien vêtus. Ils ont des culottes longues, des
camisoles avec des boutons de métal et des turbans, tandis que les
autres Indiens sont nus. Ils avaient aussi la marque distinctive que
leur donne la Compagnie, qui est la canne à pomme d'argent, avec
cette marque ⱴ. Le plus âgé avait au-dessus une м de la façon
suivante ⱴ. Ils venaient, dirent-ils, se ranger à l'obéissance de la
Compagnie, et quand ils surent que nous étions français, ils ne furent
point déconcertés, et dirent que très volontiers ils offraient leurs hom-
mages à la France. Ils accompagnèrent leur compliment de bienvenue
du don d'un chevreuil. Je leur fis au nom du roi un présent d'étoffes
de soie, qu'ils partagèrent en cinq lots, et je leur appris à connaître le
pavillon de la nation. Je leur proposai de la liqueur ; c'était ce qu'ils
attendaient, et Mahomet leur permit d'en boire à la prospérité du souverain de Button, de la France, de la Compagnie de Hollande, et à
notre heureux voyage. Ils m'offrirent alors tous les secours qui
pouvaient dépendre d'eux, et ajoutèrent que, depuis trois ans, il
avait passé en divers temps trois vaisseaux anglais, auxquels ils
avaient fourni eau, bois, volailles et fruits, qu'ils étaient leurs amis,
et qu'ils voyaient bien que nous le serions aussi. Dans ce moment
leurs verres étaient pleins, et ils avaient déjà plusieurs fois vidé

rasade. Au reste, ils me prévinrent que le roi de Button résidait dans ce canton, et je vis bien qu'ils avaient les mœurs de la capitale. Ils l'appellent *Sultan*, nom qu'ils ont sans doute appris des Arabes en même temps que leur religion. Ce sultan est despote et puissant, si le nombre des sujets fait la puissance, car son île est grande et bien peuplée. Les orencaies, après avoir pris congé de nous, firent une visite à bord de *l'Étoile*. Ils y burent aussi à la santé de leurs nouveaux amis, et il fallut leur prêter une main secourable pour s'embarquer dans leurs pirogues.

Je leur avais demandé entre deux rasades si leur île produisait des épiceries; ils me répondirent que non, et je crois volontiers qu'ils ont dit la vérité, en considérant la faiblesse du poste que les Hollandais entretiennent ici. Ce poste est l'assemblage de sept ou huit huttes de bambous, avec une espèce de palissade décorée d'un bâton de pavillon. Là résident pour la Compagnie un sergent et trois hommes. Cette côte, au reste, présente le plus agréable coup d'œil. Elle est partout défrichée et garnie de cases. Les plantations de cocotiers y sont fréquentes. Le terrain s'élève en pente douce et offre partout des enclos cultivés. Le bord de la mer est tout en pêcheries. La côte qui est vis-à-vis de Button n'est ni moins riante ni moins peuplée.

Notre pilote revint aussitôt nous voir dans la matinée, et il m'apporta quelques cocos, les meilleurs que j'eusse encore rencontrés. Il m'avertit que, lorsque le soleil aurait monté, la brise du sud-est serait très forte, et je lui fis boire un grand coup d'eau-de-vie pour la bonne nouvelle. Effectivement nous vîmes toutes les pirogues se retirer vers onze heures. Elles ne voulaient pas se compromettre au large aux approches du vent frais, qui ne manqua pas de souffler, comme nous l'avait annoncé l'Indien. Une brise du sud-est fraîche et vigoureuse nous prit, comme nous courions un bord sur une île à l'ouest de Button; elle nous permit de gouverner à ouest-sud-ouest, et nous fit faire bon chemin malgré la marée. J'avertirai ici qu'il faut se méfier d'un banc qui s'étend assez au large de cette île dont je viens de parler. Au reste, en louvoyant pendant la matinée, nous sondâmes plusieurs fois, sans trouver fond, à cinquante brasses de ligne.

Nous observâmes, à midi, cinq degrés trente-et-une minutes trente secondes de latitude australe, et cette observation, jointe à celle que nous avions faite à l'entrée du détroit, nous servit à en déterminer la longueur avec précision. A trois heures, nous aperçûmes l'extrémité méridionale de Pangasini. Nous voyions dès le matin les hautes montagnes de *l'île Cambona*, sur laquelle est un pic dont la tête s'élève au-dessus des nuages. Vers quatre heures et demie, nous découvrîmes une portion des terres de Célèbes. Nous embarquâmes nos bateaux au soleil couchant, et nous mîmes toutes voiles dehors, gouvernant à ouest-sud-ouest, jusqu'à dix heures du soir que nous mîmes le cap à ouest-quart-sud-ouest, et nous courûmes à cette route toute la nuit, bonnettes gréées haut et bas.

Mon intention était d'aller ainsi prendre connaissance de *l'île Saleyer*, à trois ou quatre lieues dans le sud de sa pointe septentrionale, c'est-à-dire par cinq degrés cinquante-cinq minutes à six degrés de latitude, afin de chercher ensuite le détroit de ce nom, qui est entre cette île et celle de Célèbes, le long de laquelle on court sans la voir, attendu que sa côte, presque depuis Pangasini, forme un golfe d'une immense profondeur. Au reste, il faut de même revenir chercher *le détroit de Saleyer* lorsqu'on passe par le *Toukan bessie ;* et on conclura sans doute de ce qui a été détaillé ci-dessus, que la route par *la rue de Button* est à tous égards préférable. C'est une des navigations les plus sûres et les plus agréables que l'on puisse faire. Elle réunit à la bonté des mouillages et à l'agrément de faire le chemin à son aise, tous les avantages de la meilleure relâche. L'abondance était aussi grande maintenant sur nos vaisseaux que l'avait été la disette. Le scorbut disparaissait à vue d'œil. Il s'y déclarait à la vérité un grand nombre de cours de ventre occasionnés par le changement de nourriture : cette incommodité, dangereuse dans les pays chauds, où il est ordinaire qu'elle se convertit en flux de sang, devient encore plus communément une maladie grave dans le parage des Moluques. A terre comme à la mer, il est mortel d'y dormir à l'air, surtout lorsque le temps est serein.

Le 18 au matin, nous ne vîmes point la terre, et je crois que pendant la nuit les courants nous firent perdre environ trois lieues ; nous continuâmes la route du ouest-quart-sud-ouest. A neuf heures et demie, nous eûmes bonne connaissance des hautes terres de

Saleyer depuis le ouest-sud-ouest jusqu'au ouest-quart-nord-ouest, et à mesure que nous avançâmes, nous découvrîmes une pointe moins élevée qui semble terminer cette île au nord. Je fis alors gouverner depuis le ouest-quart-nord-ouest successivement jusqu'au nord-ouest-quart-nord, afin de bien reconnaître le détroit. Ce passage, formé par les terres de Célèbes et celles de Saleyer, est encore resserré par trois îles qui le barrent. Les Hollandais les nomment *Bougerones*, et ce passage *le Boutsaron*. Ils ont sur Saleyer un poste commandé aujourd'hui par Jan Hendrik Voll, teneur de livres.

Nous observâmes, à midi, cinq degrés cinquante-cinq minutes de latitude australe. Nous crûmes d'abord voir une première île au nord de la terre moyenne que nous avions prise pour la pointe de Saleyer; mais c'est un terrain assez élevé et terminé lui-même par une pointe presque noyée, qui tient à Saleyer par une langue de terre extrêmement basse. Ensuite nous découvrîmes à la fois deux îles assez longues et d'une moyenne élévation, distantes entre elles de quatre à cinq lieues, et enfin, entre ces deux-là, nous en aperçûmes une troisième très petite et très basse. Le bon passage est auprès de cette petite île, soit au nord soit au sud. Je me suis déterminé pour ce dernier, qui m'a paru le plus large. Afin de faciliter la narration, nous nommerons la petite île *l'île du Passage*, et les deux autres, l'une *l'île du Sud*, l'autre *l'île du Nord*.

Lorsque nous les eûmes suffisamment reconnues, je mis en travers à l'entrée de la nuit pour attendre *l'Étoile*. Elle ne se rallia qu'à huit heures du soir, et nous donnâmes dans le passage, en conservant le milieu du canal, dont la largeur peut être de six à sept milles. A neuf heures et demie, nous étions nord et sud de l'île du Passage, et l'île du Sud par son milieu nous restait entre le sud et le sud-quart-sud-est. Je fis alors gouverner à ouest-quart-sud-ouest à une heure du matin, puis mettre en travers, bâbord amures, jusqu'à quatre heures du matin. Avant et dans le passage, on sonda plusieurs fois à la main sans trouver de fond, avec vingt et vingt-cinq brasses de ligne. Nous ralliâmes le 19 au point du jour la côte de Célèbes, et nous la rangeâmes à la distance de trois ou quatre milles. Il est en vérité difficile de voir un plus beau pays dans le monde. La perspective offre dans le fond du tableau de hautes montagnes, au pied desquelles règne une plaine immense cultivée partout et garnie de maisons. Le bord de la mer forme une plantation suivie de cocotiers, et l'œil d'un marin, à peine échappé aux salaisons, voit avec ravissement des troupeaux de bœufs errer dans ces plaines riantes qu'embellissent des bosquets semés de distance en distance. La population dans cette partie paraît être considérable. A midi et demi, nous étions par le travers d'une grosse bourgade, dont les habitations, construites au milieu des cocotiers, suivaient pendant une grande étendue la direction de la côte, le long de laquelle on trouve dix-huit et vingt brasses fond de sable gris, fond qui diminue à mesure qu'on approche de terre.

Cette partie méridionale de Célèbes est terminée par trois pointes longues, unies et basses, entre lesquelles il y a deux baies assez profondes. Sur les deux heures, nous avions donné chasse à un bateau malais, dans l'espérance d'y trouver quelqu'un qui nous pût procurer des connaissances pratiques de ces parages. Il s'était aussitôt mis à courir à terre, et lorsque nous le joignîmes à portée de mousquet, il était entre la terre et nous, et nous n'étions plus que sur sept brasses d'eau. Je lui fis tirer trois ou quatre coups de canon, dont il ne tint compte. Il nous prenait sans doute pour un navire de la Compagnie hollandaise et craignait l'esclavage. Presque tous les gens de cette côte sont pirates, et les Hollandais en font des esclaves quand ils les prennent. Obligé d'abandonner ce bateau, je mandai le canot de *l'Étoile*, que j'envoyai sonder devant moi.

Nous étions dans ce moment presque par le travers de la troisième pointe de Célèbes, nommée *Tanakeka*, après laquelle la côte court sur le nord-nord-ouest. Presque dans le nord-ouest de cette pointe, il y a quatre îles, dont la plus considérable, appelée *Tanakeka* comme la pointe du sud-ouest de Célèbes, est basse, unie, et longue d'environ trois lieues. Les trois autres, plus septentrionales que celle-ci, sont très petites. Il s'agissait alors de doubler le bas-fond dangereux de *brill* ou *la lunette*, que je crois être nord et sud de Tanakeka, à la distance de quatre ou cinq lieues au plus. Deux passages se présentaient, l'un entre la pointe Tanakeka et les îles, et on prétend que c'est celui-là que suivent les Hollandais, l'autre entre l'île Tanakeka et la lunette. Je préférai ce dernier, dont les routes sont moins composées et que je croyais le plus large.

J'ordonnai au bateau de *l'Étoile* de diriger sa route de manière à passer environ à une lieue et demie de l'île Tanakeka, et je le suivis sous les huniers, *l'Étoile* se tenant dans mes eaux. Nous cheminâmes sur huit, neuf, dix, onze et douze brasses d'eau, gouvernant du ouest-nord-ouest au ouest-quart-nord-ouest, puis à ouest quand nous vînmes à treize, quatorze, quinze et seize brasses, et que l'île la plus septentrionale nous resta au nord-nord-est. Je rappelai pour lors le bateau de *l'Étoile* et fis route au sud-ouest-quart-sud, sondant d'horloge en horloge (1), et trouvant toujours de quinze à seize brasses fond de gros sable gris et gravier. A dix heures du soir, le fond augmenta; on eut à dix heures et demie soixante-dix brasses, sable et corail, puis on n'en trouva plus en filant cent-vingt brasses. A minuit, je fis signal à *l'Étoile* d'embarquer son bateau et de forcer de voiles, et je gouvernai au sud-ouest, pour passer à mi-canal entre la lunette et le banc nommé *Sarras*, sondant toutes les heures sans trouver de fond. Au reste, lorsque le vent n'est pas favorable et frais pour entreprendre de doubler la lunette, il convient de mouiller à la côte de Célèbes, dans quelqu'une des baies, et d'y attendre un temps fait ; sans cela on court risque d'être entraîné par les courants sur ce dangereux bas-fond, sans pouvoir s'en défendre.

Au jour on ne vit point de terre; à dix heures, je fis courir à ouest-sud-ouest, et à midi nous observâmes six degrés dix minutes de latitude. Estimant alors avoir doublé le banc de Sarras, certain au moins par l'observation d'en être au sud, je dirigeai notre course à ouest, et après avoir fait cinq à six lieues à cette route, je fis gouverner à ouest-quart-nord-ouest, sondant d'heure en heure sans trouver de fond. Nous nous entretînmes ainsi en canal, entre *le Sestenbanc* et *la Poule* au nord, *le Pater noster* et *le Tangayang* au sud, portant toutes voiles dehors jour et nuit, afin de gagner sur *l'Étoile* le temps de sonder. On m'avait dit qu'ici les courants portaient sur les îles et banc de Tangayang. Par l'observation de la hauteur méridienne, qui fut de cinq degrés quarante-quatre minutes, nous eûmes au contraire au moins neuf minutes de différence nord. Le meilleur conseil à donner, c'est de s'entretenir ici à n'avoir pas fond. On sera sûr alors d'être en canal ; si on approchait trop des îles du sud, on commencerait à ne plus trouver que trente brasses d'eau.

Nous courûmes toute la journée du 21 pour reconnaître les îles

---

1. Chaque horloge à bord est d'une demi-heure.

Alambaï. Les cartes françaises en marquent trois ensemble, et une plus grande dans le sud-est d'elles, à sept lieues de distance. Cette dernière n'existe point où elles la placent, et les îles Alambaï sont toutes les quatre réunies. Je comptais être au soleil couchant par leur latitude, et je fis gouverner à ouest-quart-sud-ouest, jusqu'à ce qu'on eût couru le chemin de la vue. Pendant le jour on s'était dispensé de sonder. A huit heures du soir la sonde donna quarante brasses d'eau, fond de sable et vase. Nous gouvernâmes alors au sud-ouest-quart-ouest et ouest-sud-ouest, jusqu'à six heures du matin ; puis, comptant avoir dépassé les îles Alambaï, à ouest-quart-sud-ouest jusqu'à midi. La sonde, pendant la nuit, donna constamment quarante brasses, fond de vase molle, jusqu'à quatre heures qu'elle n'en donna que trente-huit. A minuit, nous vîmes un bateau qui courait à l'encontre de nous ; dès qu'il nous aperçut, il tint le vent, et deux coups de canon ne le firent pas *arriver*. Ces gens-là craignent plus les Hollandais que les coups de canon. Un autre, que nous vîmes le matin, ne fut pas plus curieux de nous accoster. Nous observâmes, à midi, six degrés huit minutes de latitude, et cette observation nous donna encore une différence nord de huit minutes avec notre estime.

Nous étions enfin hors de tous les pas périlleux qui font redouter la navigation des Moluques à Batavia. Les Hollandais prennent les plus grandes précautions pour tenir secrètes les cartes sur lesquelles ils naviguent dans ces parages. Il est vraisemblable qu'ils en grossissent les dangers ; du moins, j'en vois peu dans les détroits de Button, de Saleyer et dans le dernier passage dont nous sortions, trois objets dont à Boëro ils nous avaient fait des monstres. Je conviens que cette navigation serait beaucoup plus difficile de l'ouest à l'est, les points d'atterrage dans l'est n'étant pas beaux et pouvant aisément se manquer, au lieu que ceux de l'ouest sont beaux et sûrs. Toutefois, dans l'une et l'autre route, l'essentiel est d'avoir tous les jours de bonnes observations de latitude. Le défaut de ce secours pourrait jeter dans des erreurs funestes. Nous n'avons pu, ces derniers jours, évaluer si l'effet des courants était dans l'est ou dans l'ouest, n'ayant point eu de points de relèvement.

Je dois avertir ici que toutes les cartes marines françaises de cette partie sont pernicieuses. Elles sont inexactes, non seulement dans

les gisements des côtes et îles, mais même dans les latitudes essentielles. Les détroits de Button et de Saleyer sont extrêmement fau-
tifs ; nos cartes suppriment même les trois îles qui rétrécissent ce
dernier passage, et celles qui sont dans le nord-nord-ouest de l'île
Tanakeka. M. d'Aprés, du moins, avertit qu'il ne garantit point sa
carte des Moluques ni celle des Philippines, n'ayant pu trouver de
mémoires satisfaisants sur cette partie. Pour la sûreté des navigateurs,
je souhaiterais la même délicatesse à tous ceux qui compilent des
cartes. Celle qui m'a donné le plus de lumières, est la carte d'Asie de
M. Danville, publiée en 1752. Elle est très bonne depuis Céram, jusqu'aux îles Alambaï. Dans toute cette route j'ai vérifié, par mes observations, l'exactitude de ses positions et des gisements qu'il donne
aux parties intéressantes de cette navigation difficile. J'ajouterai que
la nouvelle Guinée et les îles des Papous approchent plus de la vrai-
semblance sur sa carte que sur aucune autre que j'eusse entre les
mains. C'est avec plaisir que je rends cette justice au travail de
M. Danville. Je l'ai connu particulièrement, et il m'a paru aussi bon
citoyen que bon critique et savant éclairé.

Depuis le 22 au matin, nous suivîmes la route du ouest-quart-sud-
ouest jusqu'au lendemain 23 à huit heures que nous gouvernâmes à
ouest-sud-ouest. La sonde donna quarante-sept, quarante-cinq, qua-
rante-deux et quarante-et-une brasses ; et ce fond, je le dirai une fois
pour toutes, est ici et sur toute la côte de Java un excellent fond de
vase molle. Nous trouvâmes encore sept minutes de différence nord
par la hauteur méridienne que nous observâmes de six degrés vingt-
quatre minutes. *L'Étoile* avait signalé la vue de terre dès six heures
du matin ; mais, le temps s'étant mis par grains, nous ne l'aperçûmes point alors. Je fis après-midi prendre plus du sud à la route, et
à deux heures on découvrit du haut des mâts la côte septentrionale
de l'île *Maduré*. On la releva à six heures depuis le sud-est-quart-
sud jusqu'à ouest-quart-sud-ouest cinq degrés ouest ; l'horizon était
trop fort pour qu'on pût estimer à quelle distance elle nous restait.
La sonde de l'après-midi fut constamment de quarante brasses. Nous
vîmes un grand nombre de bateaux pêcheurs, dont quelques-uns à
l'ancre et qui avaient leurs filets dehors.

Les vents pendant la nuit varièrent du sud-est au sud-ouest nous
tînmes le plus près bâbord amures, et la sonde depuis dix heures du

soir donna vingt-huit, vingt-cinq et vingt brasses ; elle fut de dix-sept brasses, lorsqu'à neuf heures du matin nous eûmes rallié la terre, et à midi elle n'en donna plus que dix. La grosse terre de *la pointe d'Alang* sur *l'île de Java* restait alors au sud-est-quart-sud environ à deux lieues; *l'île Mandali* au sud-ouest-quart-ouest deux degrés sud, deux milles, et les terres les plus ouest à ouest-sud-ouest quatre lieues. Dans cette position nous observâmes six degrés vingt-deux minutes trente secondes, ce qui était assez conforme à la latitude estimée.

En transportant ce point de midi sur la carte à grand point de M. d'Après, suivant les relèvements, je trouvai :

1º que la côte de Java y est placée de neuf à douze minutes plus sud qu'elle ne l'est effectivement par le terme moyen de notre observation méridienne ;

2º que le gisement de la pointe d'Alang n'y est pas exact, attendu qu'il la fait courir sur le ouest-sud-ouest et sud-ouest-quart-ouest, tandis que dans la vérité elle court, depuis l'île Mandali, sur le ouest-quart-sud-ouest environ quinze milles ; après quoi elle reprend du sud et forme un grand golfe ;

3º qu'il donne trop peu d'étendue à cette partie de la côte, et qu'à suivre le relèvement sur sa carte, nous eussions d'un midi à l'autre fait treize milles de moins à ouest, soit que la côte ait cette quantité de plus en étendue, soit que le courant nous eût entraînés dans l'est.

Outre un grand nombre de bateaux pêcheurs, nous avions vu dans la matinée quatre navires, dont deux faisaient la même route que nous et portaient pavillon hollandais déferlé. Sur les trois heures, nous en joignîmes un auquel nous parlâmes ; c'était un sénau venant de *Malacca* et allant à *Japara*. Sa conserve, navire à trois mâts et qui sortait aussi de Malacca, allait à *Saramang*. Ils ne tardèrent pas à mouiller à la côte. Nous la rangeâmes à la distance d'environ trois quarts de lieue jusqu'à quatre heures du soir. Je fis alors gouverner à ouest-quart-nord-ouest, afin de ne pas m'enfoncer dans le golfe et de passer au large d'un banc de corail qui est à cinq ou six lieues de terre. Jusque-là la côte de Java est peu élevée sur le bord de la mer ; mais on aperçoit de hautes montagnes dans l'intérieur. A cinq heures et demie, nous avions le milieu des îles *Carimon Java* au nord deux degrés ouest, environ à huit lieues.

Nous courûmes à ouest-quart-nord-ouest jusqu'à quatre heures du matin, puis à ouest jusqu'à midi. La sonde, qui la veille avait été près de terre de neuf à dix brasses, augmenta dès sept heures du soir à trente, et elle donna dans la nuit trente-deux, trente-quatre et trente-cinq brasses. Au soleil levant, nous ne vîmes point de terre, seulement quelques navires et, suivant l'ordinaire, une infinité de bateaux pêcheurs. Malheureusement il fit calme presque toute la journée du 25 jusqu'à cinq heures du soir. Je dis malheureusement, d'autant plus qu'il nous était intéressant d'avoir connaissance de la côte avant la nuit, afin de diriger la route en conséquence pour passer entre *la pointe Indermaye* et *les îles Rachit*, et ensuite au large des roches sous l'eau qui en sont à l'ouest. Depuis midi qu'on avait observé six degrés vingt-six minutes de latitude, nous gouvernions à ouest et ouest-quart-sud-ouest ; mais le soleil se coucha sans qu'on pût découvrir la terre. Quelques-uns crurent, mais sans certitude, apercevoir *les Montagnes bleues*, qui sont à quarante lieues dans l'est de Batavia. De six heures du soir à minuit, je fis gouverner à ouest et ouest-quart-nord-ouest, sondant d'heure en heure par vingt-cinq, vingt-quatre, vingt-et-une, vingt et dix-neuf brasses. A une heure du matin, nous courûmes à ouest-quart-nord-ouest, depuis deux heures jusqu'à quatre au nord-ouest, puis au nord-ouest-quart-ouest jusqu'à six heures. Mon intention, estimant à une heure du matin être à mi-canal entre les îles Rachit et la terre de Java, était de m'élever dans le nord des roches. La sonde me donna trois fois vingt brasses, puis vingt-deux, puis vingt-trois, et pour lors je me supposai à trois ou quatre lieues dans le nord-nord-ouest des îles Rachit.

J'étais bien loin de compte ; le 26, les rayons du soleil levant nous montrèrent la côte de Java depuis le sud-quart-sud-ouest jusqu'à ouest quelques degrés nord, et à sept heures et demie on vit du haut des mâts les îles Rachit, environ à sept lieues de distance dans le nord-nord-ouest et le nord-ouest-quart-nord. Cette vue me donnait une énorme et dangereuse différence sur la carte de M. d'Aprés ; mais je suspendis mon jugement jusqu'à ce que la hauteur méridienne prononçât s'il fallait attribuer cette différence aux courants ou bien en accuser la carte. Je fis gouverner à ouest-quart-nord-ouest et ouest-nord-ouest, afin de bien reconnaître la côte, qui est ici extrêmement basse et n'offre aucune montagne dans l'intérieur. Le vent était du sud-sud-est au sud-est et à l'est, joli frais.

A midi la pointe la plus méridionale d'Indermaye nous restait à l'est-quart-sud-est deux degrés sud, environ à quatre lieues ; le milieu des îles Rachit au nord-est, à cinq lieues de distance, et le terme moyen des hauteurs observées à bord nous plaça par six degrés douze minutes de latitude. D'après cette hauteur et le relèvement, il me parut que le golfe entre l'île Mandali et la pointe Indermaye a sur la carte vingt-deux minutes d'étendue de moins de l'est à l'ouest que dans la réalité, et que la côte y est jetée, seize minutes plus au sud que ne la placeraient nos observations. La même correction doit avoir lieu pour les îles Rachit, en y ajoutant que la distance entre ces îles et la terre de Java est au moins de deux lieues plus considérable que celle marquée sur la carte. A l'égard des gisements des diverses parties de la côte entre elles, ils m'ont paru y être assez exacts, autant qu'on en peut juger par des estimes faites successivement, à la vue et en courant. Au reste, les différences notées ci-dessus sont très périlleuses pour qui navigue de nuit sur cette carte.

Depuis le matin la sonde avait donné vingt-et-une, vingt-trois, dix-neuf et dix-huit brasses. La brise de l'est-sud-est continua, et nous rangeâmes la terre à trois ou quatre milles, afin de passer dans le sud de ces roches cachées dont j'ai déjà parlé, et qu'on marque à cinq ou six lieues dans l'ouest des îles Rachit. A une heure après-midi, un bateau qui était mouillé devant nous appareilla tribord amures, ce qui me fit penser qu'alors le courant changeait et nous devenait contraire. Nous lui parlâmes à deux heures ; un Hollandais qui le commandait, et qui nous a paru y être le seul blanc avec des mulâtres, nous dit qu'il allait à Amboine et Ternate, et qu'il sortait de Batavia dont il se faisait à vingt-six lieues. Après être sorti du passage de Rachit et avoir passé en dedans des roches sous l'eau, je voulais porter au nord-ouest pour doubler des bancs de sable nommés *les bancs périlleux*, qui s'avancent assez au large entre les pointes Indermaye et *Sidari*. Les vents nous refusèrent, et ne pouvant présenter qu'à ouest-nord-ouest, je pris le parti à sept heures du soir de laisser tomber une ancre à jet par treize brasses fond de vase, environ à une lieue de terre. Le louvoyage était court et peu sûr entre les roches sous l'eau d'une part, et les bancs périlleux de l'autre. Nous avions sondé depuis midi par dix-neuf, quinze, qua-

torze et dix brasses. Avant que de mouiller, nous courûmes un petit
bord au large qui nous remit par treize brasses.

Nous appareillâmes le vingt-sept à deux heures du matin avec les
vents de terre, qui, cette nuit, nous vinrent par l'ouest, au lieu que
les nuits précédentes ils avaient fait le tour du nord au sud par l'est
Ayant gouverné au nord-ouest, nous ne revîmes la terre qu'à huit
heures du matin, terre extrêmement basse et presque noyée; nous
tînmes la même route jusqu'à midi, et depuis l'appareillage jusqu'à
cette heure-là, nos sondes varièrent de treize à seize, vingt, vingt-
deux, vingt-trois et vingt-quatre brasses. A dix heures et demie,
on avait eu fond de corail ; je fis resonder un instant après, le fond
était de vase comme à l'ordinaire.

A midi, nous observâmes cinq degrés quarante-huit minutes de
latitude ; d'en bas on ne voyait pas la terre, tant elle est basse. On
la releva d'en haut, depuis le sud jusqu'au sud-ouest-quart-ouest, à
la distance estimée de cinq à six lieues : la hauteur de ce jour, comparée avec le relèvement, ne donnerait pas au-delà de deux ou trois
minutes, dont cette partie de la côte de Java serait placée trop sud
sur la carte de M. d'Après ; différence égale à zéro, puisqu'il faudrait
supposer l'estime de la distance du relèvement parfaitement juste.
Les courants nous avaient encore porté nord, et je crois ouest.

Toute la journée le temps fut très beau et le vent favorable ; je
fis prendre après-midi un peu du nord à la route, afin d'éviter les
basses de la pointe de Sidari. A minuit, comptant les avoir dépas-
sées, je mis le cap à ouest-quart-sud-ouest et ouest-sud-ouest ; puis
au sud-ouest, voyant que le fond, de dix-neuf brasses qu'il y avait à
une heure du matin, était augmenté successivement jusqu'à vingt-
sept. A trois heures du matin, on aperçut une île dans le nord-ouest
cinq degrés nord environ à trois lieues. Convaincu pour lors que j'étais
plus avancé que je ne le croyais, craignant même de dépasser Batavia,
je mouillai pour attendre le jour. Au soleil levant nous reconnûmes
toutes les îles de la baie de Batavia ; celle d'*Édam*, sur laquelle est
un pavillon, nous restait au sud-est-quart-sud, environ à quatre lieues,
et *l'île d'Onrust* ou *du Carenage* au sud-sud-ouest quatre degrés sud,
à près de cinq lieues ; nous nous trouvâmes ainsi dix lieues plus à
l'ouest que nous ne l'estimions, différence qui a pu provenir et des
courants et de ce que la côte n'est pas projetée exactement.

A dix heures et demie du matin, je tentai un premier appareillage ; mais le vent étant presque aussitôt tombé tout à fait et la marée contraire, je mouillai sous voiles une ancre à jet. Nous appareillâmes de nouveau à midi et demi ; nous gouvernâmes sur le milieu de l'île d'Édam, jusqu'à en être environ à trois quarts de lieues ; le dôme de la grande église de Batavia nous restant alors au sud, nous mîmes le cap dessus, passant entre les balises qui indiquent le chenal. A six heures, nous mouillâmes dans la rade par six brasses fond de vase, sans affourcher, attendu qu'on s'y contente de tenir une seconde ancre prête à laisser tomber. Une heure après, *l'Étoile* mouilla dans l'est-nord-est de nous, et à deux encâblures. C'est ainsi qu'après avoir tenu la mer pendant dix mois et demi depuis notre départ de Montevideo, nous arrivâmes, le 28 septembre 1768 dans une des plus belles colonies de l'univers, où nous nous regardâmes tous comme ayant terminé notre voyage.

Batavia, suivant mon estime, est par six degrés onze minutes de latitude australe, et cent quatre degrés cinquante-deux minutes de longitude orientale du méridien de Paris.

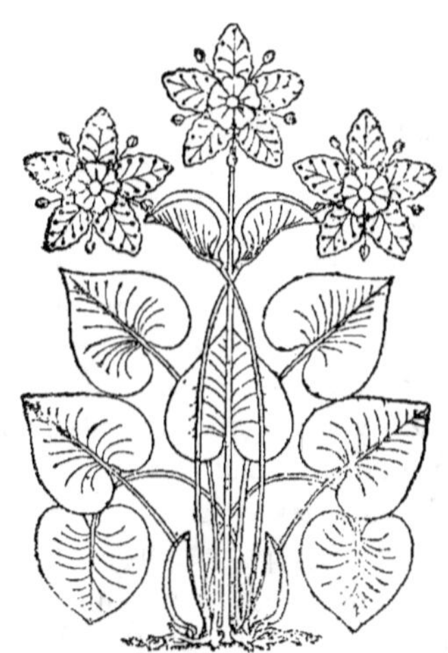

CHAPITRE VIII.

E temps des maladies, qui commence ici ordinairement à la fin de la mousson de l'est, et les approches de la mousson pluvieuse de l'ouest, nous avertissaient de ne rester à Batavia que le moins qu'il nous serait possible. Toutefois, malgré l'impatience où nous étions d'en sortir au plus tôt, nos besoins devaient nous y retenir un certain nombre de jours, et la nécessité d'y faire cuire du biscuit, qu'on ne trouva pas tout fait, nous arrêta plus longtemps encore que nous n'avions compté. Il y avait dans la rade, à notre arrivée, treize ou quatorze vaisseaux de la Compagnie de Hollande, dont un portait le pavillon amiral. C'est un vieux vaisseau qu'on laisse pour cette destination ; il a la police de la rade et rend les saluts à tous les vaisseaux marchands. J'avais déjà envoyé un officier pour rendre au général compte de notre arrivée, lorsqu'il vint à bord un canot de ce vaisseau amiral, avec je ne sais quel papier écrit en hollandais. Il n'y avait point d'officier dedans le canot, et le patron, qui sans doute en faisait les fonctions, me demanda qui nous étions et une déposition écrite et signée de moi. Je lui répondis que j'avais envoyé faire ma déclaration à terre, et je le congédiai. Il revint peu de temps après, insistant sur sa première demande ; je le renvoyai une seconde fois avec la même réponse, et il se le tint pour dit. L'officier qui était allé chez le général ne fut de retour qu'à neuf heures du soir. Il n'avait point vu Son Excellence, qui était à la campagne, et on l'avait conduit chez le *sabandar* ou introducteur des étrangers, qui lui donna rendez-vous au lendemain, et lui dit que, si je voulais descendre à terre, il me conduirait chez le général.

Les visites, dans ce pays, se font de bonne heure ; l'excessive chaleur y contraint. Nous partîmes à six heures du matin, conduits par le sabandar M. Vanderluys, et nous allâmes trouver M. Van der Para, général des Indes orientales, lequel était dans une de ses maisons de plaisance à trois lieues de Batavia. Nous vîmes un homme simple et poli, qui nous reçut à merveille et nous offrit tous les secours dont nous pouvions avoir besoin. Il ne parut ni surpris ni fâché que nous eussions relâché aux îles Moluques; il approuva même beaucoup la conduite du résident de Boëro et ses bons procédés à notre égard. Il consentit à ce que je misse nos malades à l'hôpital de la Compagnie, et il envoya sur-le-champ l'ordre de les y recevoir. A l'égard des fournitures nécessaires aux vaisseaux du roi, il fut convenu qu'on remettrait les états de demandes au sabandar, qui serait chargé de nous pourvoir de tout. Un des droits de sa charge était de gagner et avec nous et avec les fournisseurs. Lorsque tout fut réglé, le général me demanda si je ne saluerai pas le pavillon ; je lui répondis que je le ferai, à condition que ce serait la place qui rendrait le salut, et coup pour coup. Rien n'est plus juste, me dit-il, et la citadelle a les ordres en conséquence. Dès que je fus de retour à bord, nous saluâmes de quinze coups de canon, et la ville répondit par le même nombre.

Je fis aussitôt descendre à l'hôpital les malades des deux navires, au nombre de vingt-huit, les uns encore affectés du scorbut, les autres, en plus grand nombre, attaqués du flux de sang. On travailla aussi à remettre au sabandar l'état de nos besoins en biscuit, vin, farine, viande fraîche et légumes, et je le priai de nous faire fournir notre eau par les chalands de la Compagnie. Nous songeâmes en même temps à nous loger en ville pour le temps de notre séjour. C'est ce que nous fîmes dans une grande et belle maison que l'on appelle *iner logment*, dans laquelle on est logé et nourri pour deux *risdales* par jour, non compris les domestiques; ce qui fait près d'une pistole de notre monnaie. Cette maison appartient à la Compagnie, qui l'afferme à un particulier, lequel a, par ce moyen, le privilège exclusif de loger tous les étrangers. Cependant les vaisseaux de guerre ne sont pas soumis à cette loi, et en conséquence l'état-major de *l'Étoile* s'établit en pension dans une maison bourgeoise. Nous louâmes aussi plusieurs voitures, dont on ne saurait absolument se passer dans cette grande ville, voulant surtout en parcourir les environs, plus beaux infiniment que la ville même. Ces voitures de louage sont à deux places, traînées par deux chevaux, et le prix, chaque jour, en est un peu plus de dix francs.

Nous rendîmes en corps, le troisième jour de notre arrivée, une visite de cérémonie au général, que le sabandar en avait prévenu. Il nous reçut dans une seconde maison de plaisance nommée *Jacatra*, laquelle est à peu près au tiers de la distance de Batavia à la maison où j'avais été le premier jour. Je ne saurais mieux comparer le chemin qui y mène qu'aux plus beaux boulevards de Paris, en les supposant encore embellis à droite et à gauche par des canaux d'une eau courante. Nous eussions dû faire aussi d'autres visites d'étiquette, introduits de même par le sabandar, savoir chez le directeur général, chez le président de justice et chez le chef de la marine. M. Vanderluys ne nous en dit rien, et nous n'allâmes visiter que le dernier. Quoique cet officier n'ait au service de la Compagnie que le grade de contre-amiral, il est néanmoins vice-amiral des États, par une faveur particulière du stathouder. Ce prince a voulu distinguer ainsi un homme de qualité que le dérangement de sa fortune a forcé de quitter la marine des États qu'il a bien servis, pour venir prendre ici le poste qu'il y occupe.

Le chef de la marine est membre de la haute Régence, dans les assemblées de laquelle il a séance et voix délibérative pour les affaires de marine ; il jouit aussi de tous les honneurs des Edel-heers. Celui-ci tient un grand état, fait bonne chère, et se dédommage des mauvais moments qu'il a souvent passés à la mer, en occupant une maison délicieuse hors de la ville.

Pendant que nous restâmes ici, les principaux de Batavia s'empressèrent à nous en rendre le séjour agréable. De grands repas à la ville et à la campagne, des concerts, des promenades charmantes, la variété de cent objets réunis ici et presque tous nouveaux pour nous, le coup d'œil de l'entrepôt du plus riche commerce de l'univers, mieux que cela, le spectacle de plusieurs peuples qui, bien qu'opposés entièrement pour les mœurs, les usages, la religion, forment cependant une même société : tout concourait à amuser les yeux, à instruire le navigateur, à intéresser même le philosophe. Il y a de plus ici une comédie qu'on dit assez bonne ; nous n'avons pu juger que de la salle, qui nous a paru jolie : n'entendant pas la langue, ce fut bien assez pour nous d'y aller une fois. Nous fûmes infiniment plus curieux des comédies chinoises, quoique nous n'entendissions pas mieux ce

qui s'y débitait ; il ne serait pas fort agréable de les voir tous les jours,
mais il faut en avoir vu une de chaque genre. Indépendamment des
grandes pièces qui se représentent sur un théâtre, chaque carrefour
dans le quartier chinois a ses tréteaux, sur lesquels on joue tous les
soirs de petites pièces et des pantomimes. *Du pain et des spectacles*,
demandait le peuple romain ; il faut aux Chinois du commerce et des
farces. Dieu me garde de la déclamation de leurs acteurs et actrices,
qu'accompagnent toujours quelques instruments. C'est la charge du
récitatif obligé, et je ne connais que leurs gestes qui soient encore

Une rue de Batavia.

plus ridicules. Au reste, quand je parle de leurs acteurs, c'est improprement ; ce sont des femmes qui font les rôles d'hommes. Au sur-
plus, et on en tirera telles conclusions qu'on voudra, j'ai vu les
coups de bâtons, prodigués sans mesure sur les planches chinoises, y
avoir un succès tout aussi brillant que celui dont ils jouissent à la
comédie italienne et chez Nicolet.

Nous ne nous lassions point de nous promener dans les environs
de Batavia. Tout Européen, accoutumé même aux plus grandes
capitales, serait étonné de la magnificence de ses dehors. Ils sont

enrichis de maisons et de jardins superbes, entretenus avec ce goût et cette propreté qui frappent dans tous les pays hollandais. Je ne craindrai pas de dire qu'ils surpassent en beauté et en richesses ceux de nos plus grandes villes de France, et qu'ils approchent de la magnificence des environs de Paris. Je ne dois pas oublier un monument qu'un particulier y a élevé aux Muses. Le sieur Mohr, premier curé de Batavia, homme riche à millions, mais plus estimable par ses connaissances et son goût pour les sciences, y a fait construire, dans le jardin d'une de ses maisons, un observatoire qui honorerait toute maison royale. Cet édifice, qui est à peine fini, lui a coûté des sommes immenses. Il fait mieux encore, il y observe lui-même. Il a tiré d'Europe les meilleurs instruments en tout genre, nécessaires aux observations les plus délicates, et il est en état de s'en servir. Cet astronome, le plus riche sans contredit des enfants d'Uranie, a été enchanté de voir M. Verron. Il a voulu qu'il passât les nuits dans son observatoire ; malheureusement il n'y en a pas eu une seule qui ait été favorable à leurs désirs. M. Mohr a observé le dernier passage de Vénus, et il a envoyé ses observations à l'Académie de Harlem ; elles serviront à déterminer avec précision la longitude de Batavia.

Il s'en faut bien que cette ville, quoique belle, réponde à ce qu'annoncent ses dehors. On y voit peu de grands édifices, mais elle est bien percée ; les maisons sont commodes et agréables ; les rues sont larges et ornées la plupart d'un canal bien revêtu et bordé d'arbres, qui sert à la propreté et à la commodité. Il est vrai que ces canaux entretiennent une humidité malsaine, qui rend le séjour de Batavia pernicieux aux Européens. On attribue aussi en partie le danger de ce climat à la mauvaise qualité des eaux, ce qui fait que les gens riches ne boivent ici que des eaux de *Seltz*, qu'ils font venir de Hollande à grand frais. Les rues ne sont point pavées, mais de chaque côté il y a un large et beau parapet revêtu de pierres de taille ou de briques, et la propreté hollandaise ne laisse rien à désirer pour l'entretien de ces trottoirs. Je ne prétends pas au reste donner une description détaillée de Batavia, sujet épuisé tant de fois. On aura l'idée de cette ville fameuse en sachant qu'elle est bâtie dans le goût des belles villes de la Hollande, avec cette différence que les tremblements de terre imposent là nécessité de ne pas élever beaucoup les maisons, qui n'ont ici qu'un étage. Je ne décrirai point non plus le camp des Chinois, lequel est hors de la ville, ni la police à laquelle ils sont soumis, ni leurs usages, ni tant d'autres choses déjà dites et redites.

On est frappé du luxe établi à Batavia ; la magnificence et le goût qui décorent l'intérieur de presque toutes les maisons, annoncent la richesse des habitants. Ils nous ont cependant dit que cette ville n'était plus à beaucoup près ce qu'elle avait été. Depuis quelques années, la Compagnie y a défendu aux particuliers le commerce d'Inde en Inde, qui était pour eux la source d'une immense circulation de richesses. Je ne juge point ce nouveau règlement de la Compagnie ; j'ignore ce qu'elle gagne à cette prohibition. Je sais seulement que les particuliers attachés à son service ont encore le secret de tirer trente, quarante, cent, jusqu'à deux cent mille livres de revenu d'emplois auxquels est attaché un traitement de quinze cents, trois mille, six mille livres au plus. Or, presque tous les habitants de Batavia sont employés de la Compagnie. Cependant il est sûr qu'aujourd'hui le prix des maisons, à la ville et à la campagne, est plus des deux tiers au-dessous de leur ancienne valeur. Toutefois Batavia sera toujours riche du plus au moins, et par le secret dont nous venons de parler, et parce qu'il est difficile à ceux qui ont fait fortune ici, de la faire repasser en Europe. Il n'y a de moyen d'y envoyer ses fonds que par la Compagnie, qui s'en charge à huit pour cent d'escompte ; mais elle n'en prend que fort peu à la fois à chaque particulier. Ces fonds d'ailleurs ne se peuvent envoyer en fraude, l'espèce d'argent qui circule ici perdant en Europe vingt-huit pour cent. La Compagnie se sert de l'empereur de Java pour faire frapper une monnaie particulière, qui est la monnaie des Indes.

Nulle part dans le monde les états ne sont moins confondus qu'à Batavia ; les rangs y sont assignés à chacun ; des marques extérieures les constatent d'une façon immuable, et la sérieuse étiquette est plus sévère ici qu'elle ne le fut jamais à aucun congrès. La haute Régence, le Conseil de justice, le clergé, les employés de la Compagnie, ses officiers de marine et enfin le militaire, telle y est la gradation des états.

La haute Régence est composée du général, qui y préside, des conseillers des Indes, dont le titre est *Edel-heers*, du président du Conseil de justice et de l'amiral. Elle s'assemble au château deux fois par semaine. Les conseillers des Indes sont aujourd'hui au nombre de seize, mais ils ne sont pas tous à Batavia. Quelques-uns ont les gouvernements importants du cap de Bonne-Espérance, de Ceylan, de la côte de Coromandel, de la partie orientale de Java, de Macassar et d'Amboine, et ils y résident. Ces Edel-heers ont la prérogative de faire dorer en plein leurs voitures, devant lesquelles ils ont deux coureurs, tandis que les particuliers n'en peuvent avoir qu'un. Il faut de plus que tous les carrosses s'arrêtent quand ceux des Edel-heers passent, et alors hommes et femmes sont obligés de se lever. Le général, outre cette distinction, est le seul qui puisse aller à six chevaux ; il est toujours suivi d'une garde à cheval, ou au moins des officiers de cette garde et de quelques ordonnances ; lorsqu'il passe, hommes et femmes sont obligés de descendre de leurs voitures, et il n'y a que celles des Edel-heers qui chez lui puissent entrer jusqu'au perron. Ils ont seuls les honneurs du Louvre. J'en ai vu quelques-uns assez sensés pour rire en particulier avec nous de ces magnifiques prérogatives.

Le Conseil de justice juge souverainement et sans appel au civil comme au criminel. Il y a vingt ans qu'il condamna à mort un gouverneur de Ceylan. Cet Edel-heer fut convaincu d'avoir commis d'horribles concussions dans son gouvernement, et exécuté à Batavia dans la place qui est vis-à-vis de la citadelle. Au reste, la nomination du général des Indes, celle des Edel-heers et des conseillers de justice vient d'Europe. Le général et la haute Régence de Batavia proposent aux autres emplois, et leur choix est toujours ratifié en Hollande. Toutefois le général nomme en dernier ressort à toutes les places militaires. Un des plus considérables et des meilleurs emplois pour le revenu, après les gouvernements, est celui de commissaire de la campagne. Cet officier a l'inspection sur tout ce qui fait le domaine de la Compagnie dans l'île de Java, même sur les possessions et la conduite des divers souverains de l'île ; il a de plus la police absolue sur les Javans sujets de la Compagnie. Cette police est fort sévère, et les fautes un peu graves sont punies de supplices rigoureux. La constance des Javans à souffrir des tourments barbares est incroyable ; mais quand on les exécute, il faut leur laisser des caleçons blancs et surtout ne pas leur trancher la tête. La Compagnie même compromettrait son autorité en refusant d'avoir pour eux cette complaisance ; les Javans se révolteraient. La raison en est simple : comme il est de foi dans leur religion qu'ils seraient mal reçus dans l'autre monde s'ils y arrivaient décapités et sans caleçons blancs, ils osent croire que le despotisme n'a de droit sur eux que dans celui-ci.

Un autre emploi fort recherché, dont les fonctions sont belles et le revenu considérable, c'est celui de sabandar ou ministre des étrangers. Ils sont deux, le sabandar des chrétiens et celui des païens. Le premier est chargé de tout ce qui regarde les étrangers européens. Le second a le détail de toutes les affaires relatives aux diverses nations de l'Inde, en y comprenant les Chinois. Ceux-ci sont les courtiers de tout le commerce intérieur de Batavia, où leur nombre passe aujourd'hui celui de cent mille. C'est aussi à leur travail et à leurs soins que les marchés de cette grande ville doivent l'abondance qui y règne depuis quelques années. Tel est au reste l'ordre des emplois au service de la Compagnie : assistant, teneur de livres, sous-marchand, marchand, grand marchand, gouverneur. Tous ces grades civils ont un uniforme, et les grades militaires ont une espèce de correspondance avec eux. Par exemple, le major a rang de grand marchand, le capitaine, de sous-marchand, etc. Mais les militaires ne peuvent jamais parvenir aux places de l'administration sans changer d'état. Il est tout simple que dans une Compagnie de commerce le corps militaire n'ait aucune influence. On ne l'y regarde que comme un corps soudoyé, et cette idée est ici d'autant plus juste qu'il n'est entièrement composé que d'étrangers.

La Compagnie possède en propre une portion considérable de l'île de Java. Toute la côte du nord à l'est de Batavia lui appartient. Elle a réuni, depuis plusieurs années, à son domaine *l'île Maduré*, dont le souverain s'était révolté, et le fils est aujourd'hui gouverneur de cette même île dont son père était roi. Elle a de même profité de la révolte du roi de *Balimbuam* pour s'approprier cette belle province, qui fait la pointe orientale de Java. Ce prince, frère de l'empereur, honteux d'être soumis à des marchands, et conseillé, dit-on, par les Anglais, qui lui avaient fourni des armes, de la poudre, et même construit un fort, voulut secouer le joug. Il en a coûté deux ans et de grandes dépenses à la Compagnie pour le soumettre, et cette guerre venait d'être terminée deux mois avant que nous arrivassions à Batavia. Les Hollandais avaient eu le désavantage dans une première bataille ; mais, dans une seconde, le prince indien a été pris avec toute sa famille et conduit dans la citadelle de Batavia, où il est mort peu de jours après. Son fils et le reste de cette famille infortunée devaient être embarqués sur les premiers vaisseaux, et conduits au cap de Bonne-Espérance, où ils finiront leurs jours sur l'île *Roben*.

Le reste de l'île de Java est divisé en plusieurs royaumes. L'empereur de Java, dont la résidence est dans la partie méridionale de l'île, a le premier rang, ensuite le sultan de *Mataran* et le roi de *Bantam*. *Tseribon* est gouverné par trois rois vassaux de la Compagnie, dont l'agrément est aussi nécessaire aux autres souverains pour monter sur leur trône précaire. Il y a, chez tous ces rois, une garde européenne qui répond de leur personne. La Compagnie a de plus quatre comptoirs fortifiés chez l'empereur, un chez le sultan, quatre à Bantam et deux à Tseribon. Ces souverains sont obligés de donner à la Compagnie leurs denrées aux taux d'un tarif qu'elle-même a fait. Elle en tire du riz, des sucres, du café, de l'étain, de l'arrak, et leur fournit seule l'opium, dont les Javans font une grande consommation et dont la vente produit des profits considérables.

Batavia est l'entrepôt de toutes les productions des Moluques. La récolte des épiceries s'y apporte tout entière ; on charge chaque année sur les vaisseaux ce qui est nécessaire pour la consommation de l'Europe et on brûle le reste. C'est ce commerce seul qui assure la richesse, je dirai même l'existence de la Compagnie des Indes hollandaises ; il la met en état de supporter les frais immenses auxquels elle est obligée, et les déprédations de ses employés aussi fortes que ses dépenses mêmes. C'est aussi sur ce commerce exclusif et sur celui de Ceylan qu'elle dirige ses principaux soins. Je ne dirai rien sur Ceylan, que je ne connais pas ; la Compagnie vient d'y terminer une guerre ruineuse, avec plus de succès qu'elle n'a pu faire celle du golfe Persique, où ses comptoirs ont été détruits. Mais comme nous sommes presque les seuls vaisseaux du roi qui aient pénétré dans les Moluques, on me permettra quelques détails sur l'état actuel de cette importante partie du monde, que son éloignement et le silence des Hollandais dérobent à la connaissance des autres nations.

On ne comprenait autrefois sous le nom de *Moluques* que les petites îles situées presque sous la ligne, entre quinze minutes de latitude sud et cinquante minutes de latitude nord, le long de la côte occidentale de *Gilolo*, dont les principales sont *Ternate*, *Tidor*,

Mothier ou *Motir*, *Machian* et *Bachian*. Peu à peu ce nom est devenu commun à toutes les îles qui produisaient des épiceries. *Banda, Amboine, Céram, Bouro* et toutes les îles adjacentes ont été rangées sous la même dénomination, dans laquelle même quelques-uns ont voulu, mais sans succès, faire entrer *Bouton* et *Célèbes*. Les Hollandais divisent aujourd'hui ces pays, qu'ils appellent *pays d'Orient*, en quatre gouvernements principaux, desquels dépendent les autres comptoirs, et qui ressortissent eux-mêmes de la haute Régence de Batavia. Ces quatre gouvernements sont *Amboine, Banda, Ternate* et *Macassar*.

La police que les Hollandais y ont établie fait honneur aux lumières de ceux qui étaient alors à la tête de la Compagnie. Lorsqu'ils en eurent chassé les Espagnols et les Portugais, succès qui avaient été le fruit des combinaisons les plus éclairées, du courage et de la patience, ils sentirent bien que ce n'était pas assez, pour rendre le commerce des épiceries exclusif, d'avoir éloigné des Moluques tous les Européens. Le grand nombre de ces îles en rendait la garde presque impossible ; il ne l'était pas moins d'empêcher un commerce de contrebande des insulaires avec la Chine, les Philippines, Macassar et tous les vaisseaux interlopes qui voudraient le tenter. La Compagnie avait encore plus à craindre qu'on n'enlevât des plants d'arbres et qu'on ne parvînt à les faire réussir ailleurs. Elle prit donc le parti de détruire, autant qu'il serait possible, les arbres d'épiceries dans toutes ces îles, en ne les laissant subsister que sur quelques-unes qui fussent petites et faciles à garder ; alors tout se trouvait réduit à bien fortifier ces dépôts précieux. Il fallut soudoyer les souverains, dont cette denrée faisait le revenu, pour les engager à consentir à ce qu'on en anéantît ainsi la source. Tel est le subside annuel de vingt mille risdales que la Compagnie hollandaise paie au roi de Ternate et à quelques autres princes des Moluques. Lorsqu'elle ne pouvait déterminer quelqu'un de ces souverains à permettre que l'on brûlât ses plants, elle les brûlait malgré lui, si elle était la plus forte, ou bien elle lui achetait annuellement les feuilles des arbres encore vertes, sachant bien qu'après trois ans de ce dépouillement les arbres périraient, ce qu'ignorent sans doute les Indiens.

Par ce moyen, tandis que la cannelle ne se récolte que sur Ceylan, les îles Banda ont été seules consacrées à la culture de la muscade,

Amboine, et Uleaster qui y touche, à la culture du giroflier, sans qu'il soit permis d'avoir des clous de girofle à Banda, ni de la muscade à Amboine. Ces dépôts en fournissent au-delà de la consommation du monde entier. Les autres postes des Hollandais dans les Moluques ont pour objet d'empêcher les autres nations de s'y établir, de faire des recherches continuelles pour découvrir et brûler les arbres d'épiceries, et de fournir à la subsistance des seules îles où on les cultive. Au reste, tous les ingénieurs et marins employés dans cette partie sont obligés, en sortant d'emploi, de remettre leurs cartes et plans, et de prêter serment qu'ils n'en conservent aucun. Il n'y a pas longtemps qu'un habitant de Batavia a été fouetté, marqué et relégué sur une île presque déserte, pour avoir montré à un Anglais un plan des Moluques.

La récolte des épiceries se commence en décembre, et les vaisseaux destinés à s'en charger arrivent dans le courant de janvier à Amboine et à Banda, d'où ils repartent pour Batavia en avril et mai. Il va aussi tous les ans deux vaisseaux à Ternate, dont les voyages suivent de même la loi des moussons. De plus, il y a quelques senaux de douze ou quatorze canons destinés à croiser dans ces parages.

Chaque année, les gouverneurs d'Amboine et de Banda assemblent, vers la mi-septembre, tous les orencaies ou chefs de leurs départements. Ils leur donnent d'abord des festins et des fêtes qui durent plusieurs jours, et ensuite ils partent avec eux dans de grands bateaux nommés *coracores*, pour faire la tournée de leur gouvernement et brûler les plants d'épiceries inutiles. Les résidents des comptoirs particuliers sont obligés de se rendre auprès de leurs gouverneurs généraux et de les accompagner dans cette tournée, qui finit ordinairement à la fin d'octobre ou au commencement de novembre, et dont le retour est célébré par de nouvelles fêtes. Lorsque nous étions à Boëro, M. Ouman se disposait à partir pour Amboine avec les orencaies de son île.

Les Hollandais ont maintenant la guerre avec les habitants de Céram, île riche en clous. Ces insulaires ne veulent pas laisser détruire leurs plants, et ils ont chassé la Compagnie de tous les postes principaux qu'elle occupait sur leur terrain : elle n'a conservé que le petit comptoir de *Savaï*, situé dans la partie septentrionale de l'île, où elle tient un sergent et quinze hommes. Les Céramois ont des armes à feu et de la poudre, et tous, indépendamment d'un patois national, parlent bien le malais. Les Papous sont aussi continuellement en guerre avec la Compagnie et ses vassaux. On leur a vu des bâtiments armés de pierriers et montés de deux cents hommes. Le roi de *Salviati*, l'une de leurs plus grandes îles, vient d'être arrêté par surprise, comme il allait rendre hommage au roi de Ternate, duquel il est vassal, et les Hollandais le retiennent prisonnier.

Quoi de plus sage que le plan que nous venons d'exposer ? quelles mesures pouvaient être mieux concertées pour établir et pour soutenir un commerce exclusif ? Aussi la Compagnie en jouit-elle depuis longtemps, et c'est à quoi elle doit cet état de splendeur qui la rend plus semblable à une puissante République qu'à une société de marchands; mais, ou je me trompe fort, ou le temps n'est pas loin auquel ce commerce précieux doit recevoir de mortelles atteintes. J'oserai le dire, pour en ôter l'exclusion, il n'y a qu'à le vouloir. La meilleure sauvegarde des Hollandais est l'ignorance du reste de l'Europe sur l'état véritable de ces îles, et le nuage mystérieux qui enveloppe ce jardin des Hespérides; mais il est des difficultés que la force de l'homme ne peut vaincre, et des inconvénients auxquels toute sa sagesse ne saurait remédier. Les Hollandais peuvent bien construire à Amboine et Banda des fortifications respectables, ils peuvent les munir de garnisons nombreuses ; mais après quelques années des tremblements de terre, presque périodiques, viennent renverser de fond en comble tous ces ouvrages, et chaque année la malignité du climat emporte les deux tiers des soldats, matelots et ouvriers qu'on y envoie. Voilà des maux sans remède. Les forts de Banda, bouleversés ainsi il y a trois ans, sont à peine reconstruits aujourd'hui ; ceux d'Amboine ne le sont pas encore. D'ailleurs la Compagnie a pu parvenir à détruire dans quelques îles une partie des épiceries connues ; mais il en est qu'elle ne connaît pas, et d'autres même qu'elle connaît et qui se défendent contre ses efforts.

Aujourd'hui les Anglais fréquentent beaucoup les parages des Moluques, et ce n'est assurément pas sans dessein. Il y avait plusieurs années que de petits bâtiments, qui partaient de *Bancoul* étaient venus examiner les passages et prendre les connaissances relatives à cette navigation difficile. On a lu que les habitants de Bouton nous ont dit que trois navires anglais avaient depuis peu passé dans ce détroit ; nous avons aussi parlé des secours qu'ils ont donnés à l'infortuné souverain de Balimbuam, et il paraît certain que c'est d'eux aussi que les Céramois tirent de la poudre et des armes; ils leur avaient même construit un fort que le capitaine le Clerc nous a dit avoir détruit, et dans lequel il a trouvé deux canons. En 1764, M. Watson, qui commandait *le Kinsberg*, frégate de vingt-six canons, vint à l'entrée de Savaï, s'y fit donner à coups de fusils un pilote pour le conduire au mouillage, et commit beaucoup de vexations dans ce faible comptoir. Il fit aussi je ne sais quelle tentative chez les Papous, mais elle ne lui réussit pas. Sa chaloupe fut enlevée par ces Indiens, et tous les Européens qui étaient dedans, y compris un garde de la marine qui la commandait, furent faits prisonniers et depuis attachés à des poteaux, circoncis et massacrés dans les tourments.

Il semble au reste que les Anglais ne veulent point cacher leurs projets à la Compagnie hollandaise. Il y a quatre ans qu'ils établirent un poste dans une des îles des Papous, nommée *Soloc* ou *Tafara*. J'ignore quel fut le fondateur de cet établissement, mais les Anglais ne l'ont gardé que trois ans. Ils viennent de l'abandonner, et le gouverneur a passé à Batavia en 1768 sur *le Patty*, capitaine Dodwell, d'où il s'est rendu à Bancoul, où *le Patty* a coulé bas dans la rade. Ce poste fournissait des nids d'oiseaux, de la nacre, des dents d'éléphant, des perles et des *tripans* ou *swalopps*, espèce de glu ou d'écume dont les Chinois font grand cas. Ce que je trouve merveilleux, c'est qu'ils venaient vendre leurs cargaisons à Batavia : je le sais du négociant qui les y achetait. Le même homme m'a assuré que les Anglais avaient aussi des épiceries par le moyen de ce poste ; peut-être les tiraient-ils des Céramois. Pourquoi l'ont-ils abandonné ? C'est ce que j'ignore. Il se peut qu'ayant déjà levé un grand nombre de plants d'épiceries, les ayant transplantés dans quelqu'une de leurs possessions aux Indes, et se croyant assurés de leur réussite, ils aient abandonné un poste dispendieux, trop capable d'alarmer une nation et d'en éclairer une autre.

Nous apprîmes à Batavia les premières nouvelles des vaisseaux dont nous avions plusieurs fois dans notre voyage retrouvé la trace. M. Wallas y était arrivé en janvier 1768, et reparti presque aussitôt. M. Carteret, séparé involontairement de son chef peu après être sorti du détroit de Magellan, a fait un voyage plus long de beaucoup, et dont je crois les aventures plus compliquées. Il est venu à Macassar à la fin de mars de la même année, ayant perdu presque tout son équipage et son vaisseau étant délabré. Les Hollandais n'ont pas voulu le souffrir à *Jompadam*, et l'ont renvoyé à *Bontain*, consentant avec peine à ce qu'il y prît des Maures pour remplacer les hommes qu'il avait perdus ; après deux mois de séjour dans l'île Célèbes, il s'est rendu le 3 juin à Batavia, où il a caréné, et d'où il n'est reparti que le 15 de septembre, c'est-à-dire douze jours seulement avant que nous y arrivassions. M. Carteret a peu parlé ici de son voyage ; il en a dit assez cependant pour qu'on ait su que, dans un passage qu'il nomme le *détroit de Saint-Georges*, il a eu affaire avec des Indiens dont il montrait les flèches, qui ont blessé plusieurs de ses gens, entre autres son second, lequel est reparti de Batavia sans être guéri.

Il n'y avait pas plus de huit ou dix jours que nous étions à Batavia lorsque les maladies commencèrent à s'y déclarer. De la santé la meilleure en apparence on passait en trois jours au tombeau. Plusieurs de nous furent attaqués de fièvres violentes, et nos malades n'éprouvaient aucun soulagement à l'hôpital. J'accélérai, autant qu'il m'était possible, l'expédition de nos besoins ; mais, notre sabandar étant aussi tombé malade et ne pouvant plus agir, nous éprouvâmes des difficultés et des lenteurs. Ce ne fut que le 16 octobre que je pus être en état de sortir, et j'appareillai pour aller me mouiller en dehors de la rade ; *l'Étoile* ne devait avoir son biscuit que ce jour-là. Elle ne finit de l'embarquer qu'à la nuit, et dès que le vent le lui permit, elle vint mouiller auprès de nous. Presque tous les officiers de mon bord ou étaient déjà malades, ou ressentaient des dispositions à le devenir. Le nombre des dyssenteries n'avait point diminué dans les équipages, et le séjour prolongé à Batavia eût certainement fait plus de ravages parmi nous que n'avait fait le voyage entier. Notre Taïtien, que l'enthousiasme de tout ce qu'il voyait avait sans doute préservé quelque temps de l'influence de ce climat pernicieux, tomba malade dans les derniers jours, et sa maladie a été fort longue, quoiqu'il ait eu pour les remèdes toute la docilité à laquelle pourrait se dévouer un homme né à Paris ; aussi, quand il parle de Batavia, ne la nomme-t-il que la terre qui tue, *enoua maté*.

CHAPITRE IX.

E 16 octobre, j'appareillai seul de la rade de Batavia pour mouiller par sept brasses et demie fond de vase molle, environ une lieue en dehors. J'étais ainsi à un demi-mille dans l'ouest-quart-nord-ouest de la balise qu'on laisse à tribord quand on entre à Batavia. *L'île d'Edam* me restait au nord-nord-est quatre degrés est, trois lieues ; *Onrust* au nord-ouest-quart-ouest, deux lieues un tiers ; *Rotterdam* au nord deux degrés ouest, une lieue et demie. *L'Étoile*, qui ne put avoir son pain que fort tard, appareilla à trois heures du matin, et, gouvernant sur les feux que je tins allumés toute la nuit, elle vint mouiller auprès de moi.

Comme la route pour sortir de Batavia est intéressante, on me permettra le détail de celle que j'ai faite. Le 17, nous fûmes sous voiles à cinq heures du matin, et nous gouvernâmes au nord-quart-nord-est pour passer dans l'est de *Rotterdam*, environ à une demi-lieue ; puis au nord-ouest-quart-nord pour passer au sud de *Horn* et de *Harlem* ; ensuite du ouest-quart-nord-ouest au ouest-quart-sud-ouest pour ranger au nord les îles d'*Amsterdam* et de *Middelbourg*, sur la dernière desquelles est un pavillon ; puis à ouest, laissant à tribord une balise placée dans le sud de *la petite Cambuis*. A midi, nous observâmes cinq degrés cinquante-cinq minutes de latitude méridionale, et nous étions pour lors nord et sud de la pointe sud-est de *la grande Cambuis*, environ à un mille. J'ai de là fait route pour passer entre deux balises placées, l'une au sud de la pointe nord-ouest de la grande Cambuis, l'autre est et ouest de *l'île des Anthropophages*, autrement dite *Pulo Laki*. Pour lors on range la côte à la distance qu'on veut ou qu'on peut. A cinq heures et demie, le courant nous affalant sur la côte, je mouillai une ancre à jet par onze brasses fond de vase, la pointe nord-ouest de *la baie Bantam* me restant à ouest-quart-nord-ouest deux degrés ouest environ cinq lieues, et le milieu de *Pulo Laky* au nord-ouest cinq degrés ouest trois lieues.

Il y a, pour sortir de Batavia, une autre route que celle que j'ai prise. En partant de la rade, on range la côte de Java, laissant à bâbord une tonne qui sert de balise, environ à deux lieues et demie de la ville ; puis on range *l'île Kepert* au sud ; on suit la côte et on passe entre deux balises situées, l'une au sud de l'île Middelbourg, l'autre vis-à-vis de celle-là sur un banc

Détroit de la Sonde.

qui tient à la pointe de la grande terre; on retrouve ensuite la balise qui est au sud de la petite Cambuis, et pour lors les deux routes se réunissent. La carte particulière que je donne de la sortie de Batavia indique ces deux routes avec exactitude.

Le 18 à deux heures du matin, nous étions à la voile, mais il nous fallait mouiller le soir ; ce ne fut que le 19 après-midi que nous sortîmes du *détroit de la Sonde*, passant au nord de *l'île du Prince*. Nous observâmes à midi six degrés trente minutes de latitude australe, et à quatre heures après-midi, étant environ à quatre lieues de la pointe nord-ouest de l'île du Prince, je pris mon point de départ sur la carte de M. d'Aprés par six degrés vingt-et-une minutes de latitude australe et cent deux degrés de longitude orientale du méridien de Paris. Au reste, on peut mouiller partout le long de l'île de Java. Les Hollandais y entretiennent de petits postes de distance en distance, et chacun d'eux a ordre d'envoyer un soldat, à bord des vaisseaux qui passent, avec un registre, sur lequel on prie d'inscrire le nom du vaisseau, d'où il vient et où il va. On met ce qu'on veut sur ce registre ; mais je suis fort éloigné d'en blâmer l'usage, puisque par ce moyen on peut avoir des nouvelles des bâtiments dont souvent on est inquiet, et que d'ailleurs le soldat chargé de présenter ce registre apporte aussi des poules, des tortues et d'autres rafraîchissements qu'il vend à fort bon compte. Il n'y avait plus de scorbut, au moins apparent, à bord de mes vaisseaux ; mais beaucoup de gens y étaient attaqués du flux de sang. Je pris donc le parti de faire route pour l'Ile de France sans attendre *l'Etoile*, et je lui en fis le signal le 20.

Cette route n'eut rien de remarquable que le beau et bon temps qui l'a rendue fort courte. Nous eûmes constamment le vent de sudest très frais. Nous en avions besoin, car le nombre des malades augmentait chaque jour, les convalescences étaient fort longues, et il se joignit aux flux de sang des fièvres chaudes ; un de mes charpentiers en mourut la nuit du 30 au 31. Ma mâture me causait aussi beaucoup d'inquiétude. Il y avait lieu d'appréhender que le grand mât ne rompit cinq ou six pieds au - dessous du trelingage. Je le fis jumeller, et, pour le soulager, je dégréai le mât de perroquet et tins toujours deux ris dans le grand hunier. Ces précautions retardaient considérablement notre marche ; malgré cela, le dix-huitième jour de notre sortie de Batavia nous eûmes la vue de *l'île Rodrigue*, et le surlendemain celle de *l'Ile de France*.

Le 5 novembre à quatre heures du soir, nous étions nord et sud de la pointe nord-est de l'île Rodrigue, d'où j'ai conclu la différence suivante de notre estime depuis l'île du Prince jusqu'à Rodrigue. M. Pingré y a observé soixante degrés cinquante-deux minutes de longitude à l'est de Paris, et à quatre heures je me trouvais, suivant mon estime, par soixante-et-un degrés vingt-six minutes. En supposant donc que l'observation faite sur l'île à l'habitation y ait été faite à deux minutes dans l'ouest de la pointe dont j'étais nord et sud à quatre heures, ma différence sur douze cents lieues de route était trente-quatre minutes sur l'arrière du vaisseau. La différence des observations faites le 3 par M. Verron a été, pour le même moment, de un degré douze minutes sur l'avant du vaisseau.

Nous avions eu connaissance de *l'île Ronde* le 7 à midi ; à cinq heures du soir, nous étions nord et sud de son milieu. Nous tirâmes du canon à l'entrée de la nuit, espérant qu'on allumerait le feu de *la pointe aux Canonniers ;* mais ce feu, mentionné par M. d'Aprés dans son instruction, ne s'allume plus, de manière qu'après avoir doublé *le coin de mire*, qu'on peut ranger d'aussi près qu'on veut, je me trouvai fort embarrassé pour éviter la bâture dangereuse qui avance plus d'une demi-lieue au large de la pointe aux Canonniers. Je louvoyai afin de m'entretenir au vent du port, tirant de temps en temps un coup de canon ; enfin, entre onze heures et minuit, il vint à bord un des pilotes du port entretenus par le roi. Je me croyais hors de peine, et je lui avais remis la conduite du bâtiment, lorsqu'à trois heures et demie il nous échoua près de *la baie des Tombeaux*. Par bonheur il n'y avait pas de mer, et la manœuvre que nous fîmes rapidement pour tâcher *d'abattre* du côté du large nous réussit ; mais que l'on conçoive quelle douleur mortelle c'eût été pour nous, après tant de dangers nécessaires heureusement évités, de venir échouer au port par la faute d'un ignorant auquel l'ordonnance nous forçait de nous livrer. Nous en fûmes quittes pour quarante-cinq pieds de notre fausse quille qui furent emportés.

Cet accident, dont il s'en est peu fallu que nous ne fussions la victime, me met dans le cas de faire la réflexion suivante. Lorsqu'on en veut à l'Ile de France, et que l'on verra que de jour on ne peut atteindre l'entrée du port, la prudence exige que de bonne heure on prenne son parti de ne pas s'engager trop près de la terre. Il convient de s'entretenir pour la nuit en dehors et au vent de l'île Ronde, non en cape, mais en louvoyant avec un bon corps de voiles à cause des courants. Au reste, il y a mouillage entre les petites îles ; nous y avons trouvé de trente à vingt-cinq brasses fond de sable ; mais il n'y faudrait mouiller que dans le cas d'une extrême nécessité.

Le 8, dans la matinée, nous entrâmes dans le port, où nous fûmes amarrés dans la journée. *L'Étoile* parut à six heures du soir et ne put entrer que le lendemain. Nous nous trouvâmes être en arrière d'un jour, et nous y reprîmes la date de tout le monde.

Dès le premier jour, j'envoyai tous mes malades à l'hôpital, je donnai l'état de mes besoins en vivres et agrès, et nous travaillâmes sur-le-champ à disposer la frégate pour être carénée. Je pris tous les ouvriers du port qu'on put me donner et tous ceux de *l'Étoile*, étant déterminé à partir aussitôt que je serais prêt. Le 16 et le 18 on chauffa la frégate. Nous trouvâmes son doublage vermoulu, mais son francbord était aussi sain qu'en sortant du chantier.

Nous fûmes obligés de changer ici une partie de notre mâture. Notre grand mât avait un enton au pied, et devait nous manquer par là aussi bien que par la tête, où la mèche était cassée. On me donna un grand mât d'une seule pièce, deux mâts de hune, des ancres, des câbles et du filin, dont nous étions absolument indigents. Je remis dans les magasins du roi mes vieux vivres et j'en repris pour cinq mois. Je livrai pareillement à M. Poivre, intendant de l'Ile de France, le fer et les clous embarqués à bord de *l'Étoile*, ma cucurbite, ma ventouse, beaucoup de médicaments et quantité d'effets devenus inutiles pour nous et dont cette colonie avait besoin. Je donnai aussi à la légion vingt-trois soldats qui me demandèrent à y être incorporés. Messieurs de Commerçon et Verron consentirent pareillement à différer leur retour en France, le premier pour examiner l'histoire naturelle de ces îles et celle de Madagascar, le second pour être à portée d'aller observer dans l'Inde le passage de Vénus ; on me demanda de plus M. de Romainville, ingénieur, et quelques jeunes volontaires et pilotins pour la navigation d'Inde en Inde.

Il n'était pas malheureux, après un aussi long voyage, d'être encore en état d'enrichir cette colonie d'hommes et d'effets nécessaires. La joie que j'en ressentis fut cruellement altérée par la perte que nous y fîmes du chevalier du Bouchage, enseigne de vaisseau, sujet d'un mérite distingué, qui joignait aux connaissances qui font le grand officier de mer, toutes les qualités du cœur et de l'esprit qui rendent un homme précieux à ses amis. Les soins affectueux et l'habileté de M. de la Porte, notre chirurgien-major, n'ont pu le sauver. Il mourut dans mes bras le 19 novembre, d'une dyssenterie commencée à Batavia. Peu de jours après, un jeune fils de M. le Moyne, commissaire ordonnateur de la marine, embarqué avec moi volontaire et nommé depuis peu garde de la marine, mourut de la poitrine.

J'admirai à l'Ile de France les forges qui y ont été établies par MM. de Rostaing et Hermans. Il en est peu d'aussi belles en Eu-

Cap de Bonne-Espérance.

rope, et le fer qu'elle fabrique est de la première qualité. On ne conçoit pas ce qu'il a fallu de constance et d'habileté pour perfectionner cet établissement, et ce qu'il a coûté de frais. Il a maintenant neuf cents nègres, dont M. Hermans a tiré et fait exercer un bataillon de deux cents hommes, parmi lesquels s'est établi l'esprit de corps. Ils sont entre eux fort délicats sur le choix de leurs camarades, et refusent d'admettre tous ceux qui ont commis la moindre friponnerie. Comment se peut-il que le point d'honneur se trouve avec l'esclavage ?

Pendant notre séjour ici, nous avions constamment joui du plus beau temps. Le 5 décembre, le ciel commença à se couvrir de gros nuages, les montagnes s'embrumèrent, tout annonça la saison des pluies et l'approche de l'ouragan, qui se fait sentir dans ces îles presque toutes les années. Le 10, j'étais prêt à mettre à la voile ; la pluie et le vent debout ne me le permirent pas. Je ne pus appareiller que le 12 au matin, laissant *l'Étoile* au moment d'être carénée. Ce bâtiment ne pouvait être en état de sortir avant la fin du mois, et notre jonction était dorénavant inutile. Cette flûte, sortie de l'Ile de France à la fin du mois de décembre, est arrivée en France un mois après moi. A midi, je pris mon point de départ par la latitude australe observée de vingt degrés vingt-deux minutes, et par cinquante-quatre degrés quarante minutes de longitude à l'est de Paris.

Le temps fut d'abord très couvert, avec des grains et de la pluie. Nous ne pûmes avoir connaissance de l'île Bourbon. A mesure que nous nous éloignâmes, le temps devint plus beau. Le vent était favorable et frais, mais bientôt notre nouveau grand mât nous causa les mêmes inquiétudes que le premier. Il faisait à la tête un arc si considérable, que je n'osai me servir du grand perroquet ni porter le hunier tout haut.

Depuis le 22 décembre jusqu'au 8 janvier, nous eûmes constamment vent debout, mauvais temps ou calme. Ces vents d'ouest étaient, me disait-on, sans exemple ici dans cette saison. Ils ne nous en molestèrent pas moins quinze jours de suite que nous passâmes à la cape ou à louvoyer avec une très grosse mer. Nous eûmes la connaissance de la côte d'Afrique avant que d'avoir eu la sonde. Lors de la vue de cette terre, que nous prîmes pour *le cap des Basses*, nous n'avions pas de fond. Le 30, nous trouvâmes soixante-dix-huit brasses et depuis ce jour nous nous entretînmes sur *le banc des Aiguilles*, avec la vue presque continuelle de la côte. Bientôt nous rencontrâmes plusieurs navires hollandais de la flotte de Batavia. L'avant-coureur en était parti le 20 octobre et la flotte le 26 novembre : les Hollandais étaient encore plus surpris que nous de ces vents d'ouest qui soufflaient ainsi contre saison.

Enfin, le 8 janvier au matin, nous eûmes connaissance du *cap False*, et bientôt après la vue des terres du *cap de Bonne-Espérance*. J'observerai qu'à cinq lieues dans l'est-sud-est du cap False il y a une roche sous l'eau fort dangereuse ; qu'à l'est du cap de Bonne-Espérance, est un récif qui s'avance plus d'un tiers de lieue au large, et, qu'au pied du cap même, un rocher met au large à la même distance.

J'avais atteint un vaisseau hollandais aperçu le matin, et j'avais diminué de voiles pour ne pas le dépasser, afin de le suivre en cas qu'il voulût entrer de nuit. A sept heures du soir, il amena perroquets, bonnettes et même ses huniers ; pour lors je pris le bord du large, et je louvoyai toute la nuit avec un grand frais de vent du sud, variable du sud-sud-est au sud-sud-ouest.

Au point du jour, les courants nous avaient entraînés de près de neuf lieues dans le ouest-nord-ouest ; le vaisseau hollandais était à plus de quatre lieues sous le vent à nous. Il fallut forcer de voiles pour regagner ce que nous avions perdu ; aussi ceux qui doivent passer la nuit sur les bords dans l'intention d'entrer au jour dans la baie du cap, feront-ils bien de mettre en travers dès la pointe orientale du cap de Bonne-Espérance, en se tenant environ à trois lieues de terre ; dans cette position, les courants les auront mis en bonne posture d'entrer de grand matin. A neuf heures du matin, nous mouillâmes dans la baie du Cap à la tête de la rade, et nous affourchâmes nord-nord-est et sud-sud-ouest. Il y avait ici quatorze grands navires de toutes nations, et il en arriva plusieurs autres pendant le séjour que nous y fîmes. M. Carteret en était sorti le jour des Rois. Nous saluâmes de quinze coups de canon la ville, qui nous en rendit un pareil nombre.

Nous eûmes tout lieu de nous louer du gouverneur et des habitants du cap de Bonne-Espérance; ils s'empressèrent de nous procurer l'utile et l'agréable. Je ne m'arrêterai point à décrire cette place, que tout le monde connaît. Le Cap relève immédiatement de l'Europe et n'est point dans la dépendance de Batavia, ni pour l'administration militaire et civile, ni pour la nomination des emplois. Il suffit même d'en avoir exercé un au Cap pour n'en pouvoir posséder aucun à Batavia. Cependant le Conseil du Cap correspond avec celui de Batavia pour les affaires du commerce. Il est composé de huit personnes, du nombre desquelles est le gouverneur, qui en est le président. Le gouverneur n'entre point dans le Conseil de justice, auquel préside le commandant en second ; seulement il signe les arrêts de mort.

Il y a un poste militaire à *False-baye* et un à *la baie de Saldagna*. Cette dernière, qui forme un port superbe à l'abri de tous les vents, n'a pu devenir le chef-lieu parce qu'il n'y a pas d'eau. On travaille maintenant à augmenter l'établissement de False-baye ; c'est où les vaisseaux mouillent pendant l'hiver quand la baie du Cap est interdite. On y trouve les mêmes secours et à tout aussi bon compte qu'au Cap. Il y a par terre huit lieues de mauvais chemin d'un de ces lieux à l'autre.

A peu près à moitié chemin des deux est le canton de Constance, qui produit le fameux vin de ce nom. Ce vignoble, où l'on cultive des plants de muscat d'Espagne, est fort petit, mais il est faux qu'il appartienne à la Compagnie et qu'il soit, comme on le croit ici, entouré de murs et gardé. On le distingue en haut Constance et petit Constance, séparés par une haie et appartenant à deux propriétaires différents. Le vin qui s'y recueille est à peu près égal en qualité, quoique chacun des deux Constances ait ses partisans. Il se fait année commune cent vingt à cent trente barriques de ce vin, dont la Compagnie prend un tiers à un prix tarifé ; le reste se vend aux acheteurs qui se présentent. Le prix actuel est de trente piastres l'alvrame ou baril de soixante-dix bouteilles de vin blanc, trente-cinq piastres l'alvrame de rouge. Mes camarades et moi nous allâmes dîner chez M. de Vanderspie, propriétaire du haut Constance. Il nous fit la meilleure chère du monde, et nous y bûmes beaucoup de son vin, soit en dînant, soit en goûtant des différentes pièces pour faire notre emplette.

Le terroir de Constance, terminé en pente douce, est d'un sable graveleux. La vigne s'y cultive sans échalas ; le cep est taillé à petit bois. Le vin s'y fait en mettant dans la cuve la grappe égrenée. Les fûts pleins se conservent dans un cellier à rez-de-chaussée, dans lequel l'air a une libre circulation. Nous visitâmes en revenant de Constance deux maisons de plaisance qui appartiennent au gouverneur. La plus grande, nommée *Newland*, a un jardin beaucoup plus beau que celui de la Compagnie du Cap. Nous avons trouvé ce dernier fort inférieur à sa réputation. De longues allées de charmilles très hautes lui donnent l'air d'un jardin de moines ; il est planté de chênes qui y viennent très mal.

Les plantations des Hollandais se sont fort étendues sur toute la côte, et l'abondance y est partout le fruit de la culture, parce que le cultivateur, soumis aux seules lois, y est libre et sûr de sa propriété. Il y a des habitants jusqu'à près de cent cinquante lieues de la capitale ; ils n'ont d'ennemis à craindre que les bêtes féroces, car les

Hottentots ne les molestent point. Une des plus belles parties de la colonie du Cap est celle à laquelle on a donné le nom de *petite Rochelle*. C'est une peuplade de Français chassés de leur patrie par la révocation de l'Édit de Nantes. Elle surpasse toutes les autres par la fécondité du terrain et l'industrie des colons. Ils ont conservé à cette mère adoptive le nom de leur ancienne patrie, qu'ils aiment toujours, toute rigoureuse qu'elle leur a été.

Le gouvernement envoie de temps en temps des caravanes visiter l'intérieur du pays. Il s'en est fait une de huit mois en 1763. Le détachement perça dans le nord et fit, m'a-t-on assuré, des découvertes importantes ; ce voyage n'eut pas cependant le succès qu'on devait

Sainte-Hélène.

s'en promettre ; le mécontentement et la discorde se mirent dans le détachement et forcèrent le chef à revenir sur ses pas, laissant ses découvertes imparfaites. Les Hollandais avaient eu connaissance d'une nation jaune, dont les cheveux sont longs, et qui leur a paru très farouche.

C'est dans ce voyage que l'on a trouvé le quadrupède de dix-sept pieds de hauteur dont j'ai remis le dessin à M. de Buffon ; c'était une femelle qui allaitait un faon dont la hauteur n'était encore que de sept pieds. On tua la mère, le faon fut pris vivant, mais il mourut après quelques jours de marche. M. de Buffon m'a assuré que cet animal est celui que les naturalistes nomment *la girafe*. On

n'en avait pas revu depuis celui qui fut apporté à Rome du temps
de César, et montré à l'amphithéâtre. On a aussi trouvé il y a trois
ans, et apporté au Cap, où il n'a vécu que deux mois, un quadrupède d'une grande beauté, lequel tient du taureau, du cheval et du
cerf, et dont le genre est absolument nouveau. J'ai pareillement remis
à M. de Buffon le dessin exact de cet animal, dont je crois que la
force et la vitesse égalent la beauté. Ce n'est pas sans raison que
l'Afrique a été nommée la mère des monstres.

Munis de bons vivres, de vins et de rafraîchissements de toute
espèce, nous appareillâmes de la rade du Cap le 17 après-midi. Nous
passâmes entre l'*île Roben* et la côte ; à six heures du soir, le milieu
de cette île nous restait au sud-sud-est quatre degrés sud, environ à
quatre lieues de distance ; c'est d'où je pris mon point de départ par
trente-trois degrés quarante minutes de latitude sud, et quinze
degrés quarante-huit minutes de longitude orientale de Paris. Je
désirais de rejoindre M. Carteret, sur lequel j'avais certainement un
grand avantage de marche, mais qui avait encore onze jours d'avance
sur moi.

Je dirigeai ma route pour prendre connaissance de *l'île Sainte-
Hélène*, afin de m'assurer la relâche à *l Ascension*, relâche qui devait
faire le salut de mon équipage. Effectivement nous en eûmes la vue
le 29 à deux heures après-midi, et le relèvement que nous en fîmes
ne nous donna de différence avec l'estime de notre route que huit à
dix lieues. La nuit du 3 au 4 février, étant par la latitude de l'Ascension et m'en jugeant environ à dix-huit lieues de distance, je fis courir
sous les deux huniers. Au point du jour, nous vîmes l'île à peu près à
neuf lieues de distance, et à onze heures, nous mouillâmes dans l'anse
du nord-ouest ou *de la montagne de la Croix* par douze brasses fond
de sable et corail. Suivant les observations de M. l'abbé de la Caille,
nous étions à ce mouillage par sept degrés cinquante-quatre minutes
de latitude sud, et seize degrés dix-neuf minutes de longitude occidentale de Paris.

A peine eûmes-nous jeté l'ancre que je fis mettre les bateaux à la
mer et partir trois détachements pour la pêche de la tortue ; le premier dans *l'anse du nord-est ;* le second dans *l'anse du nord-ouest*,
vis-à-vis de laquelle nous étions ; le troisième dans *l'anse aux Anglais*, laquelle est dans le sud-ouest de l'île. Tout nous promettait

une pêche favorable ; il n'y avait pas d'autre navire que le nôtre ,
la saison était avantageuse et nous entrions en nouvelle lune.
Aussitôt après le départ des détachements, je fis toutes mes dispositions pour jumeller au-dessous du capelage mes deux mâts majeurs :
savoir le grand mât avec un petit mât de hune, le gros bout en
haut , et le mât de misaine, lequel était fendu horizontalement entre
les jottereaux, avec une jumelle de chêne.

On m'apporta dans l'après-midi la bouteille qui renferme le papier
sur lequel s'inscrivent ordinairement les vaisseaux de toutes nations
qui relâchent à l'Ascension. Cette bouteille se dépose dans la cavité
d'un des rochers de cette baie, où elle est également à l'abri des
vagues et de la pluie. J'y trouvai écrit *le Swallow*, ce vaisseau
anglais commandé par M. Carteret que je désirais de rejoindre. Il
était arrivé ici le 31 janvier et reparti le premier février ; c'était
déjà six jours que nous lui avions gagnés depuis le cap de Bonne-
Espérance. J'inscrivis *la Boudeuse* et je renvoyai la bouteille.

La journée du 5 se passa à jumeller nos mâts sous le capelage ,
opération délicate dans une rade où la mer est clapoteuse, à tenir
nos agrès et à embarquer les tortues. La pêche fut abondante ; on
en avait chaviré dans la nuit soixante-dix, mais nous ne pûmes en
prendre à bord que cinquante-six ; on remit les autres en liberté.
Nous observâmes au mouillage neuf degrés quarante-cinq minutes
de variation nord-ouest. Le 6 à trois heures du matin, les tortues et
bateaux étant embarqués, nous commençâmes à lever nos ancres ;
à cinq heures, nous étions sous voiles, enchantés de notre pêche et
de l'espoir que notre premier mouillage serait dorénavant dans notre
patrie. Combien nous en avions fait depuis le départ de Brest !

En partant de l'Ascension, je tins le vent pour ranger les îles du
cap Vert d'aussi près qu'il me serait possible. Le 11 au matin, nous
passâmes, la ligne pour la sixième fois dans ce voyage, par vingt
degrés de longitude estimée. Quelques jours après, comme, malgré
la jumelle dont nous l'avions fortifié, le mât de misaine faisait une
très mauvaise figure, il fallut le soutenir par des pataras, dégréer le
petit perroquet, et tenir presque toujours le petit hunier aux bas-
ris et même serré.

Le 25 au soir, on aperçut un navire au vent et de l'avant à nous ;
nous le conservâmes pendant la nuit, et le lendemain nous le joigni-

mes ; c'était le *Swallow*. J'offris à M. Carteret tous les services qu'on peut se rendre à la mer. Il n'avait besoin de rien ; mais sur ce qu'il me dit qu'on lui avait remis au Cap des lettres pour la France, j'envoyai les chercher à son bord. Il me fit présent d'une flèche qu'il avait eue dans une des îles rencontrées dans son voyage autour du monde, voyage qu'il fut bien loin de nous soupçonner d'avoir fait. Son navire était fort petit, marchait très mal, et quand nous eûmes pris congé de lui, nous le laissâmes comme à l'ancre. Combien il a dû souffrir dans une aussi mauvaise embarcation ! Il y avait huit lieues de différence entre sa longitude estimée et la nôtre ; il se faisait plus à l'ouest de cette quantité.

Nous comptions passer dans l'est des *îles Açores*, lorsque, le 4 mars dans la matinée, nous eûmes connaissance de *l'île Terceira*, que nous doublâmes dans la journée en la rangeant de fort près. La vue de cette île, en la supposant bien placée sur le grand plan de M. Bellin, nous donnerait environ soixante-sept lieues d'erreur du côté du ouest dans l'estime de notre route, erreur considérable dans un trajet aussi court que celui de l'Ascension aux Açores. Il est vrai que la position de ces îles en longitude est encore incertaine. Cependant je crois que, dans les parages des îles du cap Vert, il règne des courants très violents. Au reste, il était essentiel de déterminer la longitude des Açores par de bonnes observations astronomiques, et de bien constater la distance des unes aux autres et leurs gisements entre elles. Rien de tout cela n'est juste sur les cartes d'aucune nation. Elles ne diffèrent que par le plus ou moins d'erreur. Cet objet important vient d'être rempli par M. de Fleurieu, enseigne des vaisseaux du roi.

Je corrigeai ma longitude, en quittant Terceira, sur celle qu'assigne à cette île la carte à grand point de M. Bellin. Nous eûmes fond le 13 après-midi, et le 14 au matin la vue d'Ouessant. Comme les vents étaient courts et la marée contraire pour doubler cette île, nous fûmes forcés de prendre la bordée du large ; les vents étaient à ouest grand frais, et la mer fort grosse. Environ à dix heures du matin, dans un grain violent, la vergue de misaine se rompit entre les deux poulies de drisse, et la grande voile fut au même instant deralinguée depuis un point jusqu'à l'autre. Nous mîmes aussitôt à la cape sous la grande voile d'étai, le petit foc et le foc de derrière, et nous travaillâmes à nous raccommoder. Nous enverguâmes une grande voile neuve, nous refîmes une vergue de misaine avec la

Vue de Saint-Malo.

vergue d'artimon, une vergue de grand hunier et un boute-hors de bonnettes, et à quatre heures du soir, nous nous retrouvâmes en état de faire de la voile. Nous avions perdu la vue d'Ouessant, et pendant la cape le vent et la mer nous avaient fait dériver dans la Manche.

Déterminé à entrer à Brest, j'avais pris le parti de louvoyer avec des vents variables du sud-ouest au nord-ouest, lorsque, le 15 au matin, on vint m'avertir que le mât de misaine menaçait de se rompre au-dessous du capelage. La secousse qu'il avait reçue dans la rupture de sa vergue avait augmenté son mal, et quoique nous en eussions soulagé la tête en abaissant sa vergue, faisant le ris dans la misaine et tenant le petit hunier sur le ton avec tous ses ris faits, cependant nous reconnûmes, après un examen attentif, que ce mât ne résisterait pas longtemps au tangage que la grosse mer nous faisait éprouver *au plus près ;* d'ailleurs toutes nos manœuvres et poulies étaient pourries, et nous n'avions plus de rechange : quel moyen, dans un état pareil, de combattre entre deux côtes contre le gros temps de l'équinoxe ? Je pris donc le parti de faire vent arrière et de conduire la frégate à Saint-Malo. C'était alors le port le plus prochain qui pût nous servir d'asile. J'y entrai le 16 après-midi, n'ayant perdu que sept hommes pendant deux ans et quatre mois écoulés depuis notre sortie de Nantes.

Puppibus et læti nautæ imposuere coronas.

Virgile, *Ænéide*, liv., IV.

Nota. Sur cent vingt hommes dont était composé l'équipage de M. de la Giraudais, il n'en a perdu que deux de maladie pendant le voyage. Il est rentré en France le 14 avril, un mois juste après nous.

TABLE DES MATIÈRES

www.ingramcontent.com/pod-product-compliance
Lightning Source LLC
LaVergne TN
LVHW051101060726
842525LV00003B/736